CASBEE™
すまい[戸建]
入門

編者　日本サステナブル・ビルディング・コンソーシアム（JSBC）
著者　村上周三、秋元孝之、伊香賀俊治、岩村和夫、清家剛、近田智也、南雄三

建築技術

発刊に寄せて：CASBEE－すまい（戸建）入門

国土交通省住宅局生産課長　**坂本 努**

住宅を建設し使用するときには、大量の資源やエネルギーが消費されています。地球環境問題が一層深刻になってきた今日、性能の良い住宅を建設して住宅から発生する環境負荷を減らすことが強く求められています。そのために、住宅の品質や環境負荷を手軽に評価することのできるツールの開発が要望されていました。『CASBEE–すまい（戸建）』を開発した背景として、このような状況を指摘することができます。

建物の環境性能の評価ツールであるCASBEEは、2001年度から産学官の共同により開発されてきました。すでに一般建築用やヒートアイランド対策やまちづくり用など各種のものが開発されて、多くの自治体や民間企業などで広く利用されています。このような状況の中で、かねてから要望されてきた戸建住宅用のCASBEEが完成したことは大変喜ばしいことで、関係者の皆様のご尽力に深く感謝する次第です。

『CASBEE–すまい（戸建）』の開発に際して最も強く意識したことは、建築の専門家、非専門家を問わず、なるべく多くの人が使いやすいように、内容や評価方法を平易にすることでした。今回開発した『CASBEE–すまい（戸建）』は、この目的を十分に満足していると思っております。今後、『CASBEE–すまい（戸建）』が広く活用されて、日本の住宅の環境性能を向上させるとともに環境負荷を削減し、地球環境問題の改善に貢献することを祈ってやみません。

CASBEE-すまい（戸建）のすすめ

慶應義塾大学教授　**村上周三**

1　住宅の持つ個人的側面と社会的側面

住宅は､個人的側面と社会的側面という二つの性格を持っています。前者は、個人が所有あるいは使用し、個人生活の基盤として豊かな生活を実現するという側面です。後者は、住宅が社会の構成要素の一つとして地域環境の形成に貢献し、社会資産として後世にも継承されるという側面です。例えば、個人住宅といえども耐震性能を確保することが法律で義務づけられています。このことが、住宅の持つ社会的側面をよく表しています。

住宅の設計、建設、使用に対して、新しい問題が発生しました。地球環境問題です。住宅は建設時に大量の資源を消費します。また建設後の使用において、大量のエネルギーを消費します。ですから、設計・建設時に十分性能を調べて、品質の高い、そして環境負荷の少ない住宅を建設しなければなりません。これは､地球環境時代に生きる我々の義務といえます｡『CASBEE–すまい（戸建）』は、このような状況に鑑みて開発されたものです。

2　CASBEEの評価から得られるもの

「CASBEEで評価したらどんな得があるの？」という質問をよく受けます。この質問に対しては、「個人的便益」と「社会的便益」の両者を得ることができます」と回答するのが適切です。

まず、社会的便益について説明します。CASBEEでは、環境負荷をさまざまな観点から評価しています。地球温暖化の進行により人類の将来の生存の危機が真剣に議論されるようになった現在、住宅をつくる人はそのライフサイクルにわたって環境負荷を減らす努力をする義務があります。そのためには、CASBEEで評価することは大変効果的です。多くの人がCASBEEによる評価を実施すれば、社会全体として地球環境に対する負荷を減少させることに貢献します。

またCASBEEでは、環境品質をさまざまな観点から評価します。これは、住宅の性能向上に貢献します。住宅を建設する人は、良い住宅を建築して社会資産として蓄積し、これらを後世に継承していく義務があります。

次に、個人的便益について述べます。

設計段階でCASBEEの評価を受けますと、環境品質や環境負荷に関する客観的で具体的な性能が明らかにされます。これによって、設計案を改善してゆくことができます。すなわち、CASBEEは注文主と設計者のコミュニケーションツールであり、また設計支援ツールでもあるのです。

設計完了後に評価を受けますと、評価結果が自動的に格付けされますので、完成する自分の住宅の品質や環境負荷に関する実態を知ることができます。その結果、多くの住宅の中での自分の住宅の位置づけが明らかにされます。これにより、入居後のライフスタイルの計画に役立てることができます。

またCASBEEで評価を受けますと、資産価値の向上を期待することができます。なぜなら、性能の不明確な住宅より性能の明らかな住宅の方が不動産市場で歓迎されるからです。

以上のように、CASBEEの評価は、社会的便益と個人的便益の両方に寄与します。大事なことは良好な社会資産となるような住宅を建設し、後世に残すことです。住宅の性能を評価・格付けして、その結果を公開し、社会で共有することはこれに大きな貢献を果たします。公開により、社会全体に対して一層の省エネ推進のインセンティブを与えることができるからです。CASBEEによる評価結果の蓄積は、大きな社会資産ということができます。

3　社会資産としての住宅整備に対する市民の義務とCASBEEの活用

良好な社会資産となる住宅を建設することは国民全体の義務であり、そのためにすでにさまざまな仕組みが実行に移されてきました。代表的なものが建築基準法です。例えば、地震災害に対応するために耐震基準が決められ、シックハウス問題に対応するために換気性能基準が決められています。これらの性能の確保は法律で義務づけられています。住宅の建設に際して、これらの基準を満たすことは国民の義務となっています。

CASBEE の利用は本来自主的なものですが、大きな建物については最近多くの自治体で、確認申請時に CASBEE の評価を行うことが義務づけられるようになりました。これは、大規模建築は率先して地球環境負荷の削減に努力し、かつ良好な建築資産の蓄積に協力すべきであるという、行政の、そして国民の強い意志の現れであるということができます。地球環境問題がますます深刻化している現在、次の段階は、住宅を含め、大小を問わずあらゆる建物を CASBEE で評価して、環境負荷の削減に協力すべきであると思います。

『CASBEE-すまい（戸建）』の活躍が期待される次第です。

目 次

第1章

CASBEEってなに？

はじめましてCASBEEです

① この家のCASBEEです

夢のマイホームの新築で胸をわくわくさせている**新宅(しんたく)さんの奥様**のところに、今日もまた**設計士の創(そう)さん、工務店の匠(たくみ)さん**が集まって打合せです。設計もほぼできてきたところで、今日は何やら図面とは違った資料が準備されているようです。

創、匠　こんにちは
奥様　お疲れさまです
創　今日はぜひお見せしたいものがあります
奥様　あら、何ですの？楽しみね
創　実は、CASBEE（キャスビー）の評価結果を持ってきました
奥様　えっ？キャスビーって何？
匠　奥さん、私も知ってはいたのですが、実際にやってみるのは初めてでした
創　実は私も初めてなのですが、やってみてとても重要なものだとわかりました
奥様　何だかむずかしいもののようね
創　いえ、CASBEEというのは家の環境効率を評価するものです
奥様　家の環境効率？

② CASBEE ってなに？

匠　設計屋さんはいちいち難しい言い方をしますよね

創　そんなことありませんよ

匠　要するに、＜この家がどれほど環境にやさしいか＞を測るものだということでしょう

創　まあ、そうですね。CASBEE というのは Comprehensive Assessment System for Building Environmental Efficiency の頭文字をとったもので……

匠　よく舌を噛まないで言えましたね

創　私もほっとしているところです。並んでいる単語を順に直訳すれば、『総合的・評価・システム・建物・環境・効率』です。つまり「建築物の環境効率を測るものさし」ということになります

奥様　……といわれてもねえ……

創　あっ、スイマセン。要するに、質の高い生活を省エネ・省資源で実現させるためにつくられた評価基準のようなものです

奥様　質の高い生活とは、つまり健康で快適でということですよね

匠　そんな生活を省エネ・省資源で実現する……

創　そのとおり、CASBEE はそんなすばらしいすまいをつくるための評価ツールなのです

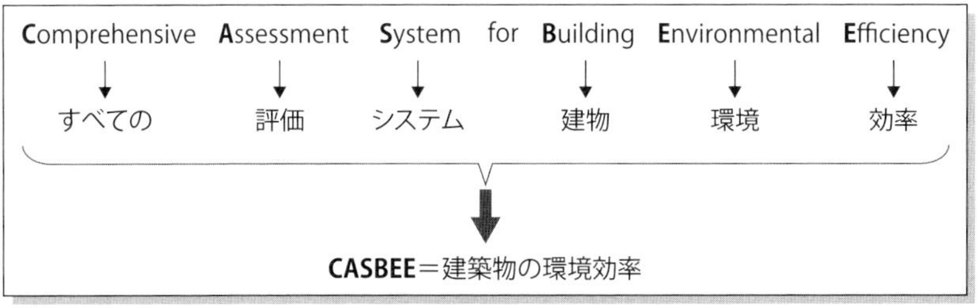
Comprehensive
Assessment
System
for
Building
Environmental
Efficiency
すべての
評価
システム
建物
環境
効率
CASBEE＝建築物の環境効率

1 はじめましてCASBEEです

③ BEEとは？

創　実はこの家でも、色々と環境に配慮した設計を心がけてきました

奥様　あら、そうだったのですか。それはとても嬉しいことですね

匠　でも、あっちこっちで『環境に優しい……』というPRばかりで……

創　だからこそCASBEEでの評価が重要ですし、CASBEEを使いながら設計することが必要なんです

匠　CASBEEは本物ということですか？

創　本物とか偽物という表現は適当でないと思いますが、CASBEEは家のさまざまな品質や性能の良し悪しを評価します。そのどこか一部が特に優れていてもそれでOKとするのではありません。大事なことは総合的な判断とバランスを重視した、そんな取組みの家を高く評価します

奥様　バランス？

創　はい、それらのバランスは敷地内と敷地外の2つの空間に分けて評価できます。つまり、敷地内で質の高い生活をしながら、敷地の外に与える環境負荷を最小限に抑えるのです

奥様　そのバランスとは、どうやって計算するのですか？

創　CASBEEのBEEが環境効率という意味で、BEEは分子に生活の質の高さを、分母に環境に与える負荷を置いて割り算することでそのバランスをみます。質の高さ、つまり環境品質をQuality（Q）、環境負荷をLoad（L）と呼びます。詳しくは後でまたご説明するとして、このQをLで割り算した結果の値がバランスを表すのです

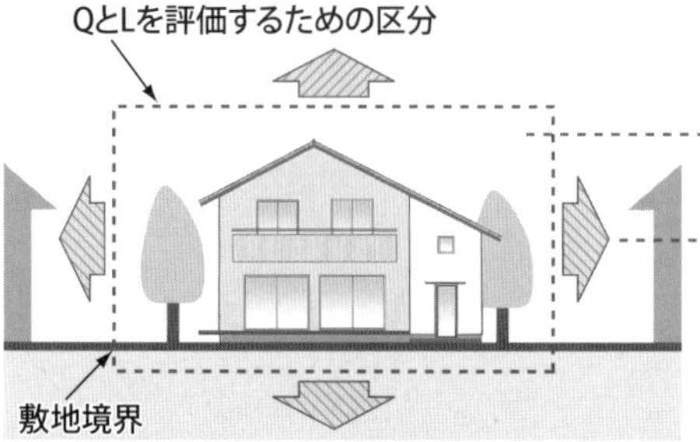

$$BEE_H = \frac{Q_H（環境品質）}{L_H（環境負荷）}$$

＊地盤側は、地下室、地盤改良を施した部分までを含む

④　何のために？

奥様　そのバランスの良し悪しは、なんのためにどう評価されるのですか？

創　環境効率は BEE チャートが示すように、結局 5 段階で総合的な環境品質を高めたり、負荷を低減する努力のバランスを評価します

匠　縦軸が環境品質の Q、横軸が環境負荷の L。その交点が BEE 値になるのですね

総合評価する BEE チャート

創　はい。BEE が 1.0 のところが現状の標準的な家の環境効率で 3 つ星がもらえます。それより良いか悪いかの格付けがされるのです。最高ランクは S で 5 つ星になります

奥様　このチャートの他にも、グラフが色々ありますね

創　総合的な評価をみるだけでなく、地球温暖化防止性能をみるチャートや全体のバランスをみるレーダーチャート、そして項目毎の評価結果をみるバーチャートがあります

全体のバランスをみるレーダーチャート

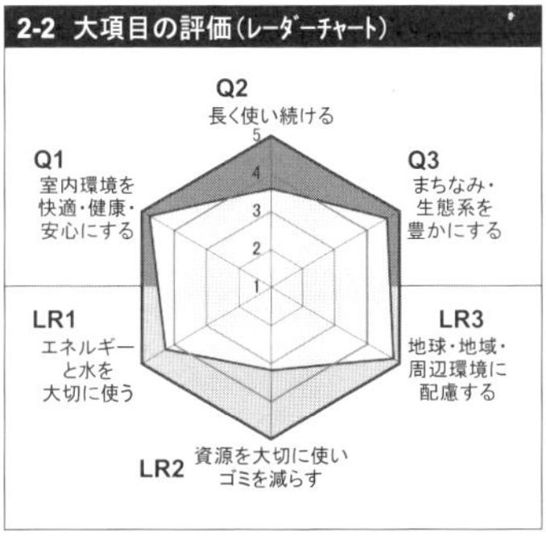

地球温暖化防止性能をみるチャート

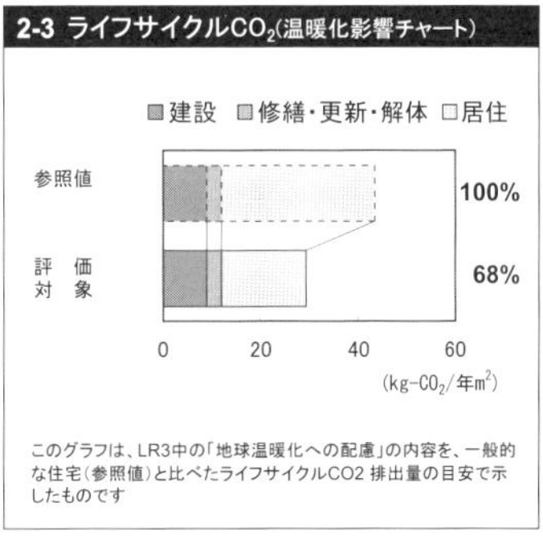

1 はじめましてCASBEEです

匠　要するに総合的にみるだけでなく、どこが良くてどこが弱いのかがわかる……

創　そうです。そこがとても重要なのです

奥様　でも弱いところがあれば強くしたくなるし、こんな評価書があれば何となくもっとガンバロウという気持ちになりますよね

匠　それにCASBEEすることで、建物全体のエコロジーの勉強にもなりそうですね

創　それだけでなく、CASBEEで評価の高い建物は資産価値の面でも高い評価になります

奥様　資産価値ってなんですか？

匠　この家を中古で売るような場合には、高く売れるということですよね？

創　そうですね。戦後の日本では家を建てては壊す「スクラップ＆ビルド」が当たり前だったのです。そんな大量のエネルギーや資源を無駄遣いすることをいつまでも続けていくわけにはいきませんね。そこで、欧米のようにもっと多くの中古住宅が市場で流通することが求められています。そうなると、住宅の性能などの氏素性や履歴が資産価値の評価、つまり売値の値踏みに大きく影響するようになります

項目毎の評価をみるバーチャート（棒グラフ）

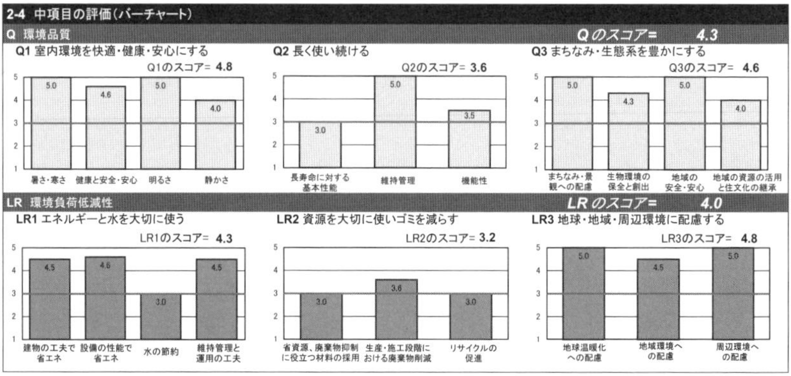

⑤　誰が評価するの？

奥様　でもグラフを観ていると、CASBEE って難しそうですね

匠　私もそう思っていたのですが、難しい計算などなくて、ほとんど項目毎に 1 点から 5 点までの点数を選ぶだけ。書き込みも多少は必要ですが、慣れれば 2 時間もあればできるようにつくられています

創　はい、匠さんにだってできますよ

匠　バカにしていませんか？

奥様　ということは、創さんは CASBEE を計算する資格をもっているとか……そういうことではないのですね？

創　はい、CASBEE はまずは自主評価からですから、業者が建主と一緒にディスカッションしながら CASBEE していくことが前提です

匠　でも、それでは正しく評価されているのかわからないですよね

創　確かに評価する人には CASBEE に関するある程度の知識が必要ですし、中には採点に主観の入る項目もありますから、絶対的に『正しい』評価結果を求めることはできません。重要なことは、業者と建主がともにすまいについての環境効率を高めようと会話することです。そのためのツールが CASBEE なのです

奥様　CASBEE する人の資格制度のようなものはあるのですか？

創　はい、一般的なビルを評価する CASBEE–建築にはすでに CASBEE 評価員登録制度がありました。最近、CASBEE–すまい版の評価員制度もつくられました。CASBEE 建築では一級建築士でなければ評価員にはなれませんでしたが、CASBEE すまい版では二級建築士、木造建築士でも評価員になることができます

匠　ところで、CASBEE を勉強するにはどうすればよいのですか？

創　インターネットで『CASBEE』を検索すれば、『CASBEE–すまい（戸建）』の詳しいマニュアルが無料でダウンロードできます。講習会も全国で開かれることになっています

奥様　ところで、私の家の CASBEE はどんな結果になったのですか

はじめましてCASBEEです

創　では、もう少しCASBEEについて詳しく紹介しながら、評価方法についてみていきましょう

匠　なんだか怖いような……

奥様　ワクワクするような気持ちですね

CASBEE評価マニュアル

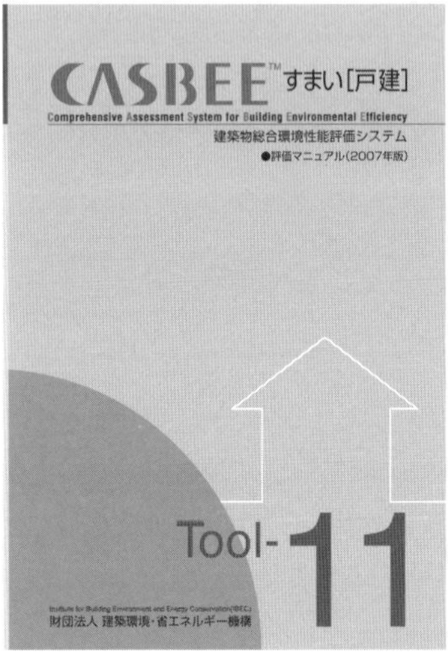

CASBEE評価ソフト

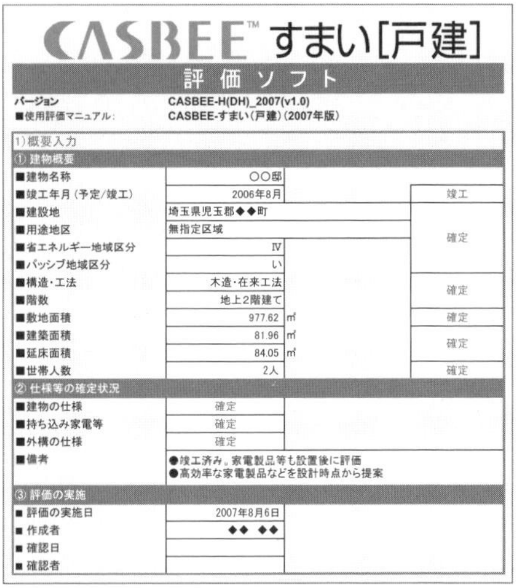

CASBEE™ すまい[戸建]
評価ソフト

バージョン　CASBEE-H(DH)_2007(v1.0)
■使用評価マニュアル:　CASBEE-すまい(戸建)(2007年版)

1)概要入力

① 建物概要		
■建物名称	○○邸	
■竣工年月(予定/竣工)	2006年8月	竣工
■建設地	埼玉県児玉郡◆◆町	確定
■用途地区	無指定区域	
■省エネルギー地域区分	Ⅳ	
■パッシブ地域区分	い	
■構造・工法	木造・在来工法	確定
■階数	地上2階建て	
■敷地面積	977.62 ㎡	確定
■建築面積	81.96 ㎡	確定
■延床面積	84.05 ㎡	
■世帯人数	2人	確定
② 仕様等の確定状況		
■建物の仕様	確定	
■持ち込み家電等	確定	
■外構の仕様	確定	
■備考	●竣工済み。家電製品等も設置後に評価 ●高効率な家電製品などを設計時点から提案	
③ 評価の実施		
■ 評価の実施日	2007年8月6日	
■ 作成者	◆◆ ◆◆	
■ 確認日		
■ 確認者		

CASBEE のホームページ　　http://www.ibec.or.jp/CASBEE/

CASBEE 建築物総合環境性能評価システム

Comprehensive Assessment System for Building Environmental Efficiency

ホーム | CASBEEの概要 | CASBEE簡易版 | Q&A | サポート | 評価員登録制度 | 建築物認証制度 | 図書・ソフト販売 | リンク

English

CONTENTS

CASBEEの概要

コンセプト

評価の仕組みとBEE

評価結果の表示

自治体版CASBEE

増築の際の評価方法

駐車場の評価方法

CASBEE-簡易版
ダウンロード

CASBEE-すまい
（戸建）

CASBEE-HI
（ヒートアイランド）

CASBEE-まちづくり

CASBEE Q&A

サポート
アップデータ、正誤表等のダウンロード

評価員登録制度

建築物認証制度

CASBEEマニュアル
・ソフトの購入

関連資料

更新情報

リンク

メールでのお問い合わ

CASBEEは建築物の環境性能を総合的に評価するためのツールです。
このサイトではCASBEEに関する最新情報をご紹介しています。

update 2007.8.15

HOT NEWS

■第7回「CASBEE建築評価員講習」を開催します。

【講習】10/1[東京1]、10/5[名古屋]、10/17[東京2]、10/19[大阪]
【試験】11/19[東京・名古屋・大阪]　※受験資格/一級建築士で建築評価員講習を修了した方

→申し込み方法などの詳細はこちらでご紹介しています。
→CASBEE評価員登録制度の詳細はこちらでご紹介しています。

■「CASBEE建築評価員」更新講習の実施日程が決定いたしました。
・登録有効期限【平成20年3月31日】までの評価員を対象とした登録更新のための講習会です。
・更新対象者には、別途、8月頃を目安に郵送にて詳細をご案内させていただく予定です。
→更新講習日程はこちらから。

NEW 2007.8.15
CASBEE評価認証一覧に新規認証1件を追加しました。

NEW 2007.7.19
CASBEEすまい（戸建）暫定版」評価マニュアルを公開しました。CASBEEすまい（戸建）のページよりダウンロード頂けます。

NEW 2007.7.11
6/4～6/21に開催された「第6回CASBEE建築評価員講習」でご質問頂いた内容に対する回答を掲載致しました。Q&Aのページよりご覧頂けます。

NEW 2007.5.31
CASBEEの評価ソフトの使用方法に関する説明書を公開しました。サポートのページよりダウンロードできます。

2007.5.15
CASBEEの評価マニュアル（2006年版）の正誤表を更新しました。サポートのページよりダウンロード頂けます。

2007.4.25
CASBEE評価認証制度の申請要領を改定致しました。平成19年6月1日以降の申請分については、新しい費用が適用されます。詳しくは認証制度のページをご覧下さい。

2007.4.25
2008年9月にSB08メルボルン大会（2008サステナブル建築世界会議メルボルン大会）が開催されます。これはSB05Tokyoの次回大会であり、サステナブル建築に関する世界中の著名な研究者や技術者が一堂に会する大会です。詳しい情報はSB08のウェブサイトからご覧頂けます。

sb 08 WORLD MELBOURNE WORLD SUSTAINABLE BUILDING CONFERENCE

2007.4.16
CASBEE評価員登録制度要綱を改正しました。（平成19年4月1日付）
詳しくはこちらをご覧下さい。

2007.3.1
駐車場の評価方法に関するページを追加しました。
Q&Aの総合（全般的な質問）のページの内容を追加し、カテゴリー順に整理しました。

CASBEEの面白さ

① CASBEEの誕生

奥様　CASBEEは国土交通省がつくったのですか？
創　はい、事務局はIBECといって、正式には財団法人の……えーと……スイマセン私も詳しくは知りません
村上　ではその質問には、私がお答えしましょう
匠　あっ、あなたはどなた？

村上　はじめまして、CASBEE研究開発委員会の委員長、村上周三です
匠　えっ、CASBEEの委員長が直々に……
村上　はい、CASBEEにお取組みいただき、ありがとうございます
奥様、創、匠　はじめまして、よろしくお願いします
村上　ではご質問にお答えしましょう。まず2001年に国土交通省住宅局の支援を受け、産・学・官が共同で日本サステナブル・ビルディング・コンソーシアム(JSBC)という組織を立ち上げました。CASBEEはそこで研究開発されました。その事務局を務めているのがIBEC、つまり財団法人建築環境・省エネルギー機構です
創　CASBEEは、すまい版以外もつくられていますよね

村上 はい、その後建築を対象にした『CASBEE–新築』『CASBEE–既存』『CASBEE–改修』『CASBEE–ヒートアイランド』などが、また建築群（まち）の評価として『CASBEE–まちづくり』などが順次開発されてきました。これらを『CASBEE ファミリー』と呼んでいます

匠 ということは、すまい版は出たばかりですから、一番新しい家族ということですか

村上 2007 年 9 月現在では、そういうことになりますね

奥様 すまいといってもマンションもありますよね

村上 そのとおりです。マンションのような集合住宅は、すでにある CASBEE で評価できます。今回開発された CASBEE は、規模や構造や設備が異なる戸建住宅の新築を対象にしたものです

CASBEEファミリー

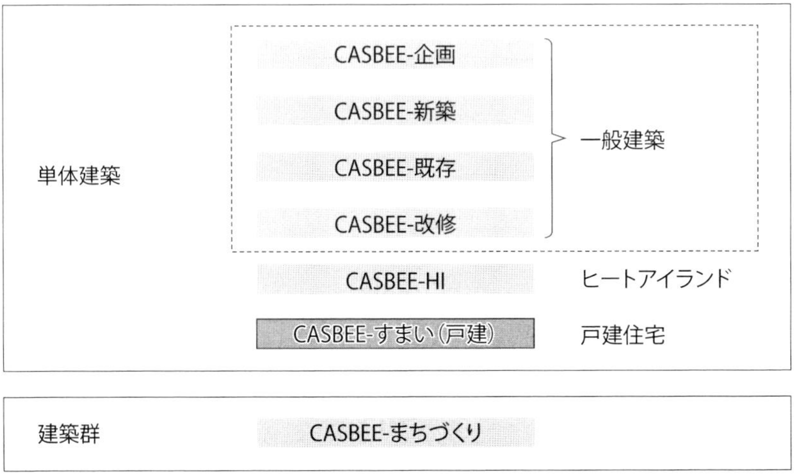

2 CASBEEの面白さ

② 海外でもCASBEEのようなものがある？

奥様　CASBEEのようなものは、外国でもあるのですか？

村上　建物の環境性能を評価することは、海外でも大変盛んです。そのさきがけは、イギリスで1990年に開発されたBREEAM（ブリーム）という評価システムです。それ以降、世界中の国々で開発されています。北米ではLEED（リード）という仕組みが、大変な勢いで普及しています。
日本のCASBEEはその中では新しいのですが、評価システムの考え方や仕組みがユニークで論理的なので、近年、各国の注目を集めています。
最近、中国でオリンピック施設を評価するために開発されたGOBAS（ゴバス）というシステムは、CASBEEの基本的な仕組みを全面的に取り入れています

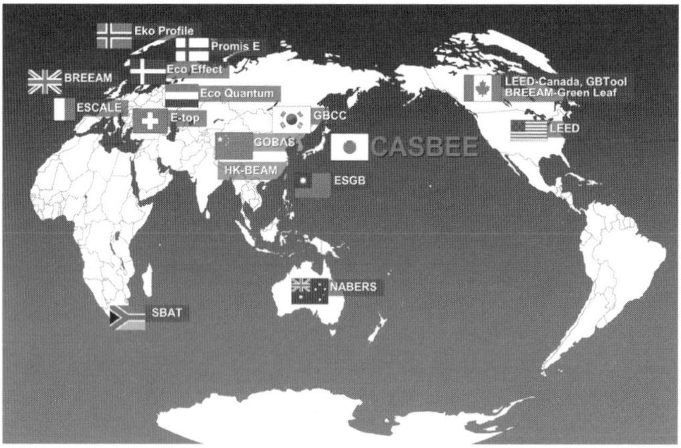

評価システム名	開発国	開発年
BREEAM	イギリス	1990
BEPAC	カナダ	1993
LEED	アメリカ	1996
GBTool	国際的	1998
ESGB	台湾	1999
NABERS	オーストラリア	2001
CASBEE	**日本**	**2002**
GOBAS	中国	2003

③　Q と L

匠　世界中に沢山あって、広がっているんですね。それぞれ違った内容なのですか？

村上　そうなんです。CASBEE は『家と敷地内部の環境品質』と『その外部に与える環境負荷』の二つに分けて評価するのが、他と異なる大きな特徴です

奥様　内部と外部？

村上　ええ、下図をみるとわかりやすいでしょう。内部とは家を含めた敷地内、外部とは敷地外のことです。そこで、内部の環境品質と外部に与える環境負荷の大きさを別々に評価し、その結果から環境効率を割り出します

奥様　その環境の効率という意味が、よくわからないのですが

村上　はい、CASBEE の BEE は Building Environmental Efficiency の頭文字で、環境効率の英文名です

$$\underset{\text{（環境効率）}}{\text{BEE}} = \frac{\text{Q（環境品質）}}{\text{L（環境負荷）}}$$

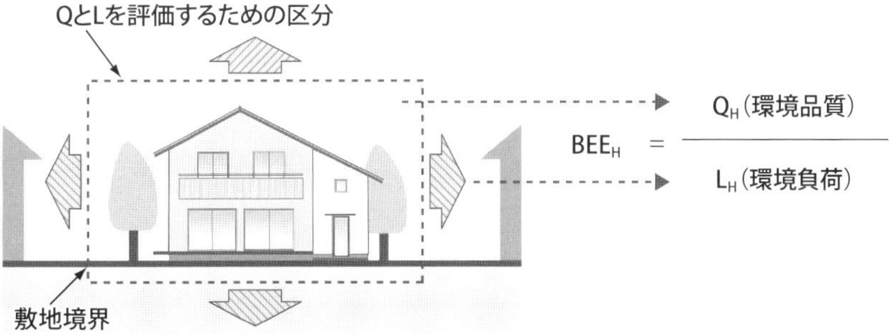

＊地盤側は、地下室、地盤改良を施した部分までを含む

2 CASBEEの面白さ

奥様　といわれても……？

村上　そうですね。ここは大事なところですから､ゆっくりお話をしましょう。まず、敷地内の環境品質をQ（Quality)、敷地から外部に与える負荷をL（Load）と呼びます。すまいの環境品質は自分の家や敷地の中で得るものですが、その一方家を作ったりそこに住んだりすることで、隣近所や地域や地球に対してさまざまな負荷を与えています。
環境に優しいすまいとは内部の環境品質を高めながら、省エネや省資源に頑張って外部に対する環境負荷の少ない住宅のことですから、この二つの側面をまず評価するのです

創　それで、BEEはQをLで割るのですね

奥様　割るということに、深い意味がありそうですね

匠　ということは、他の国の評価システムは割り算ではない？

村上　はい、海外の評価ツールのほとんどは、環境品質の項目も環境負荷の項目もすべて並列に扱って、最終的にそれぞれの得点を合計した値で評価し格付けをするかたちをとっています。これに対して、CASBEEはQをLで割った環境効率で総合評価するところが大きな特徴です

奥様　割り算って言えば、車の性能をあらわす燃費も走った距離をガソリンの消費量で割ったものだから、なんとなく似ているわね

$$\text{BEE} = \frac{\text{快適が 2 倍}}{\text{エネルギーも 2 倍}} = \text{1 倍（一般的なレベル）}$$

$$\text{BEE} = \frac{\text{快適は 1/2 倍}}{\text{エネルギーも 1/2 倍}} = \text{1 倍（一般的なレベル）}$$

$$\text{BEE} = \frac{\text{快適が 2 倍}}{\text{エネルギーは 1/2 倍}} = \text{4 倍に！}$$

④　環境効率 BEE

奥様　割り算だと何がいいのかしら

村上　はい、効率とはそもそも割り算で求めるものです。さっきおっしゃった車の燃費もそうですね。数字が大きくなると良くなるものを、小さくなると良くなるもので割る。その率は一つの数字で表されますから、一瞬でその性能を知ることができます

匠　BEE でいうと？

村上　大きくしたい Q を分子に、小さくしたい L を分母に置きますから、品質が高く、負荷が小さくなればなるほど BEE の値はどんどん大きくなります

匠　どんどん大きくなるとは……？

村上　例えば環境の品質も負荷も一般レベルを 1 として、環境の品質がその 2 倍に高まったとします。つまり Q は 2 になりますが、そのために一般より 2 倍のエネルギーや資源を使ったのでは 2 倍の負荷 2 を環境に与えてしまいます。BEE の結果は 2 ÷ 2 ＝ 1、つまり総合的に見れば一般的な性能のままです。

逆に、節約しても我慢を強いられる生活だったらどうでしょう。たしかにエネルギー消費は少ないのですが、環境品質も小さくなってしまうので良い点数になりません。仮にそれぞれ半分とすると、ここでも BEE は 0.5 ÷ 0.5 で 1 のままです。

ところが、環境品質を 2 倍にして快適な生活をしながら、その一方で省エネや省資源に智恵を働かせて負荷を半分にしたら、BEE は 2 ÷ 1/2 で 4 になります。これらを前頁にまとめてみます

奥様　あら、一挙に 4 倍になるんですね

匠　なんとなくガンバロウという意欲が湧いてきますね

村上　そうおっしゃってくれると嬉しいですね。CASBEE はこのように BEE でわかりやすく総合評価するところが、世界的にも高い評価を受けているのです

2 CASBEEの面白さ

⑤ BEEのランク

奥様　それで何倍ならばよいのですか？

村上　CASBEEの評価は、最後にBEEチャートで総合的に行うことはもうご存知ですね。その結果得られるBEEの値でランク付けされるのでしたね

匠　そのランク付けにあるSとかAとかの意味はなんですか？

村上　はい、BEEは上から順にSからCまでの5つのランクがあり、それぞれ★印が5つから1つまで与えられます。★★★★★のSは素晴らしい、★★★★のAは大変良い、★★★のB^+は良い、★★のB^-はやや劣る、★のCは劣るという評価です

奥様　グラフの中で、Sのエリアだけ台形をしているのはなぜですか？

村上　たしかに他と違いますね。BEEはQをLで割ったものですから、Qが低くてもLが小さければ良い結果が出ます。つまり、快適でなくても、負荷も小さければ良い結果が出てしまいます。そこで最高ランクのSについては、Qの得点が50点以上のもの、つまり環境品質が一般レベルより高いものに限定したのです

創　BEEが1を境にして、B^+が「よい」でB^-が「やや劣る」になっていますよね？

村上　はい、BEEが1のところが現在のすまいの一般的な性能であると想定しています。この一般的なレベルを境にして、「★★★（良い）」とか「★★（やや劣る）」と考えてもらえばよいのです

匠　ということは世の中一般の環境意識がもっと高まれば、BEEの1のレベルも高まるということですよね

村上　そのとおりです

匠　ところで、建築基準法以下のレベルだと、どんな評価になるのですか？

村上　建築基準法以下のものは建てられないのですから、あり得ません

創　ということは、基準法のレベルがランク1ということ？

村上　世の中の一般的な技術レベルが、基準法で定めるレベルと同等の場合にはランク3（一般）にしています。しかし、一般的レベルが基準法レベ

ルよりかなり高い場合は、基準法のレベルは最低のランク１や２として評価します

匠　だとすると、５つ星のＳランクにするにはかなり厳しそうですね

村上　そうですね。でも、とても高価で特殊な技術を駆使したり、必要以上に無理な努力を求めたりしているわけではありません。今ある技術をバランスよくこまめに利用することで、Ｓランクが十分達成可能となるように設定しています

創　逆に、すべての項目で最低点の場合には星１つのＣランクになるのですね

村上　はい、そのとおりです。ご参考までに、右下のチャートは実際に建築された数十棟の住宅をテスト的に評価してみた結果です

匠　ずいぶんＡ～B^+ランクが多いのですね

村上　これは開発委員会の関係者にお願いして実際の事例を紹介していただき、試行評価したものです。ですから、これらの住宅は比較的環境性能の良いものが集まっていると思われ、かならずしも現在の日本の標準を示しているわけではありません

BEE チャート

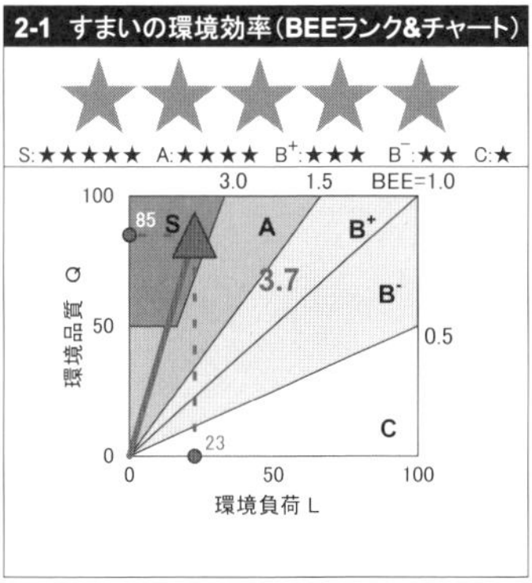

ケーススタディの結果

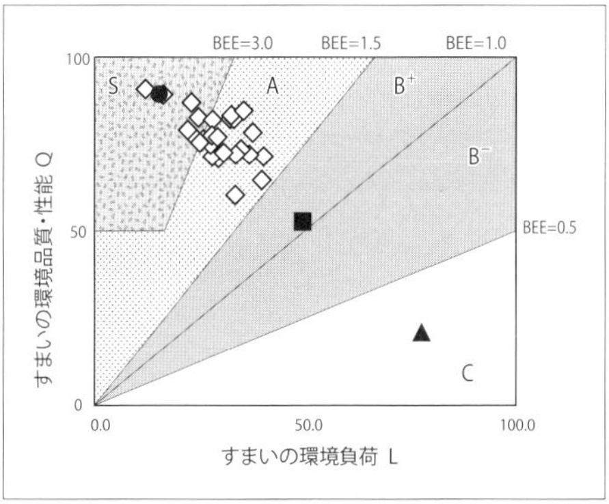

2 CASBEEの面白さ

⑥　バーチャート、レーダーチャート

創　CASBEEの評価シートには、BEEチャートの他にもいろんなグラフやチャートがありますよね

村上　はい、BEEチャートで総合的な評価をしますが、その前にQとLの各項目を5点満点で評価した結果をバーチャート（棒グラフ）で表します。これをみれば項目毎の評価結果がわかり、個々の設計案における改善に役立てられます

匠　つくり手によっては得意の項目や、こだわりの部分があるから、それが個別に示されることは嬉しいですね

創　こだわりならいいけど、営業的に目立つ部分だけに力を入れて、他は手を抜いているということもよくありますよね

匠　棒グラフの他に、もう一つくもの巣のようなグラフがありますね

村上　はい、レーダーチャートですね。これは6つの大項目の結果を一つの六角形で表して、全体のバランスの様子をみるものです。例えば、室内環境の快適・健康では高い評価だけれども、街並みへの配慮という点では取組みが不十分などといったことが一目でわかります

奥様　だとすると、大都会の中の小さな敷地に建つ家などは、高得点を取るのがむずかしそうね

創　でも、そんな厳しい条件に挑戦することに設計の妙味があります

項目毎の評価をみるバーチャート（棒グラフ）

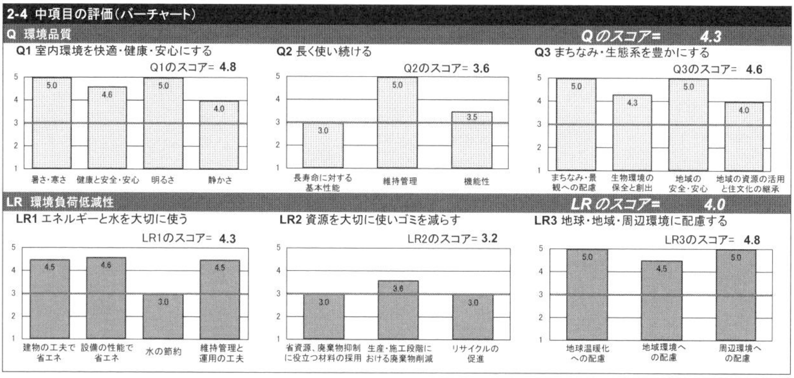
2-4 中項目の評価(バーチャート)
Q 環境品質
Qのスコア= 4.3
Q1 室内環境を快適・健康・安心にする
Q1のスコア= 4.8
5.0 4.6 5.0 4.0
暑さ・寒さ 健康と安全・安心 明るさ 静かさ
Q2 長く使い続ける
Q2のスコア= 3.6
3.0 5.0 3.5
長寿命に対する基本性能 維持管理 機能性
Q3 まちなみ・生態系を豊かにする
Q3のスコア= 4.6
5.0 4.3 5.0 4.0
まちなみ・景観への配慮 生物環境の保全と創出 地域の安全・安心 地域の資源の活用と住文化の継承
LR 環境負荷低減性
LRのスコア= 4.0
LR1 エネルギーと水を大切に使う
LR1のスコア= 4.3
4.5 4.6 3.0 4.5
建物の工夫で省エネ 設備の性能で省エネ 水の節約 維持管理と運用の工夫
LR2 資源を大切に使いゴミを減らす
LR2のスコア= 3.2
3.0 3.6 3.0
省資源、廃棄物抑制に役立つ材料の採用 生産・施工段階における廃棄物削減 リサイクルの促進
LR3 地球・地域・周辺環境に配慮する
LR3のスコア= 4.8
5.0 4.5 5.0
地球温暖化への配慮 地域環境への配慮 周辺環境への配慮

全体のバランスをみるレーダーチャート

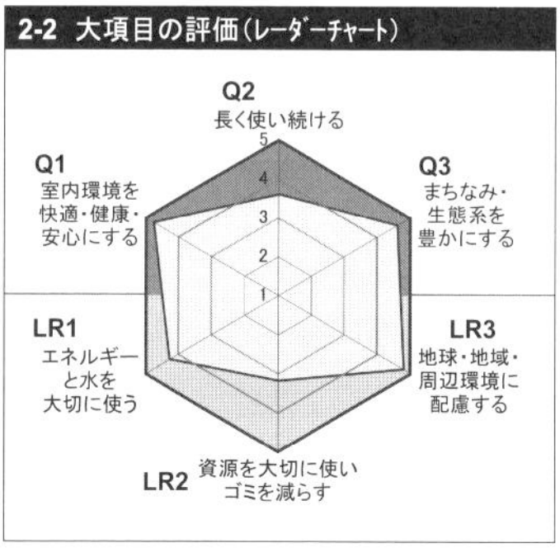
2-2 大項目の評価(レーダーチャート)
Q2 長く使い続ける
Q1 室内環境を快適・健康・安心にする
Q3 まちなみ・生態系を豊かにする
LR1 エネルギーと水を大切に使う
LR3 地球・地域・周辺環境に配慮する
LR2 資源を大切に使いゴミを減らす

いずれも
ランク 3 が標準レベル

2 CASBEEの面白さ

⑦ QとLR

匠 ところで先ほどからQやLとおっしゃってましたが、バーチャートやレーダーチャートにはQはそのままですが、LはLRになっていますよね。これはどうしてですか？

村上 ここが一番質問の多いところです。まず、建物の環境性能を総合的に評価する環境効率BEEを計算する時は、敷地内の環境品質Qを分子に、敷地外部に与える環境負荷Lを分母に置く、つまりQをLで割るのでしたね。ですからBEEを良くするには、できるだけ環境品質（Q）を大きくし環境負荷（L）を小さくすればよいのです。

ところが、バーチャートやレーダーチャートのように、QとLを並べてその良し悪しを評価する時には、ともに数値が大きいほうが優れているとしたほうがわかりやすいですね。そこで、環境負荷（L）を減らす取組みの程度、すなわち環境負荷低減性（LR）という指標がつくられたのです。そうすれば、QもLRもともに評点の大きい方が高い評価を得ることができます。ちなみに、Lは環境負荷のLoadを表すのに対して、LRはLoad Reduction（負荷低減性）の頭文字です

したがってBEE値を計算するときは「L」を使うのに対して、各項目を評価する時は「LR」を使います。計算上の便宜的な使い分けですが、最初はまぎわらしいのでご注意ください

2-2 大項目の評価（レーダーチャート）

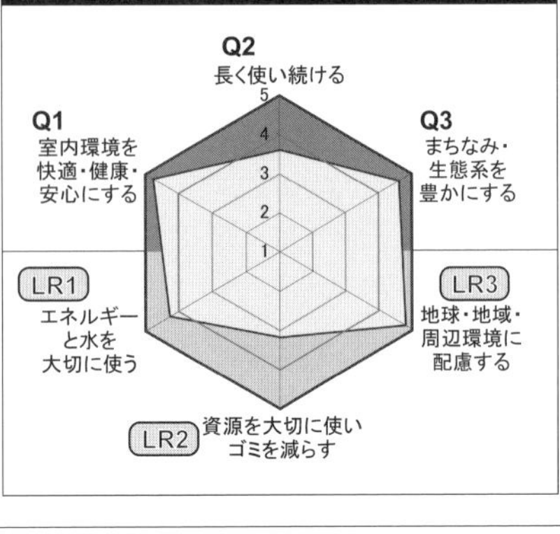

⑧　評価項目

奥様　バーチャートには沢山の項目があるのですね

村上　はい、QとLにはそれぞれ3つの大きな項目があり、その下にそれぞれ10個の中項目が、さらにその下にもたくさんの小項目があります

匠　えっ、バーチャートに載っているのは中項目の21個だけですよね

村上　はい、ここに示されるのは中項目までですが、中項目の評価をするためにその下にまだ沢山の採点項目があるのです。CASBEEは環境性能を総合的に評価するものですから、実際に採点する項目は54になりました。それでも、一般建築用のCASBEEと比べると、その数は半分以下です

創　たしかに評価してみると、項目が多くて驚きましたが、同時にいかに自分の視野が狭かったかという反省をさせられました

村上　大項目以下のすべての採点項目は表のとおりです

大項目　中項目　小項目

Q_H1　室内環境を快適・健康・安心にする

中項目	小項目	採点項目
1. 暑さ・寒さ <0.50>	1.1 基本性能 <0.50>	1.1.1 断熱・気密性能の確保 <0.65>
		1.1.2 日射の調整機能 <0.35>
	1.2 夏の暑さを防ぐ <0.25>	1.2.1 風を取り込み、熱気を逃がす <0.50>
		1.2.2 適切な冷房計画 <0.50>
	1.3 冬の寒さを防ぐ <0.25>	1.3.1 適切な暖房計画 <1.00>
2. 健康と安全・安心 <0.30>	2.1 化学汚染物質の対策 <0.33>	
	2.2 適切な換気計画 <0.33>	
	2.3 犯罪に備える <0.33>	
3. 明るさ <0.10>	3.1 昼光の利用 <1.00>	
4. 静かさ <0.10>		

Q_H2　長く使い続ける

中項目	小項目	採点項目
1. 長寿命に対する基本性能 <0.50>	1.1 躯体 <0.30>	
	1.2 外壁材 <0.10>	
	1.3 屋根材、陸屋根 <0.10>	
	1.4 自然災害に耐える <0.30>	
	1.5 火災に備える <0.20>	1.5.1 火災に耐える構造（開口部以外） <0.65>
		1.5.2 火災の早期感知 <0.35>
2. 維持管理 <0.25>	2.1 維持管理のしやすさ <0.65>	
	2.2 維持管理の体制 <0.35>	
3. 機能性 <0.25>	3.1 広さと間取り <0.50>	
	3.2 バリアフリー対応 <0.50>	

Q_H3　まちなみ・生態系を豊かにする

中項目	小項目	採点項目
1. まちなみ・景観への配慮 <0.30>		
2. 生物環境の創出 <0.30>	2.1 敷地内の緑化 <0.65>	
	2.2 生物の生息環境の確保 <0.35>	
3. 地域の安全・安心 <0.20>		
4. 地域の資源の活用と住文化の継承 <0.20>		

< >は重み係数

LR_H1　エネルギーと水を大切に使う

中項目	小項目	採点項目
1. 建物の工夫で省エネ <0.35>	1.1 建物の熱負荷抑制 <0.50>	
	1.2 自然エネルギー利用 <0.50>	
2. 設備の性能で省エネ <0.40>	2.1 暖冷房設備 <0.27>	2.1.1 暖房設備 <0.80>
		2.1.2 冷房設備 <0.20>
	2.2 給湯設備 <0.37>	2.2.1 給湯機器 <0.80>
		2.2.2 浴槽の断熱 <0.10>
		2.2.3 給湯配管 <0.10>
	2.3 照明・家電・厨房機器 <0.25>	
	2.4 換気設備 <0.05>	
	2.5 エネルギー利用効率化設備 <0.06>	2.5.1 家庭用コージェネレーションシステム <1.00>
		2.5.2 太陽光発電システム
3. 水の節約 <0.15>	3.1 節水型設備 <0.75>	
	3.2 雨水の利用 <0.25>	
4. 維持管理と運用の工夫 <0.10>	4.1 住まい方の提示 <0.50>	
	4.2 エネルギーの管理と制御 <0.50>	

LR_H2　資源を大切に使いゴミを減らす

中項目	小項目	採点項目
1. 省資源、廃棄物抑制に役立つ材料の採用 <0.60>	1.1 構造躯体 <0.30>	1.1.1 木質系住宅
		1.1.2 鉄骨系住宅
		1.1.3 コンクリート系住宅
	1.2 地盤補強材・地業・基礎 <0.20>	
	1.3 外装材 <0.20>	
	1.4 内装材 <0.20>	
	1.5 外構材 <0.10>	
2. 生産・施工段階における廃棄物削減 <0.30>	2.1 生産段階（構造用躯体部材） <0.33>	
	2.2 生産段階（構造用躯体以外の部材） <0.33>	
	2.3 施工段階 <0.33>	
3. リサイクルの促進 <0.10>	3.1 使用材料の情報提供 <1.00>	

LR_H3　地球・地域・周辺環境に配慮する

中項目	小項目	採点項目
1. 地球温暖化への配慮 <0.33>		
2. 地域環境への配慮 <0.33>	2.1 地域インフラの負荷抑制 <0.50>	
	2.2 既存の自然環境の保全 <0.50>	
3. 周辺環境への配慮 <0.33>	3.1 騒音・振動・排気・排熱の低減 <0.50>	
	3.2 周辺温熱環境の改善 <0.50>	

2 CASBEEの面白さ

⑨ 重み係数

奥様　ところでバーチャートにあるQ1のスコア＝4.8と書いてあるのは何ですか？

村上　これは大項目の1つのQ1（室内環境を快適・健康・安心にする）に関する中項目の合計得点が、4.8であることを意味しています

匠　でもQ1には4つの中項目（暑さ・寒さ、健康と安全・安心、明るさ、静かさ）がありますが、それらの採点の5.0，4.6，5.0，4.0を平均しても4.8になりませんよね

Q1 中項目のバーチャート

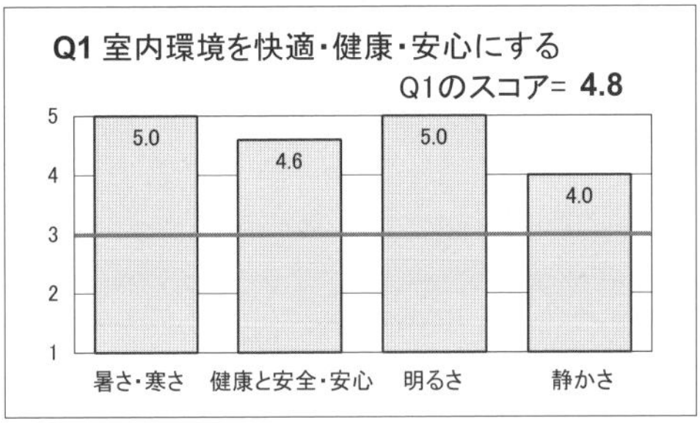

村上　はい、平均ではないからです。そこに『重み係数』というものが介在しているのです

奥様　重み？

創　いろんな項目間の重要さの度合いを示したものですよね

村上　そのとおりです。例としてQ1だけを取り上げて、この『重み』をみてみましょう。まず中項目として『暑さ・寒さ』が0.5、『健康と安全・安心』が0.3、『明るさ』が0.1、『静かさ』が0.1となっています。つまり『暑さ・寒さ』が他の項目よりもかなり重要だと判断しているのです。
さらに、その中項目である『暑さ・寒さ』の中に3つの小項目がありますが、そこでは「基本性能」が0.5、「夏の暑さを防ぐ」が0.25、「冬の寒さを防ぐ」が0.25となっていて「基本性能」が半分を占めています。

またさらにその「基本性能」の中にも採点項目として「断熱・気密性能の確保」と「日射の調整性能」の 2 つがありますが、そこでは「断熱・気密性能の確保」が 0.65 で 0.35 の「日射の調整性能」よりずっと重要だと考えていることがわかります

匠　重みとは重要度ということですよね。でも、誰がこの重みの度合いを決めたのですか

村上　研究者や業界、自治体の関係者などを対象にしたアンケート調査を参考にして決めました。また、同じ調査を消費者にも行いましたが、ほぼ同じ結果がでました

創　この重みも普遍的なものではなく、時代や社会の状況によって変化するものですよね。例えば現状のすまいは断熱・気密性能が高いとはいえない。だから今はその性能が重視されますが、近い将来一般的に断熱・気密性能が高まれば、重みはもっと軽くなるのでしょうね

村上　まったくそのとおりです。ですから、その問題も含めて CASBEE のマニュアルは今後も定期的に見直されることになっています

Q1 の重み係数

Q_H1　室内環境を快適・健康・安心にする

中項目	小項目	採点項目
1. 暑さ・寒さ <0.50>	1.1　基本性能 <0.50>	1.1.1　断熱・気密性能の確保 <0.65>
		1.1.2　日射の調整機能 <0.35>
	1.2　夏の暑さを防ぐ <0.25>	1.2.1　風を取り込み、熱気を逃がす <0.50>
		1.2.2　適切な冷房計画 <0.50>
	1.3　冬の寒さを防ぐ <0.25>	1.3.1　適切な暖房計画 <1.00>
2. 健康と安全・安心 <0.30>	2.1　化学汚染物質の対策 <0.33>	
	2.2　適切な換気計画 <0.33>	
	2.3　犯罪に備える <0.33>	
3. 明るさ <0.10>	3.1　昼光の利用 <1.00>	
4. 静かさ <0.10>		

<> は重み係数

2 CASBEEの面白さ

⑩ ライフサイクルCO_2（温暖化防止チャート）

奥様　ところで、もう１つ棒グラフがありますよね……ライフサイクル……？

創　はい、ライフサイクルCO_2のグラフですね

匠　最近よく聞く言葉ですが、ライフサイクルは生涯、CO_2は炭酸ガスですよね

村上　そのとおりです。この棒グラフの場合は対象の住宅が一生涯に排出するCO_2の量を、一般的な家に比べてどれくらい削減できるかを示しています

奥様　一生涯というと？

村上　住宅をつくる時から廃棄する時までの一生です

奥様　でも、まだ私の家はできてもいないのですよ

村上　はい、それでも寿命を推定して、生涯に排出するCO_2量を１年間の値で示すことで他の住宅との比較ができるようになるのです

匠　つくって～生活して～廃棄する各段階で、CO_2が発生する

創　生活している時に、改修したり増築したりするのも含めなければいけませんね

2-3 ライフサイクルCO_2（温暖化影響チャート）

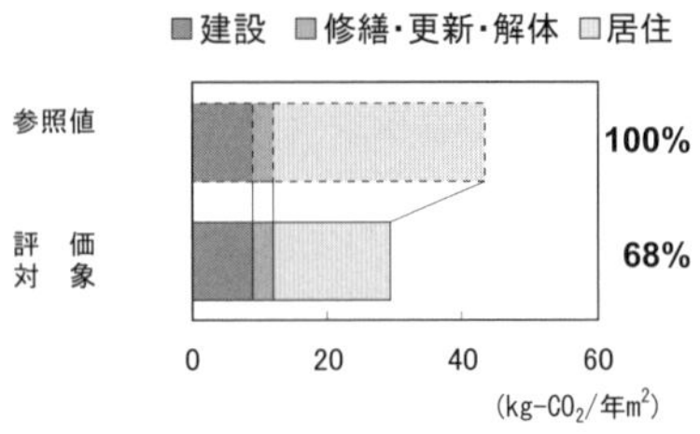

このグラフは、LR3中の「地球温暖化への配慮」の内容を、一般的な住宅（参照値）と比べたライフサイクルCO2 排出量の目安で示したものです

匠　そうですね。となると、つくる時と廃棄する時は1回だけで、その間に改修や増築するのは1回とは限らない。そして生活している時は、毎日 CO_2 を排出しているということですよね

村上　はい、年間の排出量で表すためにはたった1回だけしか発生しない「つくる時、廃棄する時」の量と、一生涯に何度か発生する「改修と増築」の分も寿命で割らなければいけません。
したがって、住宅の寿命が長くなればなるほど建設、改修・修繕・解体時の割合は小さくなって、生活時の割合が大きくなります

匠　グラフの色が違っているのは、建設時、改修・修繕・解体時、そして居住のそれぞれでの排出量を示すためなんですね

奥様　これをみると、居住の割合がとても大きいですね

村上　はい、やはり毎年繰り返される生活上で発生する量が割合としては大きいのです

創　住宅の断熱や設備機器・家電製品の省エネが重要だ、ということがわかりますね

匠　それにしても一生涯の CO_2 排出量を計算するのはものすごく難しそうですね

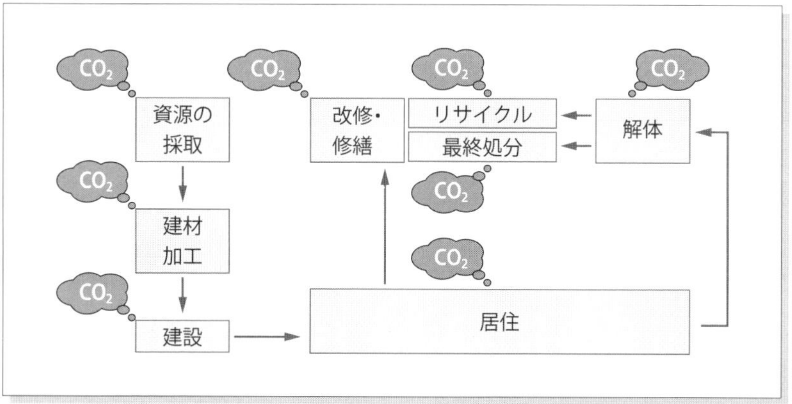

すまいは生涯のさまざまな段階で CO_2 を排出しています。$LCCO_2$ は生涯に排出する CO_2 を1年間の単位で表わしています

2 CASBEEの面白さ

村上 そのとおりです。建材１つとっても、製造・運送・施工時にどれだけの資源とエネルギーを消費しているかを調査することは大変な作業です。また、生活することで発生する CO_2 排出量の計算もとても複雑なものになります

創 でも、実際の CASBEE 評価の中では、特にライフサイクル CO_2 を計算する項目はなかったのですが

村上 はい、『CASBEE–すまい（戸建）』は簡易な作業で進められることを目標にしているので、特に計算をしなくてもこのグラフが描けるようにしたのです

匠 ということは……？

村上 他の採点項目の結果を基にして、自動的に計算する仕組みをつくったのです

創 要するに暖房とか水とかの項目に答えていく中で、ライフサイクル CO_2 の計算が自動的に行われているということですね？

村上 ただし、そこまで簡易にしたために、計算に必要なすべての項目を網羅できてはいません。その計算についてはマニュアルの中に示されているので、興味のある方はマニュアルをお読みください

奥様 最近は新聞をみてもテレビをみても地球温暖化の話題が多くて、CO_2 排出量を何グラム削減したとか数字が入っていますね。住宅でもこうした CO_2 について示していくことが必要ですね

村上 はい、家庭から排出される CO_2 量は 1990 年と比較して 30％以上も増えています。環境問題を考える１つの指標としてライフサイクル CO_2 はとても重要と判断して、BEE 評価に加えて特にこのグラフを載せたのです。
さて、申し訳ありませんが、私は次の委員会がありますのでここで失礼します

⑪　快適なら良いのか

奥様　Q1はすまいを快適で健康にする……ということのようだけど、健康は重要でも快適な生活がエコロジーに貢献するって本当かしら？

匠　たしかに､地球温暖化とかゴミ問題は人間が自分の快適性だけを求めて、実は私たちの生活を支えてくれている自然のことを顧みなかったのが理由ですよね

創　でも、人が快適と感じるのは暑くも寒くもない状態で、その時に脈拍とかが最も安定する。つまり健康と快適は一体なんです

奥様　きっと現代はそんな快適＝健康というレベルより、もっと贅沢な快適を求め始めているということではないかしら

匠　でもCASBEEは、快適性が高まれば評価は高まるのですよね

創　さっきの村上先生の説明で再確認しましたけど、たしかに快適性などの環境品質（Q）を上げればその項目の評価が高くなる。しかし、同時に環境負荷（L）が増えてしまうと総合的な評価（環境効率）は良くならない。つまり、CASBEEではむやみにエネルギーや資源を浪費する贅沢な快適性は最終的に評価されないということなんですね

奥様　『むやみ』が悪ければ、『ほどほど』がよいということかしら

匠　言葉にすると難しいし、快適とは何かを考えると難しいけど、創さんがいったように、快適＝健康ということを常に頭の中に入れながら、気持ち良い暖かさとか、涼しさとか、便利さとかを追求していくことが大事なんだと思います

創　匠さんのいうとおりですね。やみくもに我慢することだけを声高にいうのでは、前向きな発展は望めません。Qを大きく、Lを小さくですね

2 CASBEEの面白さ

⑫ 戸建と集合住宅では快適性は違うのか

奥様　集合住宅と戸建住宅とでは、環境品質になにか違いはあるのですか？

創　集合住宅のように一つの建物で複数の世帯が住む場合には、戸建住宅とは違った快適性が追求されます

匠　どういうことですか？

創　集合住宅の場合は隣の部屋が他人の家になりますから、特に音のことで気を遣う必要があります

奥様　そうそう、集合住宅の子どもは飛んだり跳ねたりしないとか

創　集合住宅と戸建住宅では、要求される壁や床の遮音性能に差が付けられています

匠　戸建住宅でも、最近は床の防音や個室の壁の防音が要求されていますよ

創　それでも戸建住宅の場合は家族同士ですから、多少の音は許してもらえますが、集合住宅だとそうはいきません。

1900年頃から人が快適と感じる温熱環境とか、静かさとか、光、色など、色んな分野で快適性の科学が研究されてきました

匠　人が快適なのは温度だけじゃなくて湿度や風の流れ、服装や動きまで含めてとらえなければいけないのですよね

創　そうです。でもそうした研究は、最大公約数を求めるための研究といえるのです。一つの空間の中に大勢の人が居る場合に、最も多くの人が快適だと感じる温度や湿度をどのように設定すればよいのかを問うものです

奥様　家族の間だったら少しはわがままがとおるし、寒がり屋の人に合わせることで済んでしまうこともありますね

匠　そうそう、わが家では奥さんの快適ですべてが決まってしまいます

建築物	室用途	部位	特級	1級	2級	3級
集合住宅	居室	隣戸間界壁 隣戸間界床	D-55	D-50	D-45	D-40
戸建住宅	寝室・個室	自宅内 間仕切り壁	D-45	D-40	D-35	D-30

室間平均音圧レベル差に関する適用等級
※集合住宅の方が戸建住宅より遮音等級が高い

⑬　戸建住宅と大型建築の違い

匠　戸建住宅の場合には、周辺環境が変化するとその影響は大きいですよね

創　そうなんです。都心やその近辺では日あたりがよくて暖かった家が、周辺にマンションが建ったために日差しが減ってしまうということがよくあります

奥様　都会では街並みを考えようとしても、すでにバラバラだからどれにあわせればよいのか、わからないということもありますよね

匠　以前は同じような家が並んで街並みが揃っていたのに、気が付いてみれば周りはマンションだらけになって、戸建の家が不自然になったりすることもあり得ます

奥様　やっぱり都会のごみごみしたところより、郊外の整った住宅地に建つすまいの方がCASBEE評価は有利になるのでしょうね

匠　でも、それでは不公平な気がしますね

創　いやいや、確かにその有利さはQ3の大項目では効いてきますが、全体から見ればさっきの重みのこともあって不公平というほどでもないでしょう。そもそも、CASBEE評価は条件が違うものを比べて不公平さや、評価の多寡を議論するためのものではありません。どんな条件でも、最善をつくすためにCASBEEで評価しながら設計するということが大事なのだと思います

匠　CASBEE優等生の発言ですね

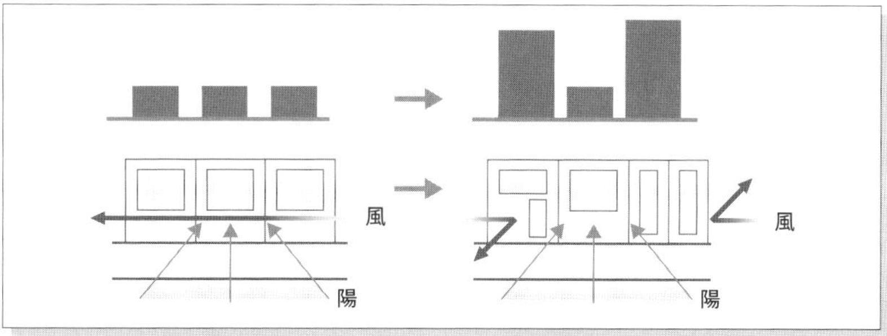

建設当初は北側に家、南側に庭をつくって整然と並んでおり陽も風もよく通るが（左）、隣接する建物が高層化したり、南の庭がなくなると陽も風も通りにくくなります（右）

2 CASBEEの面白さ

⑭ 周辺環境を利用してもよい？

奥様　そういえば、この近くに環境共生住宅だということで新聞やテレビに紹介される家があるのですが、そんな家にすることが求められているのですか

匠　太陽光発電や、太陽熱温水器を載せたゼロエネ住宅だとか、蛍が住んでるビオトープとか、生ゴミ処理をしているとか、いろんな環境配慮のメニューをこなしている家ですよね

創　それも立派な取組みですが、必ずしも1つの家ですべてを頑張らなければいけないということではないでしょう。それより街全体に緑が多くて、街でゴミの処理をして、それを近隣の農家との連携で肥料にしたりとか……、街がエコロジー性を高めれば個人の負担は軽くなります

匠　街がよくなれば個人の負担は軽くなる……。いい言葉ですね

奥様　家と街の全体で評価することが重要なのですね

匠　最近は、エコ団地のようなものもつくられています

創　大きなビルの場合は1つの建物で多くの評価項目を満たすことが求められますが、小さな戸建住宅の場合は街と一緒に項目を満たすことでよいと思います

奥様　でも、『CASBEE–すまい（戸建）』は1つの家での評価ですよね

創　『CASBEE–すまい（戸建）』でも、大項目でみるとQ3やLR3で周辺環境に対する配慮の取組みをかなり評価しています。つまり、まずは1つのすまいの単位で判断しますが、その判断の時に周辺環境に良い取組みが有利に働くようにできているんです

匠　でも、例えば庭に豊富な植栽があることが評価基準になっていれば、それはやはり個別の家での負担ということになりますよね

奥様　隣に植栽の豊富な公園があれば、それを借りてしまえばよいということも……

創　気持ちはわかりますが、『CASBEE–すまい（戸建）』はあくまでも家を建てる人の責任の範囲内でできることしか評価しませんから、それはダメ

ですね。公園を借景にしたミニ開発などもありますが、それを評価するわけにはいきませんからね。この街レベルの話は、ファミリーとして別にできている『CASBEE–まちづくり』という評価マニュアルで評価することができます

匠　まぁ、CASBEEは生活者が智恵を駆使して、エコロジカルな暮らしの場を少しでも良くするための道具と考えたほうがよさそうですね

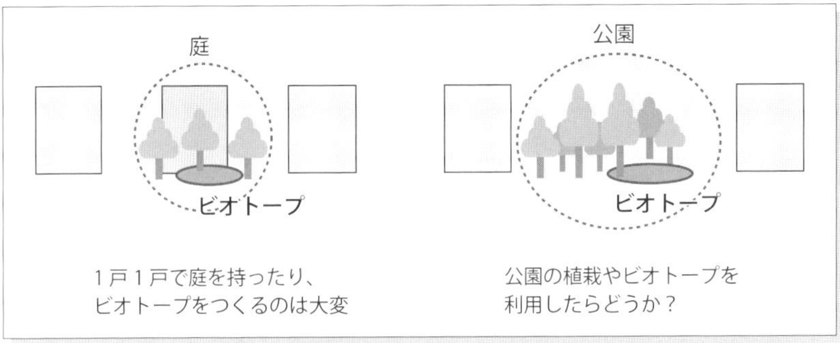
庭
ビオトープ
公園
ビオトープ
1戸1戸で庭を持ったり、
ビオトープをつくるのは大変
公園の植栽やビオトープを
利用したらどうか？

住宅地の中につくられたビオトープの例

評価結果をどう読めばいいのか

① ★★★★★（Sランク）でなければダメ？

奥様　CASBEEのことが少しずつわかってきましたが、5つ星のSランクのすまいであれば、将来の環境不安を解消するために十分な性能をもっているということでしょうか

創　いや､そうではなく､まずBEE＝1.0のレベル､つまり★★★（B^+ランク）が現在のすまいの一般的な性能で、それと比べてSランクとは今ある優れた技術をバランスよく駆使して達成できる最高のレベルだということです。
つまり、あくまで現状に照らした評価で、固定的な目標に誘導するものではないのです。それぞれのランクの内容は社会の動向をはじめ、技術開発やその普及の状況に応じて見直していきます

匠　ということは、未来に期待できるけれども導入が困難な技術とかは、評価の対象になっていないのですね

創　はい、例えば燃料電池などはまだ価格も非常に高く、実用化していないということで評価の対象には入れていません

奥様　CASBEE評価は止まることを知らないのですね

創　そうですね。ですから、江戸は当時としては世界で一番大きな100万人都市でありながら、徹底した循環型社会で環境効率のとても高い都市だったといわれていますが、CASBEEは今の社会と江戸を比較するというものではありません

匠　でも、今の基準で江戸を評価することはできますよね

創　それはできないことはないでしょうが、それがCASBEEの目的ではないということです

広重画 江戸橋の繁昌　提供：株式会社福井朝日堂

現在の東京の景観

3 評価結果をどう読めばいいのか

② 広告でCASBEEを使う

奥様　家をつくる時の業者の選択に、CASBEEが使えればいいですね

匠　CASBEE評価の高い家づくりをする業者を選ぶとか……

奥様　省エネ住宅とかエコハウスとかいわれても、その善し悪しを判断するのは素人にはむずかしくて、ついつい勢いのある業者が良くみえてしまいます

創　もちろんそうした判断にCASBEEを利用したい気持ちはよくわかりますが、CASBEEは設計段階でのコミュニケーション・ツールとして活用されることを第1の目的としています。その過程で環境に配慮した設計を充実させ、その評価結果を完成した住宅の記録として残します。
それが実績として紹介されることはあっても、その場所でつくられるその家のケースの評価ですから、他でも同じ家がつくられると約束されているわけではありません

匠　敷地の条件や周辺の状況で、1つとして同じものはない……

奥様　でもどんなケースであれ、Sランクの家をつくれる業者は優れているわけですよね

創　Sランクの家をつくれる実力は高く評価してもよいと思います。でも、だからといってその業者に頼めば誰の家をつくる場合でもSランクになるわけではない、ということは知っておく必要があります

匠　ハウスメーカーさんのような、仕様や性能があらかじめある程度設定されているような住宅では、モデル設計をもとにCASBEE評価をすることもできるでしょう。でも、私たちのようにいつも最初から設計するような場合には、結果で示すのが適当でしょうね

創　評価結果だけに注目するのではなく、その評価をした前提条件や仕様などを確認しておくことが必要ですよね。
またモデルプランを評価する場合には、どんな仕様で、どんな敷地条件で、どんな生活をするのかなどの想定内容を明示することが必要ですね

奥様　あくまでも、ある状態でこんな評価になったということを明らかにす

ることですね

1-1 建物概要

建物名称	○○邸	
竣工年月	2006年8月	竣工
建設地 用途地域 省ｴﾈﾙｷﾞｰ地域区分	埼玉県児玉郡◆◆町 無指定区域 Ⅳ	確定
構造・工法 階数	木造・在来工法 地上2階建て	確定
敷地面積	978 ㎡	確定
建築面積 延床面積	82 ㎡ 84 ㎡	確定
世帯人数	2人	確定

評価する条件が、予定であるのか（未確定）、決まったものであるのか（確定）を明確に示す

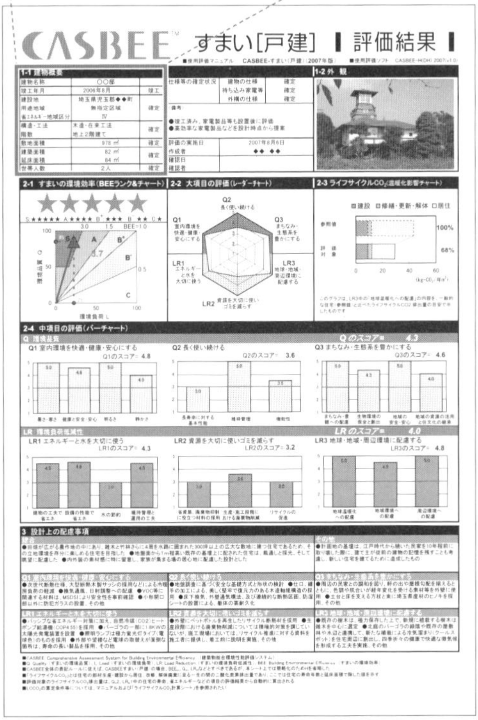

3 評価結果をどう読めばいいのか

③ 誰が評価する？

奥様　CASBEEで評価するのに、資格が必要だったりするのですか？

創　設計の過程で自主評価するのに、免許も資格も必要ありません

匠　でも、それでは正しい評価かどうかわかりませんね

創　そのとおりです。でも自主評価というものはそういうものだと思います

奥様　自主評価とはそういうもの？

匠　今まで自主評価の仕組みが普及した例は少なくて、法律だからここまでやりなさい。これ以下だと融資できない……。そんな適否を明確に見極められる基準やガイドラインのオンパレードでした

創　自主評価というのはある程度の曖昧さをもちながらも、そこでは誠意とか正直な対応が基本になければなりませんよね。ですから、当事者が自主評価することを認めるという状況は、社会が成熟したことを意味するのではないですか

奥様　成熟した社会だから、自主的な評価ができるのですね

匠　なんか大人になった気分ですね

創　建築基準法は安全で健康な建物をつくるための最低条件となる基準を集めた法律です。一方、CASBEEは今つくろうとしている家がどんな位置づけにあるのかを把握しながら、少しでも良いものにしようというものさしのようなものと言えばいいでしょう

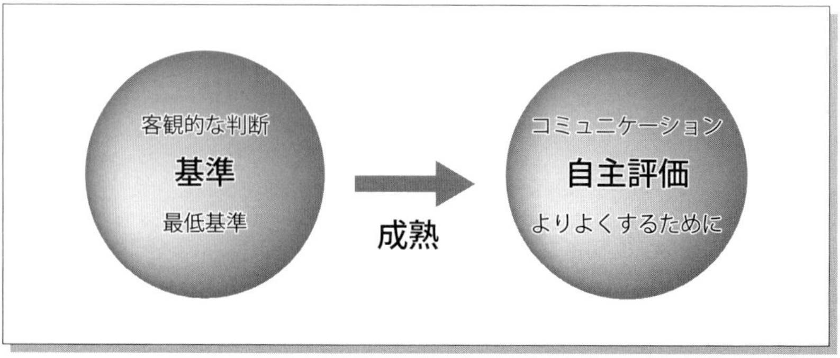

④　CASBEEで得をする？

匠　CASBEEは自主評価が基本ですが、CASBEE評価の高いものは客観的にも評価されるべきですよね

村上　はい、『CASBEE–新築』で高く評価された建物に対するインセンティブがすでにあります

匠　あれっ、また来て下さったのですね

奥様　インセンティブってなんですか？

村上　和訳すれば「励み」とか「ごほうび」ということになりますが、例えば昨年からある首都圏の都市では、CASBEE評価が高いマンションの購入者に対して、融資金利を引き下げるようなことが実際に行われています

創　へぇー、金利が下がるのは家を建てる人にとってありがたいことですね

奥様　戸建住宅にはないのですか？

村上　『CASBEE–すまい（戸建）』はまだ始まったばかりです。これから色々なインセンティブがでてくることでしょう

匠　主な地方自治体のなかには、建築主が『CASBEE–新築』で評価してその結果を提出することを条例などで義務付けているところもあるようですね

村上　はい、その第1号として名古屋市では『CASBEE–名古屋』による建築物環境配慮制度を2004年4月から始めています。それに続いて大阪市、横浜市、川崎市、京都市、さらに京都府、大阪府、兵庫県など、続々と採用が進んでいます

奥様　それって、CASBEEでSランクでなければ建ててはいけないとか？

創　いえいえ、そうではありません。CASBEEの評価結果を記載した建築物環境計画書を自治体に届け出てもらい、その概要を自治体のホームページなどで広く社会に公表することで、建築主にも業者にも社会的な環境意識を持ってもらおうというものです

匠　すべての建築に対して実施しているのですか？

村上　自治体の大きさによって異なりますが、名古屋市、大阪市、横浜市の場

3 評価結果をどう読めばいいのか

合は5,000m^{2}以上の建物が対象です。国や自治体は、こうしてまず社会的に影響のある規模の建物のCASBEE評価結果を公表することで、環境に配慮した建物が高く評価される市場が形成されるのを期待しているのです

奥様　『CASBEE–すまい（戸建）』では、自主評価が原則といっているのに、今のお話では客観的な市場での評価を狙っているということですか？

村上　いえ、戸建住宅以外の建築でもまずは自主評価することから始まるのですが、戸建住宅と違って規模の大きな一般建築の場合には関係する社会的影響の範囲がより大きく、そこに建築主や建設会社など企業の環境への取組みの姿勢がよりはっきりと反映されます。戸建住宅でも大量に供給している企業は同じような意味合いを持ちますが、1戸1戸のレベルでは居住者の意識の範疇です。ですから一般建築の場合は、企業としての市場意識がより重視されるのです

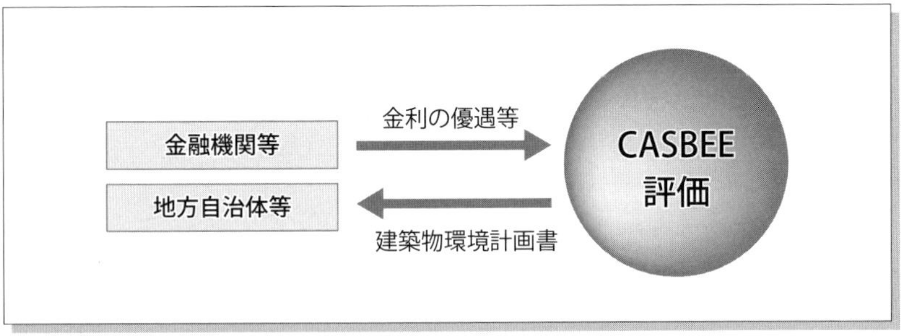

⑤　CASBEEと資産価値

匠　インセンティブの他に、CASBEEで評価して何か得をすることはありますか？

創　得をするというと儲け話のようですが、『CASBEE–すまい（戸建）』はやがて住宅の資産価値を評価する道具としても使われることになるでしょう

奥様　資産価値ってなんですか？

村上　奥さんがお持ちのお住まいの客観的な価値のことです。品質や性能が良くて省エネ性能の高い環境負荷の小さい住宅の価値は高く評価されますし、住む上で経済的です。それは奥さんが得することになりますね。そんな家が増えれば、そのまちや地域の環境の価値も高まりますから、優れた社会資産が増えることにつながります。それは社会にとっても得になることです。そうした市場にとって歓迎すべき投資の対象となる住宅には、より多くの融資枠やより低い金利がつけられるのです。また、中古で家を売る時にも当然有利になるでしょうね

創　日本の住宅建設は新築がほとんどで、中古住宅の売買は欧米に比べてとても少ないそうですね。でも、日本でもつくっては壊す「スクラップ・アンド・ビルド」の時代が終ってストックを大事にする時代になった今、中古住宅がもっと売り買いされることが重要だという意識が高まりだしています

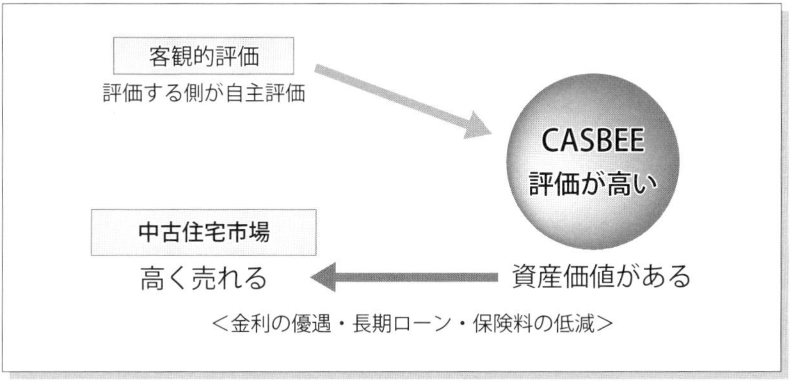

3 評価結果をどう読めばいいのか

匠　そうそう、私たちの仕事も最近改修やリニューアルの仕事が増えてきましたね。テレビの番組でも、ずいぶん取り上げられるようになりました。2006年に成立した『住生活基本法』の中でも明記されていますね

奥様　自分の家を売り買いするんですか？

村上　はい、ご自分の人生の段階、つまりライフステージに応じて家を売り買いする＝住み替えるのです。その時、家に客観的に高く評価された資産価値があれば高く売れます。これからの時代はその評価で環境に良い家という視点が重要視されるのは明らかですから、そこでCASBEEの評価が役に立つのです

匠　でも、そんな客観的な評価の場合には自主評価というわけにはいかないでしょうね

村上　たしかに、こうしたケースでは自主評価ではなく、インセンティブを提供する側が何らかの客観的な方法をとることになると思います

奥様　ということは特に評価する方法が決まっているわけではない……

村上　これから『CASBEE–すまい（戸建）』にも評価員制度を整備することはさきほどご説明したとおりです。ですから、いずれ客観的に評価したい場合には、評価する側が評価員を置くとか、専門機関に審査を依頼するとかの態勢をつくることになるでしょう

『住生活基本法』の骨子

- ●良質な住宅供給を図る
- ●地域やそこに住む人たちが誇りと愛着をもてる居住環境の形成を図る
- ●既存住宅の有効活用と居住用住宅を購入する人たちへの配慮を図る
- ●低額所得者や高齢者、子育て世代等へのセーフティネットを図る

⑥　有効期限は？

奥様　さきほど CASBEE はその時点の一般的なレベルより高いか低いかを評価するので、評価のレベルは刻々と変化すると伺いましたよね

村上　はい、そのとおりです

匠　その見直しというか更新というのか、それは何年毎に行うのですか？

村上　『CASBEE–すまい（戸建）』は新しくつくったばかりですから、今の段階で何年毎に更新するということは決めていません。ただ、これまでの例ですと最初は 1 年、その後は 2 年毎に改定しています

奥様　古い採点基準より新しい採点基準の方がだんだん厳しくなるのでしょうから、古い評価が更新されればそれはもう使えなくなりませんか？

村上　ですから、評価結果には何年度版の CASBEE で評価したということを必ず明記することになっています

奥様　それでは、中古住宅の資産価値を計るために CASBEE 評価したいという場合はどうなるのかしら？

村上　はい、その場合は今建っている住宅が評価の対象としてあるわけですから、部分的に実測したり、目視したりして実態に即した評価ができますね。新築のように、設計をベースに評価するのとは少し違ってきます

奥様　『CASBEE–すまい（戸建）』には、そのための既存住宅用のツールもあるのですか？

村上　いえ、新築用ができたばかりですからまだありません。今後その必要性も含めて、すまいのシリーズのなかで検討する予定です

第2章

QとLRを探検

1 QとLRを探検

QとLRを探検

奥様　私も大分CASBEEがわかってきたような気がしますけど、採点基準などをみていないので、どんな風に評価するのか知りたくなってきました

創　CASBEEの採点基準は、インターネットで無料でダウンロードできますから、まずマニュアルと評価ソフトの二つをダウンロードします（※詳しくは第3章で述べます）

匠　マニュアルに従って採点をし、それを評価ソフトにプロットしていけばよいのですね

創　はい、QとLRの合計54の採点項目がありますから、それらの採点をしていくと結果が自動的にグラフになって出てきます

奥様　Qというのは敷地内の環境品質で、LRは敷地外に与える環境負荷。BEEはQをLRで割ったものですよね

匠　割り算だから環境品質と環境負荷のバランスがみれる

創　お二人ともすっかりCASBEE通になってしまいましたね。では、これから評価項目を1つ1つ掘り下げていきましょうか

Q_H1　室内環境を快適・健康・安心にする

中項目	小項目	採点項目
1. 暑さ・寒さ <0.50>	1.1 基本性能 <0.50>	1.1.1 断熱・気密性能の確保 <0.65>
		1.1.2 日射の調整機能 <0.35>
	1.2 夏の暑さを防ぐ <0.25>	1.2.1 風を取り込み、熱気を逃がす <0.50>
		1.2.2 適切な冷房計画 <0.50>
	1.3 冬の寒さを防ぐ <0.25>	1.3.1 適切な暖房計画 <1.00>
2. 健康と安全・安心 <0.30>	2.1 化学汚染物質の対策 <0.33>	
	2.2 適切な換気計画 <0.33>	
	2.3 犯罪に備える <0.33>	
3. 明るさ <0.10>	3.1 昼光の利用 <1.00>	
4. 静かさ <0.10>		

Q_H2　長く使い続ける

中項目	小項目	採点項目
1. 長寿命に対する基本性能 <0.50>	1.1 躯体 <0.30>	
	1.2 外壁材 <0.10>	
	1.3 屋根材、陸屋根 <0.10>	
	1.4 自然災害に耐える <0.30>	
	1.5 火災に備える <0.20>	1.5.1 火災に耐える構造（開口部以外）<0.65>
		1.5.2 火災の早期感知 <0.35>
2. 維持管理 <0.25>	2.1 維持管理のしやすさ <0.65>	
	2.2 維持管理の体制 <0.35>	
3. 機能性 <0.25>	3.1 広さと間取り <0.50>	
	3.2 バリアフリー対応 <0.50>	

Q_H3　まちなみ・生態系を豊かにする

中項目	小項目	採点項目
1. まちなみ・景観への配慮 <0.30>		
2. 生物環境の創出 <0.30>	2.1 敷地内の緑化 <0.65>	
	2.2 生物の生息環境の確保 <0.35>	
3. 地域の安全・安心 <0.20>		
4. 地域の資源の活用と住文化の継承 <0.20>		

< >は重み係数

……ということで、新宅さんの家の PC で CASBEE をダウンロードして、マニュアルを開けると……

奥様　あら沢山の頁があるのですね。技術的なことばかり書いてあるし、私には無理そう

匠　大丈夫ですよ。創さんがやさしく解説してくれますから

創　任せてください。『CASBEE–すまい（戸建）』は建築主の方にも理解してもらおうとやさしくつくってあるのが特徴です。技術的に詳しくわからなくても。どんな項目が、どんな理由で取り上げられ、どんな方法で採点するのかが理解できれば、すまいの総合的な環境性能を把握することができます。こうして CASBEE を介してコミュニケーションができるようになるのです

匠　Q と LR の大項目が 3 つずつありますが、まずは Q からですね

LR_H1　エネルギーと水を大切に使う

中項目	小項目	採点項目
1. 建物の工夫で省エネ <0.35>	1.1 建物の熱負荷抑制 <0.50>	
	1.2 自然エネルギー利用 <0.50>	
2. 設備の性能で省エネ <0.40>	2.1 暖冷房設備 <0.27>	2.1.1 暖房設備 <0.80>
		2.1.2 冷房設備 <0.20>
	2.2 給湯設備 <0.37>	2.2.1 給湯機器 <0.80>
		2.2.2 浴槽の断熱 <0.10>
		2.2.3 給湯配管 <0.10>
	2.3 照明・家電・厨房機器 <0.25>	
	2.4 換気設備 <0.05>	
	2.5 エネルギー利用効率化設備 <0.06>	2.5.1 家庭用コージェネレーションシステム <1.00>
		2.5.2 太陽光発電システム
3. 水の節約 <0.15>	3.1 節水型設備 <0.75>	
	3.2 雨水の利用 <0.25>	
4. 維持管理と運用の工夫 <0.10>	4.1 住まい方の提示 <0.50>	
	4.2 エネルギーの管理と制御 <0.50>	

LR_H2　資源を大切に使いゴミを減らす

中項目	小項目	採点項目
1. 省資源、廃棄物抑制に役立つ材料の採用 <0.60>	1.1 構造躯体 <0.30>	1.1.1 木質系住宅
		1.1.2 鉄骨系住宅
		1.1.3 コンクリート系住宅
	1.2 地盤補強材・地業・基礎 <0.20>	
	1.3 外装材 <0.20>	
	1.4 内装材 <0.20>	
	1.5 外構材 <0.10>	
2. 生産・施工段階における廃棄物削減 <0.30>	2.1 生産段階（構造用躯体部材） <0.33>	
	2.2 生産段階（構造用躯体以外の部材） <0.33>	
	2.3 施工段階 <0.33>	
3. リサイクルの促進 <0.10>	3.1 使用材料の情報提供 <1.00>	

LR_H3　地球・地域・周辺環境に配慮する

中項目	小項目	採点項目
1. 地球温暖化への配慮 <0.33>		
2. 地域環境への配慮 <0.33>	2.1 地域インフラの負荷抑制 <0.50>	
	2.2 既存の自然環境の保全 <0.50>	
3. 周辺環境への配慮 <0.33>	3.1 騒音・振動・排気・排熱の低減 <0.50>	
	3.2 周辺温熱環境の改善 <0.50>	

< >は重み係数

Qを探検

創　Qは敷地内の環境品質を測る項目ですが、その中には3つの大項目があります。
『1. 室内環境を快適・健康・安心にする』、『2. 長く使い続ける』、『3. まちなみ・生態系を豊かにする』……の3つです

奥様　つまり、家の中と家自身そしてまちや周辺との関係ということですね

匠　環境共生住宅というのは家～庭～道～街～地球までの広がりを考えた家ということですが、CASBEEのQはその中の家の中から街までの範疇ということでしょうか

創　そのとおりですが、これら3つにも重要性に差が付けられています

匠　それが重み係数というものですね。重み係数は採点表に書いてあります

創　はい、『室内環境を快適・健康・安心にする』が0.45、『長く使い続ける』が0.30、『まちなみ・生態系を豊かにする』が0.25となっています

奥様　やっぱり室内環境が重視されるんですね

大項目

Q_H1　室内環境を快適・健康・安心にする　<0.45>

中項目	小項目	採点項目
1. 暑さ・寒さ <0.50>	1.1 基本性能 <0.50>	1.1.1 断熱・気密性能の確保 <0.65>
		1.1.2 日射の調整機能 <0.35>
	1.2 夏の暑さを防ぐ <0.25>	1.2.1 風を取り込み、熱気を逃がす <0.50>
		1.2.2 適切な冷房計画 <0.50>
	1.3 冬の寒さを防ぐ <0.25>	1.3.1 適切な暖房計画 <1.00>
2. 健康と安全・安心 <0.30>	2.1 化学汚染物質の対策 <0.33>	
	2.2 適切な換気計画 <0.33>	
	2.3 犯罪に備える <0.33>	
3. 明るさ <0.10>	3.1 昼光の利用 <1.00>	
4. 静かさ <0.10>		

Q_H2　長く使い続ける　<0.30>

中項目	小項目	採点項目
1. 長寿命に対する基本性能 <0.50>	1.1 躯体 <0.30>	
	1.2 外壁材 <0.10>	
	1.3 屋根材、陸屋根 <0.10>	
	1.4 自然災害に耐える <0.30>	
	1.5 火災に備える <0.20>	1.5.1 火災に耐える構造（開口部以外） <0.65>
		1.5.2 火災の早期感知 <0.35>
2. 維持管理 <0.25>	2.1 維持管理のしやすさ <0.65>	
	2.2 維持管理の体制 <0.35>	
3. 機能性 <0.25>	3.1 広さと間取り <0.50>	
	3.2 バリアフリー対応 <0.50>	

Q_H3　まちなみ・生態系を豊かにする　<0.25>

中項目	小項目	採点項目
1. まちなみ・景観への配慮 <0.30>		
2. 生物環境の創出 <0.30>	2.1 敷地内の緑化 <0.65>	
	2.2 生物の生息環境の確保 <0.35>	
3. 地域の安全・安心 <0.20>		
4. 地域の資源の活用と住文化の継承 <0.20>		

< >は重み係数

Q1　室内環境を快適・健康・安心にする

創　さて、『室内環境を快適・健康・安心にする』の中に４つの中項目があります。
「1. 暑さ・寒さ」、「2. 健康と安全・安心」、「3. 明るさ」、「4. 静かさ」の４つです

匠　そして、中項目の下に、小項目、さらに採点項目があるのですね

創　はい、家の中の環境を考えるだけでこれだけの項目になるのです

奥様　化学汚染物質の対策や防犯まで考えなくてはいけないのですね

匠　シックハウス対策はとても重要で、私のつくる家は自然建材を使用しますが、最近は防犯のことを念入りに確認する建主の方が多くなりました

創　明るさや静かさも快適と健康の点で重視されますが、やはり重要度としては暑さ・寒さが大きいですね

匠　重み係数は暑さ・寒さが 0.5、健康と安全・安心が 0.3、明るさ 0.1、静かさ 0.1 となっていますね

奥様　重み係数は中項目では中項目同士、小項目では小項目同士の割合で読むのですね

創　そうです。採点レベルを選んで、この重み係数を掛けていって全体の数字を割り出すのですが、この計算はとても面倒です。でも、評価ソフトを用いると、計算は自動で行われ、最終的にグラフまでつくってくれますから心配無用です

Q_{H}1　室内環境を快適・健康・安心にする

中項目	小項目	採点項目
1. 暑さ・寒さ <0.50>	1.1　基本性能 <0.50>	1.1.1　断熱・気密性能の確保 <0.65>
		1.1.2　日射の調整機能 <0.35>
	1.2　夏の暑さを防ぐ <0.25>	1.2.1　風を取り込み、熱気を逃がす <0.50>
		1.2.2　適切な冷房計画 <0.50>
	1.3　冬の寒さを防ぐ <0.25>	1.3.1　適切な暖房計画 <1.00>
2. 健康と安全・安心 <0.30>	2.1　化学汚染物質の対策 <0.33>	
	2.2　適切な換気計画 <0.33>	
	2.3　犯罪に備える <0.33>	
3. 明るさ <0.10>	3.1　昼光の利用 <1.00>	
4. 静かさ <0.10>		

< > は重み係数

2 Qを探検

Q1.1 暑さ・寒さ

創　では、いよいよ採点項目を詳細にみていきましょう。まずは『暑さ・寒さ』ですね

奥様　暑いのも寒いのも辛いですよね。今までの家は風通しはよかったけどとにかく寒かった

創　暑さは辛いだけで済みますが、寒さは家の中の温度差による冷ショックや結露を招くのでやっかいです

匠　冷ショックは脳卒中発作の引き金になりますよね

創　はい、暖かい部屋から冷えた廊下やトイレに行くときに冷ショックが起こります

奥様　冷ショックで脳卒中……怖いですね。実家の親のことが気になります

匠　家の中に温度差があれば、結露も起こりますよね

創　そのとおりです。つまり、家の中に温度差をつくらなければ冷ショックもないし、結露も起こりません

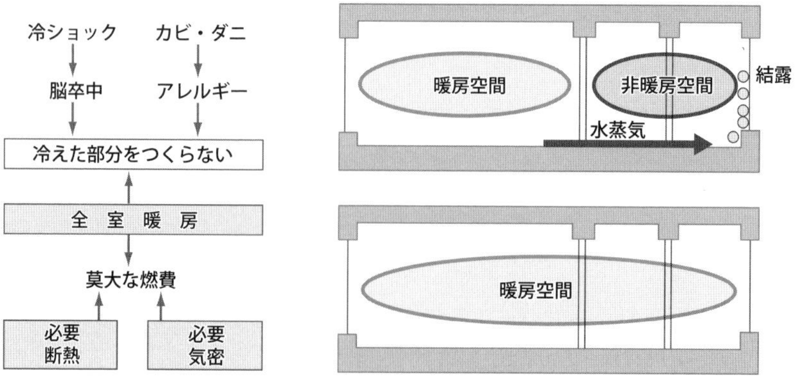

【断熱性能が基本】

奥様　家全体を暖めればよいといっても、莫大なエネルギーがかかりそうですね

匠　無理のないエネルギーで、家全体を暖めるために求められるのが高い断熱・気密性能です

創　さすが断熱・気密施工に自信のある匠さんのお言葉ですね。暖かさは暖房機で、涼しさはクーラーでという前に、断熱・気密性を高めることが順序です

奥様　『暑さ・寒さ』の小項目には「基本性能」の他に、「夏の暑さを防ぐ」と「冬の寒さを防ぐ」の項目がありますが、「基本性能」の重みが 0.5 と高いですね

創　断熱・気密が高まれば空調の役割は小さくなるのですから、順序は断熱・気密からということになります

匠　『基本性能』の中には、「断熱・気密性能の確保」と「日射の調整機能」の 2 つの項目がありますね。日射の調整は基本的なことなのでしょうか

創　日射の調整機能というのは、夏は日射の侵入を防ぎ、冬は取り込んで暖房の補助にするということです。なので冷房と暖房の両方の補助になるという意味で、基本性能の中に位置づけられています

匠　『夏の暑さを防ぐ』採点項目には「風を取り込み熱気を逃がす」と「適切な冷房計画」の 2 つがあり、『冬の寒さを防ぐ』は「適切な暖房計画」の 1 つだけです。

創　つまり、暑さ・寒さに関する品質には、断熱と日射、通風、そして冷房、暖房が取り上げられているということですね

Q_H1　室内環境を快適・健康・安心にする

中項目	小項目	採点項目
1. 暑さ・寒さ <0.50>	1.1　基本性能 <0.50>	1.1.1　断熱・気密性能の確保 <0.65>
		1.1.2　日射の調整機能 <0.35>
	1.2　夏の暑さを防ぐ <0.25>	1.2.1　風を取り込み、熱気を逃がす <0.50>
		1.2.2　適切な冷房計画 <0.50>
	1.3　冬の寒さを防ぐ <0.25>	1.3.1　適切な暖房計画 <1.00>

< > は重み係数

2 Qを探検

Q1.1.1 断熱性能の確保

創　では、いよいよ実際に採点してみることにしましょう

匠　『断熱・気密性能の確保』では、日本住宅性能表示基準の省エネルギー対策等級……。いわゆる性能表示の温熱環境等級でレベル分けしていますね

創　はい、CASBEE評価では、国が定めた性能表示の評価基準を積極的に利用しています

奥様　レベル3というのが、一般的なレベルということでしたよね

創　はい、ここでは性能表示の等級3がレベル3になっています

匠　性能表示の等級3というのは、省エネルギー基準では『新省エネルギー基準』レベルですね

奥様　もっと上があるんですか？

匠　はい、『次世代省エネルギー基準』というのがあって、性能表示では等級4で、CASBEEではレベル5に当たります。国際的にも遜色ない高いレベルですが、まだ新築住宅の3割程度にしか実施されていません

Q1.1.1 断熱性能の確保

CASBEEすまい	性能表示・省エネ対策等級	
レベル1	等級1	その他
レベル2	等級2	旧省エネルギー基準レベル
レベル3	等級3	新省エネルギー基準レベル
レベル5	等級4	次世代省エネルギー基準レベル

Q1.1.2 日射の調整機能

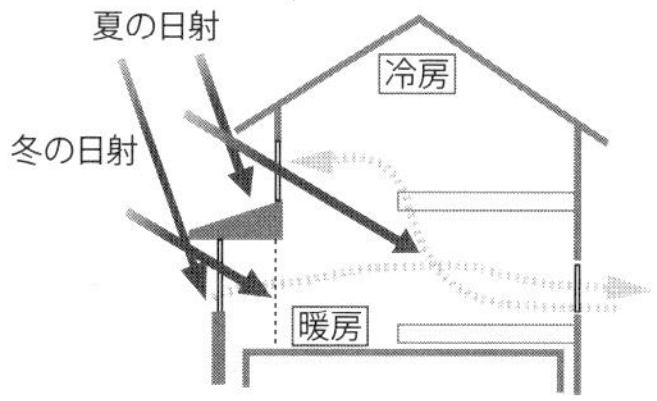

創　『日射の調整機能』では、開口部つまり窓の日射侵入率でレベル分けしています

奥様　日射侵入率って、何ですか？

匠　窓から室内にどれだけ日射が入ってしまうか、を示すものです

創　日射はガラスを透過しますが、ガラスの種類によって侵入する率は変わります。またブラインドやカーテンをつけて、日射を入りにくくすることができます

匠　庇も有効な手段ですよね

創　でも庇は南面では有効ですが、東西面では効果が減少します。このようにいろんな日射遮蔽要素が組み合わされて、日射侵入率が決まります。CASBEE では、日射取得率が 0.6 以下を一般レベルとみなしています

奥様　そういわれてもどれほどのことなのか？

創　0.6 というのは、「庇のない窓で、1 枚ガラスで、レースのカーテンがついている程度（0.56）」の状態ですね

匠　レベル 5 は夏期に 0.3 以下、冬に 0.6 以上にできることとなっていますね。要するに夏に遮蔽、冬は取り込むの両方の機能を要求しているのです

創　はい、まず夏ですが、「南に面しているペアガラスの窓で、庇があって、レースのカーテンがついている状態」で 0.3 以下（0.27）になります。ブラインドや障子をつければ、もっと小さくなります。

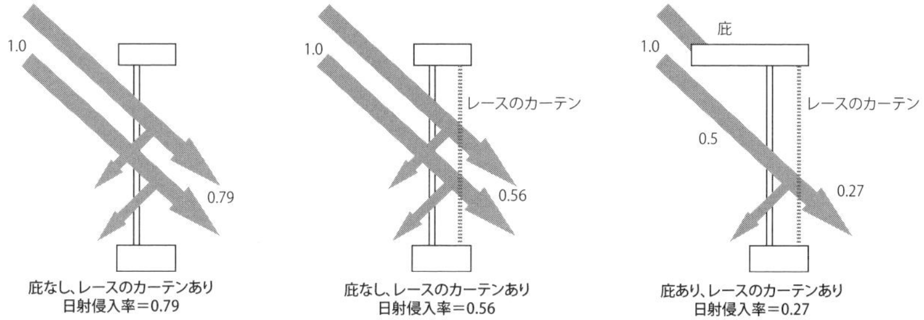

ガラスと日射遮蔽物の違いによる日射侵入率の変化

2 Qを探検

次に冬ですが、「同じ窓で、レースのカーテンを開けた状態」でも0.4ですから0.6以上にすることはできません

奥様　レベル5にするのは、無理ということですね

創　はい。でも冬に庇をとれば、0.79になって合格します

匠　可動式の庇なら可能ですね。よくお店でみるオーニングのようなものを使うとか

創　それはよいアイデアですね

奥様　なんかこうやって聞いていくと、とてもむずかしい話なのに私でもわかるような気がしてきますね

匠　コミュニケーションの成果ですね

夏の日射を弱める南側テラス上のテント

Q1.2.1 風を取り込み、熱気を逃がす

創　次は、通風性を評価する項目です

匠　1つの部屋に窓が幾つあるかで風が通るかどうかをレベル付けしていますね

創　はい。主要な居室において二方向に窓がある、または一方向でも通風・排熱を促進する取組みがなされているのがレベル3、つまり一般的だとみなしています

奥様　居室というのは？

創　まず、居室というのはリビングとか寝室のことで、廊下やトイレ、玄関ホール、収納などは居室以外になります

匠　レベル5になると「すべての居室が二方向に窓がある、または一方向でも通風・排熱を促進する取組みがなされている」になっていますね

奥様　「主要な」というのと「すべての」というのでは、どう違うのですか

創　主要なというと「居間を含む一体的な空間および主寝室」ということになり、すべてのというと他の居室もすべてということになります

奥様　通風・排熱を促進する取組み……というのは？

創　高窓とか、開閉できるトップライト、ウインドキャッチャーなどです。そういってもわかりませんよね。絵を描いてみましょうか（下図）

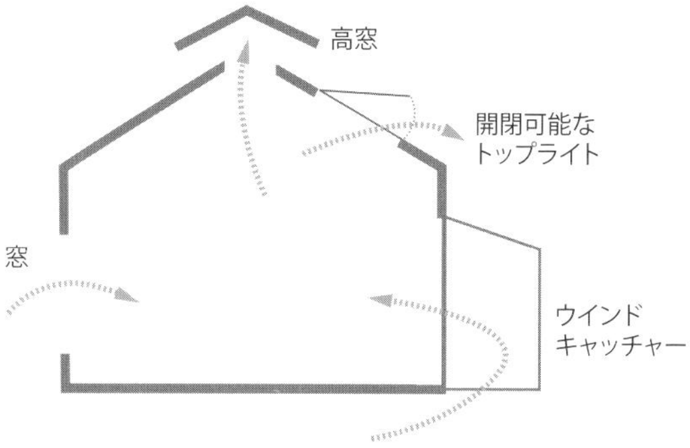

2 Qを探検

Q1.2.2 適切な冷房計画

Q1.3.1 適切な暖房計画

創　Q1『暑さ・寒さ』の項目で残っているのは、「適切な冷房計画」と「適切な暖房計画」です

匠　冷暖房どちらもレベル3は「居間を含む一体的空間において、適切な冷房（暖房）計画が行われていること」となっており、レベル4がなくて、レベル5が「主要な居室において適切な冷房（暖房）計画が行われている」ことになっています

奥様　居間に冷房が入っているのが一般的だ、ということですよね

創　はい、レベル5の主要な居室においても……ということは、寝室などにも冷暖房を行うということです

匠　適切な……というのは、どういうことですか？

創　適当な能力の冷暖房を行うということです。冷暖房機器には能力に応じた部屋の大きさが書かれていますが、本来は断熱性能と照らし合わせて判断しなければいけません。マニュアルには、その指標となる表が示されています

匠　設計段階では、冷暖房器具を何にするのか決まっていないケースだってありますよね。そのときは、どんな評価にすればよいのですか？

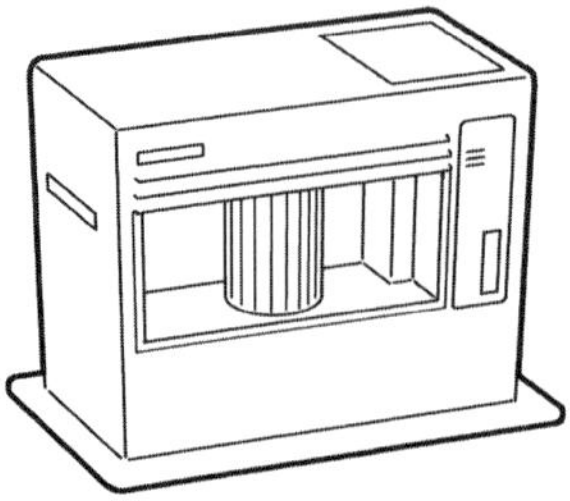

開放型ストーブ

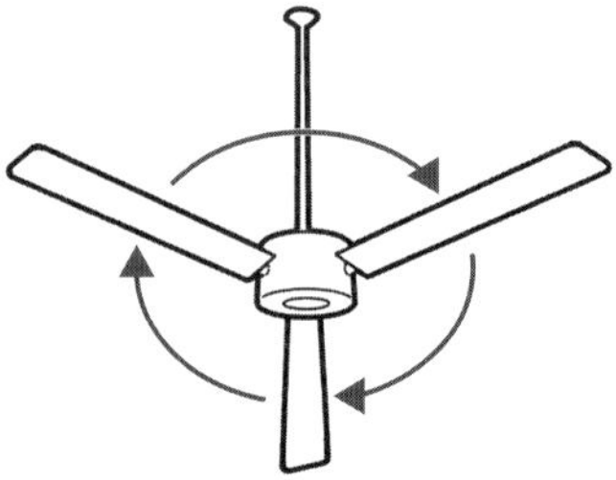

シーリング・ファン

創　その場合は評価対象外（レベル 1）とみなします。ただし、シーリングファンで温度ムラができにくい工夫があれば、レベル 3 にしてもよいことになっています

奥様　最近、燃焼ガスを室内に放出する器具での事故が話題になっていますよね

匠　燃焼型の湯沸かし器やストーブが、ガス中毒を起こしたケースですね

創　開放型の燃焼器具が換気不足などで不完全燃焼を起こすと、一酸化炭素を排出してガス中毒の危険が生じます。
CASBEE では、開放型ストーブを使用する家はレベル 1 としています

奥様　私はこたつが好きなんだけど、こたつは暖房器具になるのですか？

創　いえ、こたつやハロゲンヒーター（反射型暖房機）などのように、暖を採る器具は、CASBEE では評価対象としていません。定常的に主暖房として利用できる設備だけを対象にしています

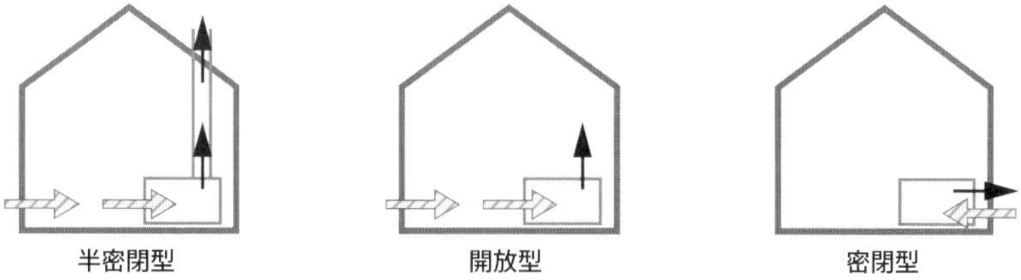

暖房の色々　開放型だけが燃焼ガスを室内に排出する

2 Qを探検

【ちょっと休憩】　品質と性能は同じ？

創　以上でQ1『暑さ・寒さ』の項目は終わりました

匠　まだほんの1つの項目が終わっただけなのに、内容が充実していてくたびれましたね

奥様　では、ここでお茶にしましょうか

奥様　お二人がご丁寧に解説して下さるから、私でも理解できたような気持ちになっているのだけど、ちょっと納得できないことがあるんですよね

創　はい、どんなことですか

奥様　Qは環境品質ですよね。品質というと、快適とか健康な状態をいうものでしょう。それなのに、評価するための判断基準は断熱性能とか日射遮蔽や通風の確保など「性能」ばかりで、快適の度合いで判断していない気がするのですが？

匠　確かにそうですね。本来、暑さ・寒さということなら、室内の温熱環境を快適な温度や湿度に維持できるかどうかで測るのが適切だと思います。たとえば夏は28℃・湿度60%以下、冬なら20℃±2℃・湿度40～50%にコントロールできるかどうかで採点するとか

創　一般のオフィスビルや商業ビルなどのように、快適な温熱環境を空調でコントロールすることを前提とすれば、温度や湿度で示すことが適当だと思います。でも家族単位で住む戸建住宅の場合には、空調で確実に快適な温熱環境をつくることではなく、日射や風を利用して冬は日向ぼっこする楽しみがあってもよいし、夏は風を流して涼を取ることで済まし

てもよいと思います。
そこで、自然の力をできるだけ利用した快適を測るために、日射、通風、断熱といった性能があるかどうかを採点基準にする必要があります

匠　夏夏は日差しを遮り、高い断熱性が家の中に火照りをつくらない。こんな室内に風を通せば健康な涼しさが得られる。
とはいっても、通風だけでは頼りなくて冷房することもある。そんな時にも断熱性が高いので、冷房温度は高めに設定できて冷房病を防ぐことができます。
冬は日差しをたっぷり家の中に取り込んで豊かな暖かさを得ながら、ここでも断熱性が高いことで夕方まで家全体をほどよい暖かさに保つことができます。
このように曖昧だけど、自然を利用した温熱環境の快適さを採点するためには、温度や湿度で判定するのではなく、性能で判定することが適当だということですね

奥様　なんとなく日本の家の「質」って感じで、気持ち良くなってきますね

創　では、続きに入りましょうか。これまでの解説で採点の様子がわかったでしょうから、これからはスピードアップしてポイントだけを追っていきましょう

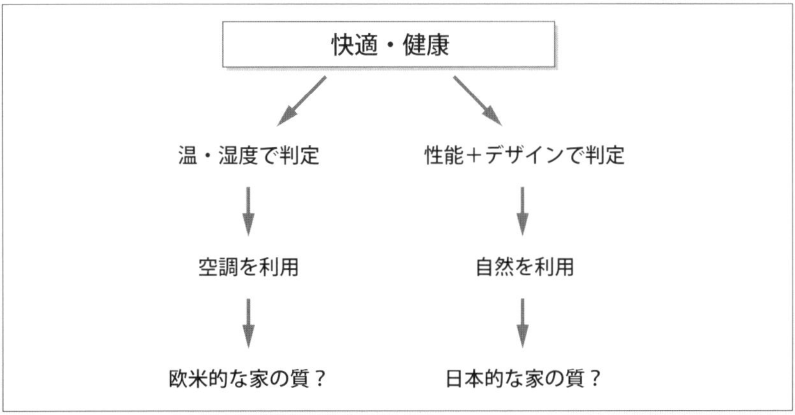

2 Qを探検

Q1.2 健康と安全・安心

Q1.2.1 化学汚染物質の対策

創 『暑さ・寒さ』の次は、『健康と安全・安心』の項目です。ここでは「化学汚染物質の対策」と「適切な換気計画」、「犯罪に備える」の3つの小項目があります

奥様 化学汚染物質というとシックハウスのことですよね

創 はい、化学物質濃度の高い室内に居ることで、目眩や吐き気、頭痛や息切れがしたり、咳が出たりする症状をシックハウス症候群といいます。もっと症状が進んで、重症になったものが化学物質過敏症です

奥様 化学物質を吸い込むことによって起こるのですよね

創 身体をコップに、化学物質を水に例えれば……、水が一滴一滴溜まっていって満杯になったところに、さらにもう一滴が注がれると溢れてしまいます。この瞬間が発症です。その後は注がれる度に溢れるという状況になって、微量の化学物質にも過敏になります。

さらに症状が重くなると、複数の物質にまで反応するようになり、逃げ場のない状態に追い込まれます。これを多重化学物質過敏症と呼びます

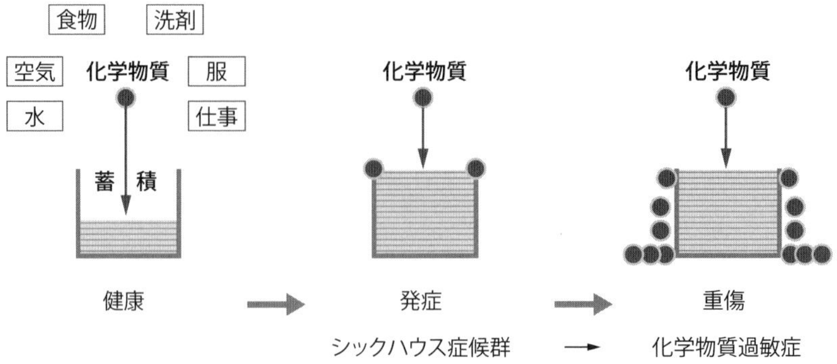

匠　2003 年に建築基準法が改正されて、化学物質を放散する建材の使用規制と換気が義務付けられました

奥様　化学物質というとホルムアルデヒドですか？

匠　詳しいですね。その法律では防蟻剤のクロルピリホスの使用を禁止し、ホルムアルデヒドの放散を制限しました

創　ホルムアルデヒドを放散する量で建材がランク分けされ、星の数でのランク付が義務づけられました

奥様　F ☆☆☆とか F ☆☆☆☆というあれですね

創　そうです。このランクに従って、必要な換気計画が義務づけられたのです。CASBEE の評価では、ここでも性能表示の中の空気環境の等級で採点することになっています

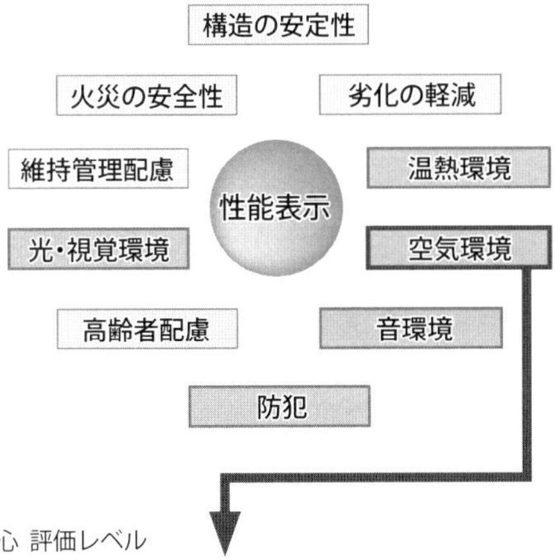

Q1.2 健康と安全・安心 評価レベル

CASBEE すまい	性能表示	内装及び天井裏等に使用する建材のホルムアルデヒド発散量レベル
レベル 3	等級 1	その他
レベル 4	等級 2	F ☆☆☆以上
レベル 5	等級 3	F ☆☆☆☆以上

2 Qを探検

Q1.2.2 適切な換気計画

奥様　換気は法律で義務化されているのですよね？

創　はい。でも換気本来の目的は化学汚染物質の対策だけではありません。燃焼器具から発生する汚染ガスの除去、におい、水蒸気の除去、半密閉型燃焼器具からの逆流や玄関ドアの開閉の不都合などを防止するなど、色々あります

奥様　玄関ドアの開閉は不都合ですか？

創　はい、あまりにも気密が高くて換気が少ない場合に、玄関ドアを開けるのに力が必要になります

奥様　半密閉型燃焼器具というのは、排気ガスが煙突から外に排出されるものですよね。最近、ガス器具の事故が話題になっているので新聞などで勉強しました

創　はい、本来は外に排気されなければいけないのですが、別のところにある換気扇から大量に排気されると、その圧力に引っ張られて燃焼ガスが室内に逆流してしまうのです

匠　建築基準法で規定している換気計画は、居室だけを対象にしているのですよね。人が長時間いる場所で、化学物質を浴びることを防止しようという目的で……

創　そのとおりです。CASBEEでは生活全般で発生する換気の問題を解消するために、台所、便所、浴室で発生する汚染物質に対して、換気計画が適切になされているかどうかを評価します

局所換気量の目安

室名	目安となる換気量
台所ガス熱源（フード付き）	30KQ又は300m^3/hの大なる方（K：理論排ガス量、Q：燃料消費量）
台所電気	300m^3/h
浴室	100m^3/h
洗面所	60m^3/h
便所	40m^3/h
洗濯所	60m^3/h

奥様　レベル3で適切な換気がなされているということは、一般的には換気はちゃんとできているということですよね。それなら安心だけど

創　はい、新築の場合に台所、便所、浴室での局所的な換気はできているといってよいでしょう。ただ、家全体での換気計画までは至っていません

匠　レベル5で各居室での換気計画が要求されているのは、家全体の換気を意味しますね

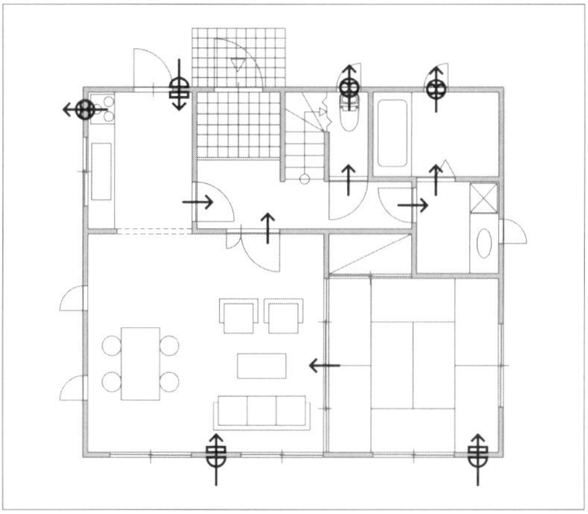

レベル3に相当する家全体の換気計画の例

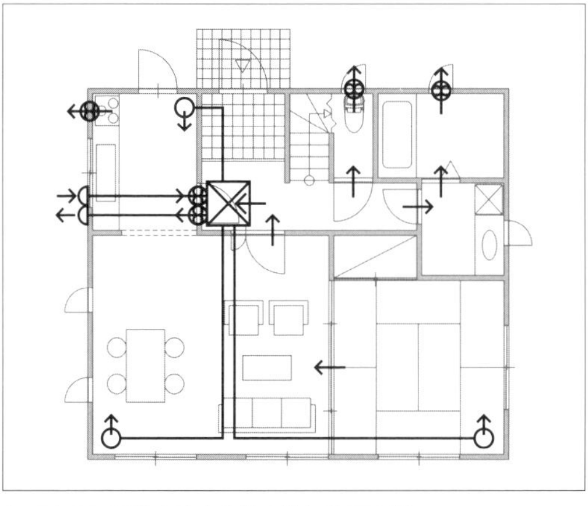

レベル5に相当する家全体の換気計画の例

2 Qを探検

Q1.2.3 犯罪に備える

創　『健康と安全・安心』の最後は、『防犯』です

匠　ここでも、性能表示が採点基準に利用されていますね

創　はい、性能表示の『開口部の侵入防止対策』の評価基準に基づいています。つまり、出入り口の他に侵入しやすい窓について、防犯上何らかの措置が採られているのがレベル3、有効な手段が採られているのがレベル4、バルコニーなどからの侵入についても有効な措置が採られていればレベル5としています

奥様　侵入しやすい窓というのは？

匠　性能表示では、地面やバルコニーからの高さが2m以下で、人間が出入りできる大きさの窓のことをさしています

奥様　「何らかの措置」と「有効な措置」というのは、違うのですか？

創　「有効な措置」というのは、官民合同会議というところが制定したCPマークのついた部品などが対象になります。また、「何らかの措置」というのは十分に有効な措置ではありませんが、鍵を2カ所につけるようなことをした場合とされています

匠　ドアや窓の防犯性を高めるだけが、防犯ではないと思うなぁ。塀を工夫するとか、監視装置をつけるとか、警備会社に委託するとか、犬を飼うとか……

奥様　ご近所とのお付き合いも重要ですよ

創　たしかに色々なことを総合してやることが重要ですが、採点基準としては部品の性能を基準にしたということですね

CPマーク

Q1.3 明るさ

Q1.3.1 昼光の利用

創　明るさについては照明での品質を評価することが難しく、そのための指標になるものがないことから、ここでは昼光利用だけが取り上げられています

奥様　よく読書には○○ルクスの明るさが必要です……、とかいいますよね

創　はい、読書に必要な明るさは 500 ルクス程度、勉強部屋は 500 ～ 1,000 ルクスが適当とされています

匠　建築基準法では、部屋の大きさの 1/7 以上の開口部を設けなさいといっています

奥様　ということは窓からの光ということですよね

匠　はい、窓は窓でも縦長・横長、側窓・高窓で明るさが違いますし、特に天窓は明るさを採るのには効果的です

創　CASBEE では昼間の明るさだけを評価対象としましたので、居室に窓があるかどうかで採点しています

匠　単純開口率で判断しているのですね

奥様　単純開口率とは？

創　居室の開口部の大きさを居室の床面積で割ったものです。一般的には 14 ～ 20%になることが多いといわれています

匠　それで CASBEE 評価は、レベル 3 が単純開口率で 20%以上になっているのですね

創　はい、その開口面積を南面の窓や天窓で確保していたりすれば、レベルアップできることになっています

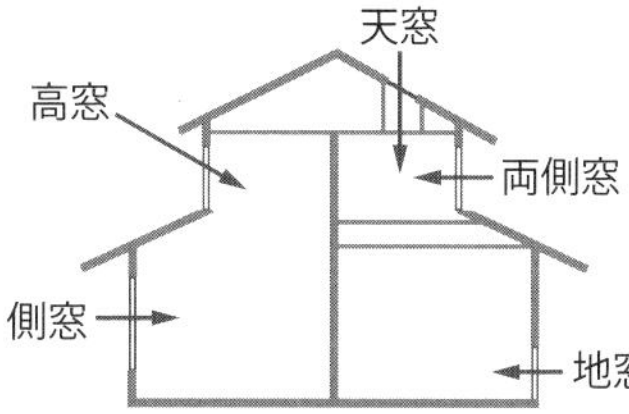

Q1.4 静かさ

創　さて、次は『静かさ』です。Q1の最後の採点項目ですね

奥様　静かな環境でよく眠れるのが一番ですね

匠　寝室の騒音レベルは若い人なら40dB（デシベル）以下、お年寄りは30dB以下に抑えると、よく寝られるようです

奥様　dBというのは？

創　音の大きさの単位と思えばよいでしょう。寝室を35dB以下に抑えるためには、色々な騒音対策が必要です

匠　まずは外部の騒音を防ぐために、壁と窓の遮音対策。忘れやすいのが換気口などからの侵入。それに家の中で発生する音として、会話やTV、さらには冷蔵庫の音とか……

奥様　床音やトイレの音もありますね

創　色々な音対策が必要ですが、CASBEEでは窓の防音性を採点基準にしています

匠　ここでも性能表示の音環境の項目の中にある窓の遮音性能を利用していますね。レベル3は防音サッシを使っていない状態。レベル4は遮音性20dBの防音サッシの状態で、レベル5は遮音性25dBの防音サッシの状態です

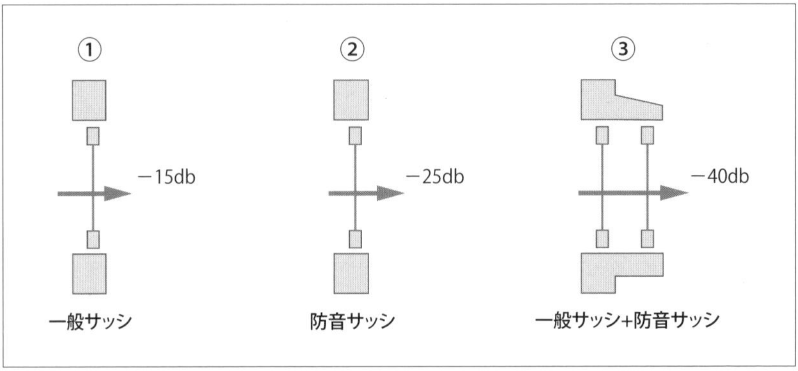

サッシの種類と遮音性の比較

奥様　なぜ窓だけを取り上げるのですか？

創　家の中で発生する音対策を採点基準にするのは複雑になりすぎます。そこで外部の騒音を防ぐことに絞った場合、壁よりも窓の方が遮音性が低いので、窓で評価するだけでよいと判断したのです

匠　一般に外壁の遮音性は 40dB くらいあるのに対して、窓の遮音性は一般のサッシで 15dB、防音サッシでも 20 ～ 25dB、防音サッシと一般サッシの二重にしてやっと 40dB 程度です（前頁の図参照）

奥様　防音サッシを使えば、寝室は静かになるのですか？

創　はい、騒音の激しいところでなければ 20 または 25dB の遮音性があれば十分です

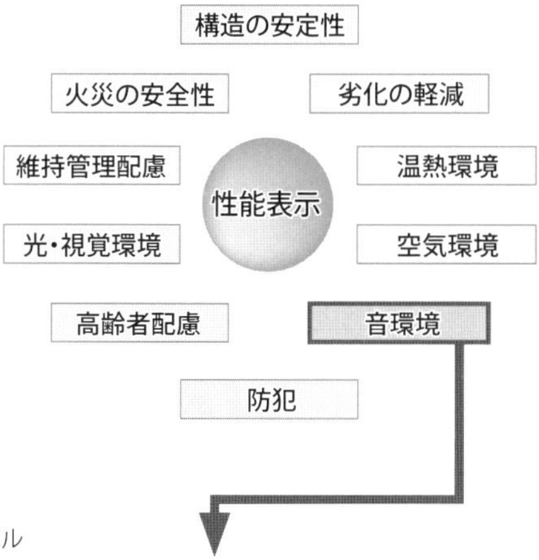

Q1.4 静かさ 評価レベル

CASBEE すまい	性能表示・遮音等級	
レベル 3	等級 1	その他
レベル 4	等級 2	$R_{m(1/3)}$ 注) － 20 相当以上
レベル 5	等級 3	$R_{m(1/3)}$ － 25 相当以上

注) $R_{m(1/3)}$ とは、JIS A 1419-1 に規定する 1/3 オクターブバンド測定による平均音響透過損失のこと

2 Qを探検

Q2　長く使い続ける

匠　さあ、次はQ2『長く使い続ける』の項目ですね

奥様　すまいは一生に一度の大きな買い物だから、長く使い続けなければもったいない

創　家づくりには大量の資材とエネルギーが必要ですから、それを壊すということは大量のゴミが出ることになります。ですから、家を長く使い続けることは環境を考えるうえでとても重要なことです

奥様　日本の家は寿命が短いと聞きますが、何故なのでしょうね？

創　CASBEEでは長く使い続けるの要素として、3つの大項目を取り上げています。
『1. 長寿命に対する基本性能』、『2. 維持管理』、『3. 機能性』の3つです。重み係数は『長寿命に対する基本性能』が0.5と半分を占め、『維持管理』と『機能性』が0.25ずつになっています

奥様　長寿命を可能にする基本的な性能をもち、その性能を維持し続けるということはわかりますが、機能性とはどういうことですか？

匠　『機能性』の項目には「広さと間取り」、「バリアフリー対応」という2つの項目がありますね

Q_H2　長く使い続ける

中項目	小項目	採点項目
1. 長寿命に対する基本性能　<0.50>	1.1　躯体　<0.30>	
	1.2　外壁材　<0.10>	
	1.3　屋根材、陸屋根　<0.10>	
	1.4　自然災害に耐える　<0.30>	
	1.5　火災に備える　<0.20>	1.5.1　火災に耐える構造(開口部以外)　<0.65>
		1.5.2　火災の早期感知　<0.35>
2. 維持管理　<0.25>	2.1　維持管理のしやすさ　<0.65>	
	2.2　維持管理の体制　<0.35>	
3. 機能性　<0.25>	3.1　広さと間取り　<0.50>	
	3.2　バリアフリー対応　<0.50>	

< >は重み係数

創　はい、すまう家族の形態は時間の経過とともに変化します。子どもはどんどん大きくなって、その内には独立して出ていきます。また、高齢化すればバリアフリー対策も考えなければいけません。将来を見据えた広さと間取り、そしてバリアフリーを考慮した設計をしておかないと長く使い続けることはできません。これを『機能性』と称しているのです

匠　先を見越したデザインも「質」の１つだということですよね

解体中の現場

2 Qを探検

Q2.1 長寿命に対する基本性能

奥様　『長寿命に関する基本性能』には、沢山の項目があるんですね

匠　えーと、「躯体」、「外壁材」、「屋根材』、「自然災害に耐える」、「火災に備える」の5つの項目がありますね

奥様　自然災害というと地震とか、台風とか、地滑りや洪水……

匠　ここでは洪水までは取り上げていませんが、雪国では大雪も入るでしょうね

創　つまりここでは建物の構造や屋根・壁を長持ちさせて、自然災害で壊れたり、火事で燃えたりしない性能を取り上げて「質」としているのです

匠　建築基準法に耐震、耐風、耐火の基準があって、それらの最低限の性能はすべての家がクリアしているはずです

創　住宅性能表示制度では長寿命に関連するものとして、『構造の安定に関すること』、『火災時の安全に関すること』、『劣化の軽減に関すること』、『維持管理の配慮に関すること』、『高齢者への配慮に関すること』の各項目があります。
これらの評価基準を、CASBEEは積極的に利用しています。しかし、これはあくまでも目安です

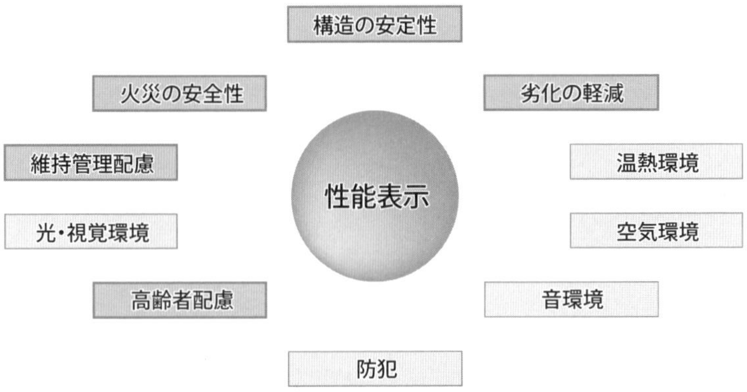

Q2.1.1 躯体

匠　『躯体』では、さっそく性能表示の「劣化の軽減」が取り上げられていますね

奥様　躯体というのは、柱とか梁とか……ですよね？

創　はい、そうした構造躯体が長持ちするものかどうかを判定します

匠　でも寿命の短いものを使っても、それを交換したりしていけば、結果的に家は長持ちしますよね

創　そのとおりですが、ここではそうした交換や大規模な改修工事が必要になるまでの期間を評価します。つまり多少の修繕とかをしていれば、3世代までもつとか、2世代までもつとか……

奥様　3世代というと……どのくらい？

匠　1世代で25年から30年と数えるようです。ただ、住宅は何もしないでそれだけの期間を維持できるわけではないので、レベルが高くても、きちんとメンテナンスをすることが重要です

創　はい、CASBEEでは2世代まで大規模な改修を必要としないレベル、つまり性能表示では等級2の評価をレベル4にしています。一般的なレベル3は、性能表示の等級1で建築基準法のレベルにしています

Q2.1.1 躯体　評価レベル

CASBEEすまい	性能表示・劣化対策等級（構造躯体等）	
レベル1 （該当するレベルなし）		
レベル2 （該当するレベルなし）		
レベル3	等級1	建築基準法レベル
レベル4	等級2	2世代まで大規模な改修を必要としない
レベル5	等級3	3世代まで大規模な改修を必要としない

2 Qを探検

Q2.1.2 外壁

Q2.1.3 屋根材及び陸屋根（バルコニー）

奥様　昔の壁はモルタルばかりでよくひび割れていましたね。今の壁はサイディングとかいう新しい素材のようだけど、長持ちするのかしら？

匠　私は昔の家のように土壁が好きだし、板の壁も好きなのですが、板は耐候性が悪くてダメだという思いこみが激しくて、なかなか使うチャンスがもらえません

奥様　京都にいけば、そんな土や板の家が長生きしていますよね

創　耐候性の弱い壁材を用いた時は軒を深く出したり、板だったら塗装を繰り返せば長持ちさせることができます。要はメンテナンス次第ですね

匠　でも CASBEE では、そうした配慮による長持ち効果については評価していないようですね

創　はい。メンテナンスにこだわって長持ちさせるということを評価することはできないので、まずは外壁材（屋根材）の耐用年数で評価し、交換しやすさを加点で評価しています

奥様　加点というと？

創　はい、レベルを決める基準の他に、レベルアップのための有効な行為をしたことを評価することです（詳細は第3章で述べます）。ここでは外壁材も屋根材も耐用性が何年以上あるかどうかでレベルが決められていますが（次頁の表）、外壁の場合は●接着剤などを使用しない乾式工法で固定した場合、●外壁材を交換する際にサッシの取り外しが不要な場合、●ユニット化されている場合……などが加点項目になっています

奥様　建材の耐用年数はマニュアルに書いてありますね？

創　はい、耐用年数の目安が掲載されています。しかし、これはあくまでも目安です

Q2.1.2 外壁、Q2.1.3 屋根材及び陸屋根（バルコニー） 評価レベル

レベル	基準
レベル 1	耐用性が 12 年未満しか期待されない
レベル 2	12 ～ 25 年未満の耐用性が期待される
レベル 3	25 ～ 50 年未満の耐用性が期待される
レベル 4	50 ～ 100 年の耐用性が期待される
レベル 5	（加点により評価可能）

住民が自ら木製窓のメンテナンスをしている（イギリス・RYE）

2 Qを探検

Q2.1.4 自然災害に耐える

奥様 昨日も地震がありましたね。早く頑丈な家をつくってもらって引っ越したいです

匠 性能表示では、構造の安定に関して幾つもの項目がありますよね

創 はい、「耐震等級」「耐風等級」「耐積雪等級」「地盤又は杭の許容支持力等及びその設定方法」「基礎の構造方法及び形式等」の5つの項目があるのですが、CASBEEでは自然災害に耐えることの評価として「耐震」だけを取り上げています

匠 性能表示では、耐震等級の中にも幾つもの項目がありますよね

創 はい、耐震等級の中で「構造躯体の倒壊防止」「構造躯体の損傷防止」の2つに分けられています

奥様 倒壊と損傷とでは、どう違うのですか？

創 倒壊とは、倒れたり崩れたりすることです。損傷とは、傷ついても倒れたり崩れたりしない状態です。建物が損傷しても、倒れなければ命は助かります

匠 で、CASBEEは「構造躯体の倒壊防止」を取り上げているのですよね

創 はい、CASBEEのレベル3は性能表示の等級1となっています。つまり、建築基準法に定めている数百年に一度程度発生する地震に対して、倒壊、崩壊などしない程度です。それより1.25倍の強さがレベル4、1.5倍がレベル5です

3つの対策＝耐震・制震・免震

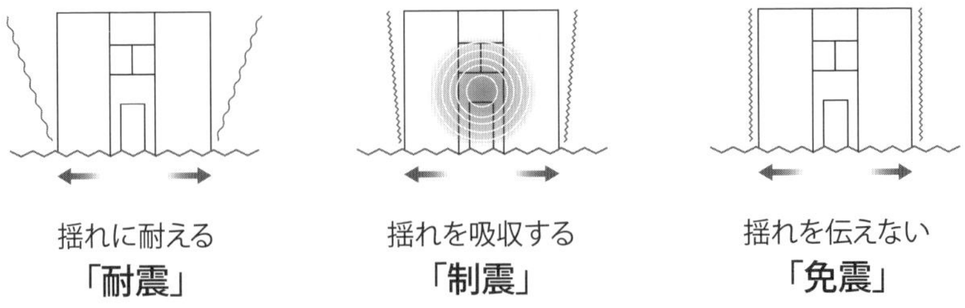

奥様　耐震擬装事件で「耐震強度が 0.5 未満」とかいってましたよね

匠　震度 5 強の揺れでは壊れず、震度 6 強だと柱などが壊れるものの倒壊はしないレベルが耐震強度 1.0 で、建築基準法のレベルです。耐震強度 0.5 というのは、震度 5 強でも倒壊のおそれがある程度の低い数値です

奥様　つまり、CASBEE のレベル 3 は建築基準法で最低基準にしている耐震強度 1.0 だということですね。何となく安心しました

匠　免震とか制振は評価しないのですか？

創　実証実験等によって性能がきちんと確かめられて、設計上で適切だと確認できればレベル 5 とすることもできるようになっています

Q2.1.4 自然災害に耐える　評価レベル

CASBEE すまい	性能表示・耐震等級（構造躯体の倒壊等防止）	
レベル 1 （該当するレベルなし）		
レベル 2 （該当するレベルなし）		
レベル 3	等級 1	数百年に一度程度発生する地震に対して倒壊、崩壊等しない程度（建築基準法レベル）
レベル 4	等級 2	数百年に一度程度発生する地震の 1.25 倍の力に対して倒壊、崩壊等しない程度
レベル 5	等級 3	数百年に一度程度発生する地震の 1.5 倍の力に対して倒壊、崩壊等しない程度

2 Qを探検

Q2.1.5 火災に備える

Q2.1.5.1 火災に耐える構造

奥様　火事も恐ろしいですねえ。自分でも注意しているけど、もらい火もあるし……

創　火災に備えるというと、もらい火に耐える『耐火』の他に、家の中で発生した火災を『広げない』ということもあるし、火災が起こったことを早く『感知』することなど色々な対策があります

匠　家の中は燃えやすいものばかり、それを燃えにくいものにしたり、燃えても煙や有害なガスがでないようにします

奥様　あれはどうですか、スプリンクラーで水を撒くというのは

創　それも手ですね、戸建住宅用の製品も売っています。CASBEEでは「火災に備える」の項目として、開口部以外の延焼のおそれのある部分で「火災に耐える構造」と「火災の早期感知」の2項目で評価します

奥様　延焼のおそれってなんですか？

匠　隣近所で火災が発生した場合に火炎が届く範囲です。道路中心線または隣地境界線から1階で3m、2階で5mの範囲が延焼のおそれのある部分です（下図参照）

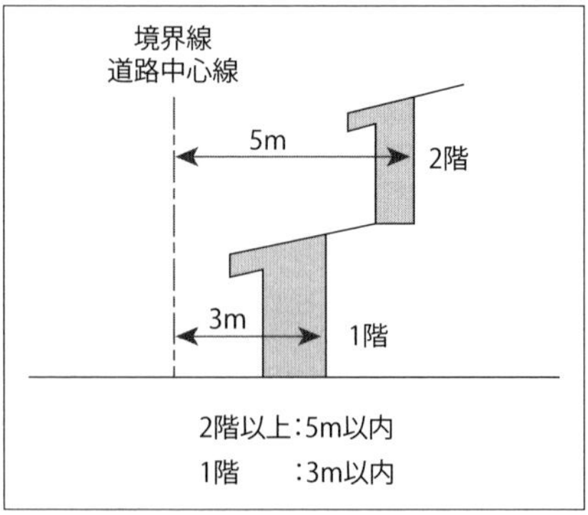

延焼のおそれがある部分

奥様　火炎を遮る時間というのは？

匠　要するに、火災が当たってもその熱で室内が熱くならないように耐える時間ですね

奥様　開口部以外というのは何故ですか？

創　性能表示の等級は開口部も含めてとなっているのですが、戸建住宅では60分以上の耐火性を開口部に求めることはほとんどないと判断し、開口部を除いた部分だけでの判定にしたためです

Q2.1.5.1 火災に耐える構造（開口部以外）　評価レベル

CASBEE すまい	性能表示・耐火等級 （延焼のおそれのある部分）（開口部以外）	
レベル 1 （該当するレベルなし）	等級 1	その他
レベル 2 （該当するレベルなし）		
レベル 3	等級 2	火炎を遮る時間が 20 分相当以上
レベル 4	等級 3	火炎を遮る時間が 45 分相当以上
レベル 5	等級 4	火炎を遮る時間が 60 分相当以上

2 Qを探検

Q2.1.5.2 火災の早期感知

奥様　火災を感知するというのは、火災警報機のことですよね

創　はい、新築住宅では 2006 年 6 月から設置が義務付けられました

匠　火災警報機は煙感知型と熱感知型の 2 つのタイプがありますが、基本的には煙感知型が義務付けられています

奥様　どこに設置すればよいのですか？

匠　2 階建の場合は寝室と台所、そして階段の踊り場です

奥様　今まではなくてもよかったのに、義務化されたのはなぜですか？

創　最近になって、住宅火災による死者が急増しています。その半数以上が 65 歳以上の高齢者で占められています。死亡原因の約 7 割が逃げ遅れによるもので、火災の発生を早く気付かせる火災警報機の設置が有効と考えられたのです

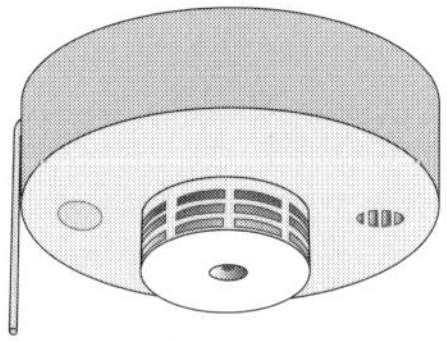

火災警報機

2階建の場合

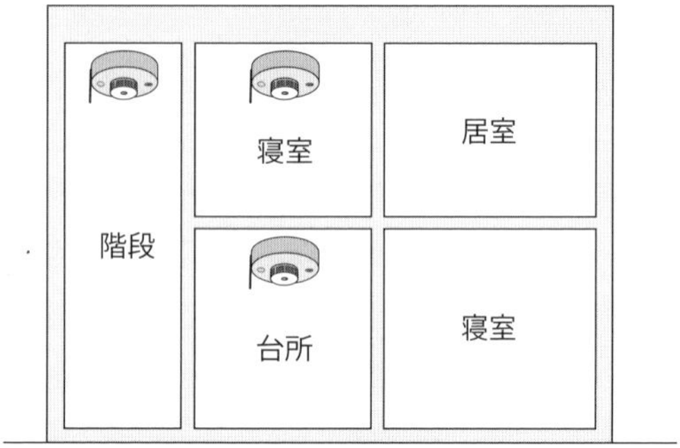

Q2.1.5.2 火災の早期感知　評価レベル

CASBEE すまい	性能表示・感知警報装置設置等級（自住宅火災時）	
レベル 1 （該当するレベルなし）		
レベル 2 （該当するレベルなし）		
レベル 3	等級 1	すべての寝室等で発生した火災を感知し、当該室付近に警報を発するための装置が設置されている
レベル 4	等級 2	すべての台所及び寝室等で発生した火災を感知し、当該室付近に警報を発するための装置が設置されている
レベル 5	等級 3	すべての台所及び居室で発生した火災を早期に感知し、当該室付近に警報を発するための装置が設置されている

2 Qを探検

Q2.2 維持管理

奥様　排水管とかガス管とか、壁や床下に隠れているものが沢山ありますね

匠　それらを触りにくいものにしてしまうと、維持管理は難しくなります

創　CASBEEでは『維持管理』の項目として、「維持管理のしやすさ」と「維持管理の体制」の2つで評価します

Q2.2.1 維持管理のしやすさ

匠　「維持管理のしやすさ」とは、給水管、排水管、ガス管、電気配線などを維持管理しやすい状態にするということですね

創　はい、ここでも性能表示が採点基準として取り上げられています。加点も可能で、●給排水でヘッダーを利用している、●電気幹線容量計画を適正にすることが条件になります

Q2.2.1 維持管理しやすさ　評価レベル

CASBEEすまい	性能表示・維持管理対策等級（専用配管）	
レベル1	等級1	その他
レベル2 （加点条件を満たせば選択可能）		
レベル3	等級2	配管をコンクリートに埋め込まない等、維持管理を行うための基本的な措置が講じられている
レベル4	等級3	掃除口及び点検口が設けられている等、維持管理を容易にすることに特に配慮した措置が講じられている
レベル5 （加点条件を満たせば選択可能）		

Q2.2.2 維持管理の体制

創　「維持管理の体制」とは業者が維持管理しやすい体制をつくって、その情報をすまい手に提供することです

奥様　それはとても重要ですね。維持管理しろといわれても私たちでは中々……

創　具体的に 3 つの取組みを示していて、これらの取組みを 1 つ以上していればレベル 4、2 つ以上していればレベル 5 となります

匠　耳の痛い項目ですが、とても重要ですね。これを機に私たちも体制づくりをします

奥様　では、ここのレベルは 5 ですね

Q2.2.2 維持管理の体制　評価レベル

レベル	基準
レベル 1	(該当するレベルなし)
レベル 2	(該当するレベルなし)
レベル 3	取組みなし
レベル 4	評価する取組み 1 〜 3 のうち、1 つに該当する
レベル 5	評価する取組み 1 〜 3 のうち、2 つ以上に該当する

↑

Q2.2.2 維持管理の体制　評価する取組み

No.	取組み
1.	定期点検及び維持・補修・交換が適正時期に提供できる仕組みがある
2.	住まい手が適切な維持管理を継続するための、情報提供（マニュアルや定期情報誌など）や相談窓口などのサポートの仕組みがある
3.	住宅の基本情報 (設計図書、施工記録、仕様部材リスト等) 及び建物の維持管理履歴が管理され、何か不具合が生じたときに追跡調査できる

2 Qを探検

Q2.3 機能性

奥様　長持ちする家はしっかりした構造と維持管理しやすい設備とメンテナンス体制があればよいと思っていたのに、『機能性』も必要なんですか？

創　家は長期に亘って使うものですから、ご家族のライフサイクルも変化します。高齢化にも対応した設計をあらかじめしておく必要があります。それを、機能性と呼んでいるのです

匠　CASBEE では「広さと間取り」「バリアフリー対応」の 2 つで機能性を評価していますね

Q2.3.1 広さと間取り

創　まず、「広さと間取り」ですが、ここでは適切な広さ、必要な居室が確保されているか。そして、将来の生活ステージの変化に配慮しているかが評価されます

匠　まず評価レベルは広さで判定し、加点条件で必要な居室や将来の生活への配慮を取り上げているのですね

奥様　一般型誘導居住面積水準と書いてありますね。これは何ですか

創　はい、政府が平成 18 年 9 月に「住生活基本計画」で示した居住水準を取り上げています

匠　今はどのくらいなんですか？

創　平成 15 年度で、約 52%です

奥様　最低居住面積水準はどのくらいなんですか？

創　同じく平成 15 年度で、約 4%です

匠　4 人家族だと最低居住面積水準は居室で 19.5 畳、一般型誘導居住面積水準だと 47 畳と書いてありますね

奥様　畳 1 枚は何 m^2 ですか？

匠　約 1.65m^2 です。1 坪は畳 2 枚分だから 3.3m^2 です

創　ですから、家の大きさでは 4 人家族だと最低居住面積水準が 50m^2、一

一般型誘導居住面積水準だと 125m² ですね

Q2.3.1 広さと間取り　評価レベル

レベル	基準
レベル 2	最低居住面積水準を満たさない
レベル 3	最低居住面積水準を満たすが、一般型誘導居住面積水準を満たさない
レベル 4	一般型誘導居住面積水準を満たす

↑

加点条件：レベルを 1 上げることができる

家事導線について十分配慮されている
水洗便所、洗面所及び浴室が別々に確保されている
接客や余暇活動に配慮したスペースが確保されている
高齢者の同居が予定されている場合は専用の水洗便所及び洗面所が確保されている
世帯構成に対応した適切な収納スペースが確保されている

居住水準	最低居住面積水準	一般型誘導居住面積水準
単身者	$25m^2$	$55m^2$
2 人以上の世帯	$10m^2$×世帯人数 ＋ $10m^2$	$25m^2$×世帯人数 ＋ $25m^2$

※入居者数が確定していない場合は入居者数 4 人として評価する

2 Qを探検

Q2.3.2 バリアフリー対応

奥様　今は元気でも、高齢化した時のことも考えておかなければいけませんね

匠　バリアフリーとかユニバーサルデザインとかいわれていますが、だからといって元気なうちからバリアフリー設計にする必要はないと思います

創　たしかにそのとおりですね。必要な時に必要な形でバリアフリーデザインは施されるべきものです。でも必要になった時に、廊下の幅員を大きくしたり、部屋を大きくするなどの改修はお金もかかります。

CASBEE では、新築時に対策を講じておくことを評価します

匠　ここでも、性能表示が取り上げられていますね

Q2.3.2 バリアフリー対応　評価レベル

CASBEE すまい	性能表示・高齢者等配慮対策等級（専用部分）	
レベル 1 （該当するレベルなし）		
レベル 2	等級 1	住戸内において、建築基準法に定める移動時の安全性を確保する措置が講じられている
レベル 3	等級 2	高齢者が安全に移動するための基本的な措置が講じられている
レベル 4	等級 3	高齢者が安全に移動するための基本的な措置が講じられており、介助用車いす使用者が基本的な生活行為を行うための基本的な措置が講じられている
レベル 5	等級 4	高齢者が安全に移動することに配慮した措置が講じられており、介助用車いす使用者が基本的な生活行為を行うことを容易にすることに配慮した措置が講じられている

創　はい、要点としては ●移動時の安全性の確保、 ●介助のしやすさの 2 つです

奥様　移動時の安全性というと？

匠　垂直移動と水平移動があって、垂直では階段に手すりをつけるとか、水平では段差をなくすとか……

奥様　介助のしやすさとは？

匠　車椅子が使いやすいとか、浴室や便所、寝室などのスペースに配慮して介助しやすくするとか……です

【移動時の安全】

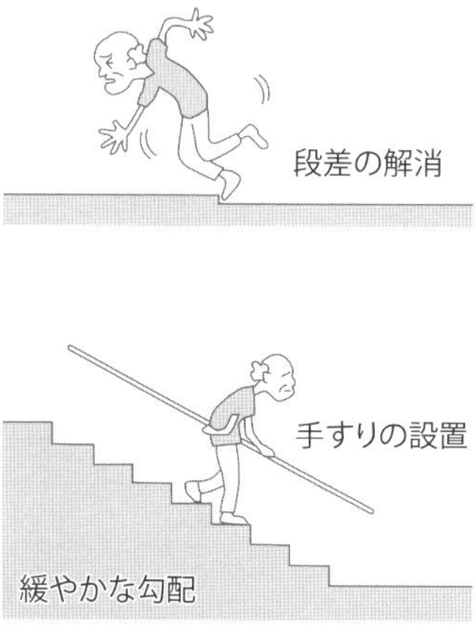

【介助のしやすさ】

・介助しやすい広さ
・車椅子の利用に対応した出入り口の幅
・手すりの設置

2 Qを探検

Q3　まちなみ・生態系を豊かにする

創　いよいよQの最後の大項目である『まちなみ・生態系を豊かにする』ですね

奥様　昨年ヨーロッパに行ってきたのですが、まちなみが素敵で、日本に帰ってきたらがっかりしちゃいました

匠　まちなみのことは、外に出てみないとわからないことですよね

創　Q3では4つの中項目があります。「1. まちなみ・景観への配慮」、「2. 生物環境の創出」、「3. 地域の安全・安心」、「4. 地域の資源の活用と住文化の継承」の4つです。重み係数は微妙に差があって、興味深いですね

奥様　まちなみがきれいで、いろんな生物がいるところに住むことはまさに「質」の高い生活といえますよね

匠　昔は地域と家と人が強い関係で結ばれていたのですが、今では、どこでつくったのかわからないものを買い、消費して、ゴミはどこかで処分されているような生活だから、地域との関係を意識することがなくなっています

ストックホルム郊外の環境共生住宅団地 UNDER。都心から地下鉄で20分のところにこんな環境がある。丸い池は雑排水を浄化した水でつくったビオトープ

創　蝿一匹が家の中に入ると大騒ぎし、毛虫のいる公園には近寄らない……。循環する系を失った都会の生活は、なんとなく殺伐としていますよね

匠　父がよくいうのですが、昔は東京でもトンビが飛んでいたし、蝉やトンボがいたと

奥様　緑が沢山あったんですね

Q_H3　まちなみ・生態系を豊かにする

中項目	小項目	採点項目
1. まちなみ・景観への配慮 <0.30>		
2. 生物環境の創出 <0.30>	2.1　敷地内の緑化 <0.65>	
	2.2　生物の生息環境の確保 <0.35>	
3. 地域の安全・安心 <0.20>		
4. 地域の資源の活用と住文化の継承 <0.20>		

< >は重み係数

イギリス・RYEの街並み。数百年を経ても美しい

2 Qを探検

Q3.1 まちなみ・景観への配慮

奥様 まちなみを考えるとは､屋根や壁の色を合わせるということですよね？

創 CASBEEでは建物の配置、高さ、色彩、外装材、外構、敷地内の付属建物を評価対象にしています

匠 日本にだって、京都のように町家が連なる魅力的なところもありますね

奥様 でも、あの有機的な味わいを好きな人もいれば、現代風に無機質なデザインを好きな人もいるし、きれいさを評価するのは難しいですね

創 はい、CASBEEでは「審美性（美しさ）」については評価対象外にしています。美しいということより、周辺との調和に配慮しているのかどうかを評価します

匠 ここでの評価は、まちなみや景観に配慮している取組みをどれだけしているかで判定するのですね

創 はい、2つの取組みに分類されています。取組み1は計画中の建物がまちなみに配慮しているかどうか。取組み2は既存のまちなみに連続性や特色がない場合にする取組みで、庭やエクステリア、設備機器の目隠し、建物や外構の演出、地域の景観計画に基づいた取組みなどです

匠 取組み1のイメージは図1、2、3のような感じですね？

創 はい、取組み1を実施する、または取組み2のうち2つを行っていればレベル4、取組み1を行ったうえに取組み2のうち1つを行っている、または取組み2のうちの3つ以上を行っていればレベル5になります

Q3.1 まちなみ・景観への配慮　評価レベル

レベル	基準
レベル1	周辺のまちなみや景観に対して配慮が行われておらず、まちなみや景観から突出し、調和していない
レベル2	（該当するレベルなし）
レベル3	周辺のまちなみや景観に対して配慮しているが、レベル4は満たさない
レベル4	評価する取組み1を行っている。または評価する取組み2の①〜⑤のいずれか2つを行っている
レベル5	評価する取組み1を行った上に取組み2の①〜⑤のうちいずれか1つを行っている。または、評価する取組み2の①〜⑤のうち、いずれか3つ以上を行っている

図1 建物の配置が近隣の住宅の配置から突出している例

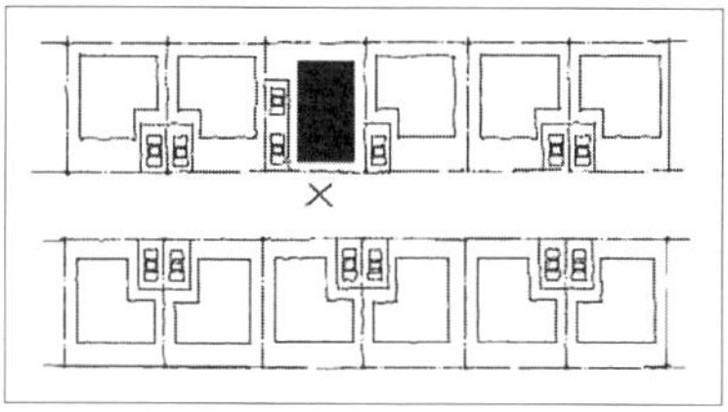

図2 屋根形状、色彩が近隣の住宅の配置から突出している例

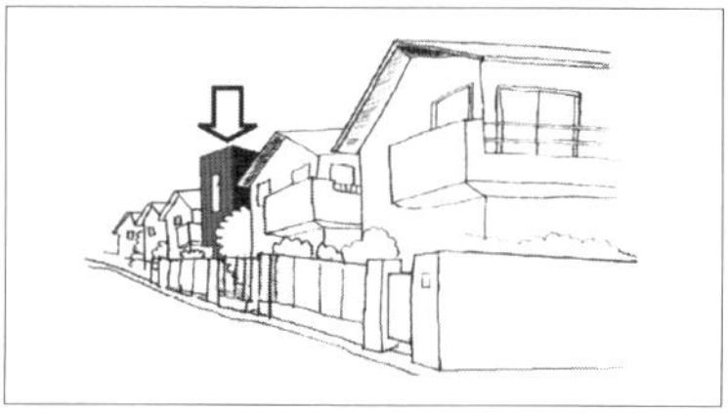

図3 塀や垣などが近隣の住宅地・自然景観から突出している例

Q3.1 まちなみ・景観への配慮　評価する取組みの概要

No.	分類	取組み
1.	近隣住宅・街区との調和	以下の要素が近隣の景観から突出せず、連続或いは調和している ・ 住宅本体の配置、高さ・屋根形状、外壁・屋根の色彩 ・ 接道部の塀・垣、緑 ・ その他、カーポート、屋外設備、物置などの配置、色、形状
2.	まちなみ・地域景観への積極的な配慮	①庭や植栽で地域のまちなみに寄与するような配慮がされている
		②エクステリアを演出し、景観形成に寄与している
		③設備機器・ゴミ収集設備などが目立たない工夫をしている
		④建物意匠や外構計画により場所に応じた演出をしている
		⑤地域の景観計画等に基づいた取組みを行っている

Q3.2 生物環境の創出

Q3.2.1 敷地内の緑化

創　『生物環境の創出』では、「敷地内の緑化」と「生物の生息環境の確保」の2項目がありますが、ここではまず敷地内の緑化を考えましょう

奥様　庭に緑が豊富だと夏は涼しいし、鳥が沢山きて楽しいですよね

匠　CASBEEは緑化率で評価していますね

創　はい、外構面積の30%以上の緑化面積を確保しているがレベル3、50%以上がレベル5になります

奥様　外構面積というのは？

創　はい、ここでは建蔽率を利用して外構面積を割り出すことになっています。次のような計算になります。

想定外構面積 ＝（1 － 指定建蔽率）×（敷地面積）です

匠　つまり建蔽率で、家が建てられる面積以外をすべて外構部分とみなすわけですね

奥様　緑化と一言でいっても、いろんなものがありますよね。立木もあれば地を這うような植物もあるし……

匠　屋根緑化もあるし、棚をつくってツル性の植物を這わせるのもありますね

奥様　高い木と低い木が重なった場合の緑化面積はどうなるのですか

匠　それに木は成長して樹冠面積が大きくなるから、どこで計算すればよいのかわかりませんね

樹冠面積の定義

樹木区分	植栽時の樹高	成育時の樹高	樹冠面積
高木	2.0m 以上	3.0m 以上	$\pi \times (H \times 0.7 / 2)^2$
		3.0m 未満	$3m^2$
中木	1.2m 以上	2.0m	$2m^2$

※ H：樹高（m）

創　たしかに緑化面積を計算するためには、色々と設定というかルール付けが必要ですね。CASBEE ではこうした計算の方法について細かく定義していますから、それを参照しながら計画してください

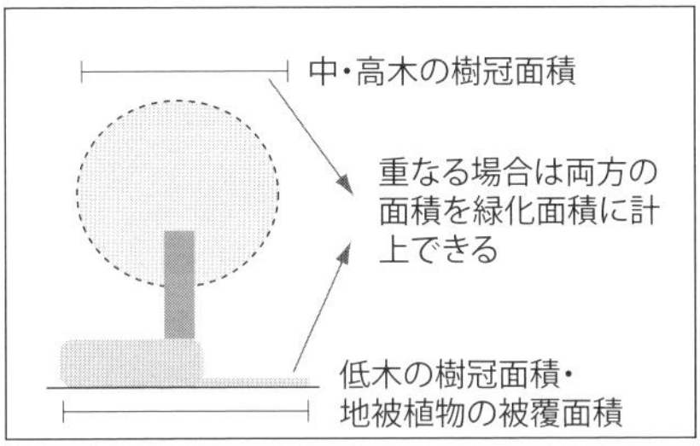

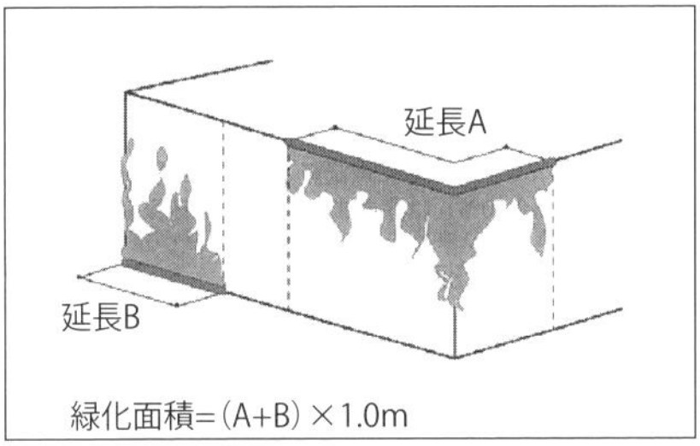

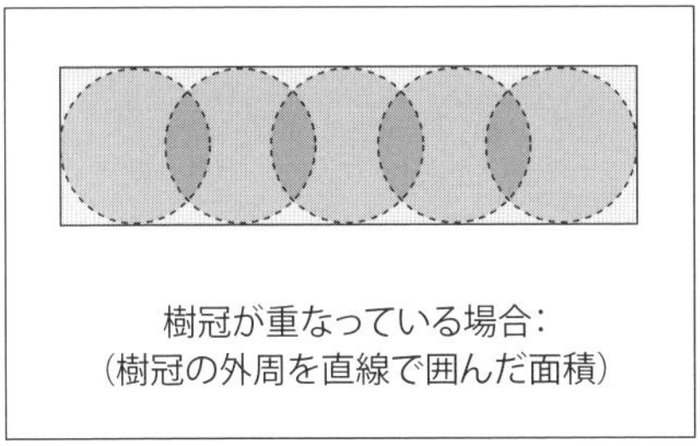

樹冠が重なっている場合：
（樹冠の外周を直線で囲んだ面積）

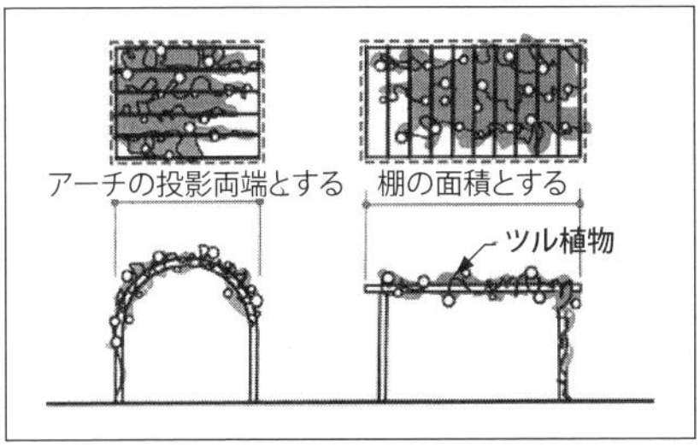

2 Qを探検

Q3.2.2 生物の生息環境の確保

奥様　私が子どもの頃はこの辺でもトンボやチョウチョが沢山いて、夏休みの昆虫採集でも苦労はなかったけど、今の子どもはデパートでカブトムシを買ってくるとか……

匠　昆虫がペット化していますよね。どんな環境で、どんな虫が生まれ育ち、どんな風に自然の中で循環しているのか？ペットでは、そんなことを感じることができません

創　学校ではビオトープをつくって自然の学習をしたり、マンションのベランダで小さなビオトープをつくることが始まっていて、最近は鳥の鳴き声を耳にすることが多くなったような気がします

奥様　ビオトープというのは、生物が生息する庭のことですよね？

創　はい、生物が住んでいる村をつくるといった感じでしょうか。小さな単位の村ですが、あちこちにビオトープができれば生物は行き来することができて、食物連鎖のピラミッドも大きくなっていきます

匠　CASBEE では生物が生息できる環境づくりの取組みを評価していますが、主に野鳥の生息に着目していますね

東京・新宿にある戸建住宅のビオトープの例。ほんの 20 坪の小さな庭だが、ここに蛍が生息し、鳥やチョウチョ、トンボが沢山やってくる

創　はい、野鳥の存在はその地域の生態系の状態を知るバロメーターになるからです

奥様　野鳥が生きていける環境があれば、他の生物も生息しやすいということですね

創　はい、多種の野鳥を生息させためには高木・中木・低木・下草など多階層の実のなる植物が必要ですが、それはそのままチョウチョやコオロギなどの生息を促すことになるといった具合です

匠　評価レベルは、生物の生息・生育に寄与する取組みを幾つしているかで判定していますね

創　はい、評価する取組みは下表のように５つあります

Q3.2.2 生物の生息環境の確保　評価する取組み

No.	取組み
1	＜移動経路の確保＞ 野鳥等が地域の中を移動することができるよう緑を連続させることに取組んでいる
2	＜餌場の確保＞ 野鳥等が餌とすることができる食餌木を植栽すること等に取組んでいる
3	＜住み処・隠れ場の確保＞ 野鳥等が隠れたり営巣したりできる空間の確保に取組んでいる
4	＜水場の確保＞ 野鳥等が水を飲んだり水浴びができるような水場の確保に取組んでいる
5	＜多孔質な空間の確保＞ より小さな生き物が生息・生育できるよう多孔質な資材を活用している

2 Qを探検

Q3.3 地域の安全・安心

奥様　それにしても最近は、ぶっそうな世の中になりましたねぇ。防犯ドアとか警備会社のセキュリティーとか自分を守ることは考えても、家のまわりへの配慮まで考えていませんでした

匠　門灯をつけるくらいのものでしょうか

創　周辺地域への防災や防犯性を向上させるための対策を評価するのがこの項目ですが、4つの取組みが示されています

匠　「1.避難路・消火活動空間の確保」、「2.防火性の高い植物の植樹」、「3.見通しの確保」、「4.その他」の4つですね

創　はい、1の避難路では火災の消火活動を妨げないこととして、道に面する部分の生垣などの緑化や工作物の配置や落下物に配慮すること。2の木造住宅密集地では隣地境界部や接道部の緑化は焼け止まり、延焼遅延に効果があります。3の見通しの確保では塀や柵の高さを1.2m～1.6m程度にしたり、街路灯・門灯を設置するなどが提案されます。また、4のその他では地域の特性により注意される災害に対する取組みを評価します

奥様　これくらいのことなら、私の家でもできそうですね

匠　安全な街を心がけて家をつくれば、自然に街並みも揃ってきます

Q3.3 地域の安全・安心　評価する取組み

No.	取組み
1.	避難路・消火活動空間の確保
2.	防火性の高い植物の植樹
3.	見通しの確保
4.	その他

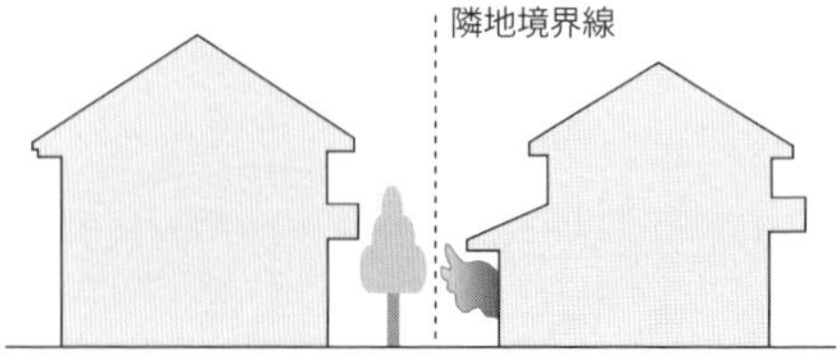

Q3.4 地域の資源の活用と住文化の継承

創　いよいよ Q3 の最後の項目になりましたね。ここでは地域に根付いている住文化を積極的に継承したり、地域の木材資源を活用していることを評価します

匠　住文化という言葉を聞くと、ギクッとしますね

奥様　なぜですか？

匠　今ではどこでつくったかわからない建材を使い、地域の伝統を意識しないデザインでつくり、すまい手も地域を意識しない生活をしています

奥様　たしかにそうですよね。町内会の活動も寂れて、商店街も元気がなかったり……

創　住人一人一人が地域を意識することで、町内会も商店街も元気が出て、街全体がよい環境になるのですが

匠　ここでも取組みが示されていて、それを幾つ実践しているかで評価レベルが決まるのですね

創　はい、評価する取組みには「地域の住宅文化の継承」と「地域で産出される木材資源の活用」の 2 つのテーマで、合計 5 つの取組みがあります

Q3.4 地域の安全・安心　評価する取組み

分類	No.	取組み
地域の住宅文化の継承	1.	地域で育まれてきた住宅や庭づくりの構法・意匠・技術を採用している
	2.	地域を象徴する庭園等の保全や、地域の住文化を象徴する住宅等建物の保存・復元をしている
	3.	住宅の構造材や内外装材、外構資材に地域性のある材料を一部使用している（地域の山林から産出される木材を除く）
地域で産出される木材資源の活用	4.	住宅の構造躯体に、地域の山林から産出される木材資材を積極的に活用している
	5.	住宅の内外装材・外構資材に、積極的に地域の山林から産出される木材資源を活用している

LRを探検

LR1　エネルギーと水を大切に使う

創　Qの項目が終わったので、いよいよこれからLRの項目に入ります

匠　Qの環境品質ではできるだけ高くを目指してきましたが、今度のLは逆に負荷を減らすことを目指すわけですね

創　そうです。ただ、エネルギーが減るというのは省エネ性を高めるということになりますから、ここでの評価は高くすることを求めるということになります。そこで、「L（環境負荷）をLR（環境負荷低減性）で表現する」と、第1章2–⑦（32頁）で村上先生から伺いましたよね

奥様　頭が混乱してきますが、たしかに負荷を減らすためには省エネの度合いを大きくするということになりますね

創　まずは、LR1全体の項目をみてみましょうか

LR_H1　エネルギーと水を大切に使う

中項目	小項目	採点項目
1. 建物の工夫で省エネ <0.35>	1.1 建物の熱負荷抑制 <0.50>	
	1.2 自然エネルギー利用 <0.50>	
2. 設備の性能で省エネ <0.40>	2.1 暖冷房設備 <0.27>	2.1.1 暖房設備 <0.80>
		2.1.2 冷房設備 <0.20>
	2.2 給湯設備 <0.37>	2.2.1 給湯機器 <0.80>
		2.2.2 浴槽の断熱 <0.10>
		2.2.3 給湯配管 <0.10>
	2.3 照明・家電・厨房機器 <0.25>	
	2.4 換気設備 <0.05>	
	2.5 エネルギー利用効率化設備 <0.06>	2.5.1 家庭用コージェネレーションシステム <1.00>
		2.5.2 太陽光発電システム
3. 水の節約 <0.15>	3.1 節水型設備 <0.75>	
	3.2 雨水の利用 <0.25>	
4. 維持管理と運用の工夫 <0.10>	4.1 住まい方の提示 <0.50>	
	4.2 エネルギーの管理と制御 <0.50>	

〈〉は重み係数

匠　大項目に『1. 建物の工夫で省エネ』、『2. 設備の性能で省エネ』、『3. 水の節約』、『4 維持管理と運用の工夫』の 4 つがあります

奥様　重み係数は『建物の工夫で省エネ』が 0.35、『設備の性能で省エネ』が 0.40、『水の節約』が 0.15、『維持管理と運用の工夫』が 0.10 になっています

創　奥さんもかなり CASBEE 通になってきましたね。そのとおりで、建物と設備の省エネが重視されています

匠　でも、省エネといえば家の断熱性が重視されることが多いのに、ここでは設備の省エネの方が重みが大きいですね

創　はい、東京で 2000 年頃に建った一般的な家では生活上の消費エネルギーの割合は暖冷房が約 25%、給湯・調理が約 35%、照明・家電が 40% となっています。ですから暖冷房より給湯や調理用設備や照明・家電を重視する必要があるのです

3 LRを探検

LR1.1　建物の工夫で省エネ

LR1.1.1　建物の熱負荷抑制

LR1.1.2　自然エネルギー利用

匠　建物の工夫で省エネといえば、やっぱり『断熱・気密性能』と『自然エネルギー利用』ということになりますね

奥様　Q1の『暑さ・寒さ』でも、断熱・気密性と日射や通風の利用が評価項目になっていましたよね

創　はい、Q1.1の場合には快適さを得るということで、断熱・気密性能と日射や通風の利用が評価されましたが、LR1.1ではエネルギー消費を抑えるための性能として取り上げられています

奥様　断熱・気密性というのは、省エネだけでなく、室内を快適にするためにも大切だからですよね

匠　LR1.1.1「建物の熱負荷抑制」ではQ1.1.1と同じく、性能表示の温熱環境の等級で評価していますが、LR1.1.2「自然エネルギー」では『自立循環型住宅への設計ガイドライン』の評価方法が利用されていますね

奥様　自立循環型住宅ガイドラインというのは？

創　はい、2005年に国交省が公表したすまいの省エネに特化した設計指針です。生活上での総合的な省エネを評価するものなので、暖冷房・給湯・調理・照明・家電に至る総合的な省エネ性を評価します。しかも自然エ

LR1.1.1 建物の熱負荷抑制　評価レベル

CASBEEすまい	性能表示	省エネルギー基準
レベル1	等級1	その他
レベル2	等級2	旧省エネルギー基準レベル
レベル3	等級3	新省エネルギー基準レベル
レベル5	等級4	次世代省エネルギー基準レベル

ネルギーを有効に活用しようという視点ももっていて、日射や通風を利用したパッシブソーラー効果も評価できるようにつくられています

匠　つまり、『自立循環型住宅ガイドライン』を参考にした計算手法で、日射熱の利用により暖房エネルギーを○○%削減できるか、あるいは自然風の利用で冷房を○○%削減できるか？を計算し、それで CASBEE の評価レベルをみつけるということですね（下表を参照）

創　はい。日射熱利用も通風利用の計算も簡単ではないので、『自立循環型住宅ガイドライン』を勉強していないと、ここではちょっと戸惑うかもしれません

匠　それを勉強するには、どうすればよいのですか？

創　IBEC が全国で講習会を開いていますから、それを受講することですね。http://www.ibec.or.jp/

LR1.1.2　自然エネルギー利用　評価レベル

レベル	基準
レベル 1	レベル 3 を満たさない
レベル 2	（該当するレベルなし）
レベル 3	日射熱の利用により暖房エネルギーを 10%程度削減できる。あるいは、自然風の利用により冷房エネルギーを 10%程度削減できる
レベル 4	日射熱の利用により暖房エネルギーを 20%程度削減できる。あるいは、自然風の利用により冷房エネルギーを 20%程度削減できる
レベル 5	日射熱の利用により暖房エネルギーを 20%程度削減でき、かつ自然風の利用により冷房エネルギーを 20%程度削減できる

自立循環型住宅ガイドラインで計算

3 LRを探検

LR1.2　設備の性能で省エネ

奥様　今度は『設備の性能で省エネ』ですね。設備といっても色々ありそうですね

匠　小項目に「1. 暖冷房設備」、「2. 給湯設備」、「3. 照明・家電・厨房機器」、「4. 換気設備」、「5. エネルギー利用効率化設備」があります

創　重み係数は給湯が 0.37 で一番大きい。これは先程もいったように、給湯によるエネルギー消費量がとても大きいからです

奥様　暖冷房では、暖房が 0.8 で冷房が 0.2 ですね。なぜ、暖房の方が重視されるのかしら

創　エネルギー消費の観点からいうと、冷房より圧倒的に暖房での消費が多いからです。冷房していると電気代が気になるのですが、エネルギー消費量で見ると、これが実態なのです

巧　給湯では、やはり給湯機器が 0.8 で圧倒的ですね

奥様　換気の重みはとても小さいのですね

創　消費エネルギーが小さいからですが、健康の観点ではとても重要です

巧　「5. エネルギー利用効率化設備」では、太陽光発電システムの重みが書いてありませんね

創　はい、太陽光発電は発電するわけで、LR1.2 の全体のエネルギー消費に関わってきます。ですから別扱いしているのです。それについての詳細は後にしましょう

LR_H1　エネルギーと水を大切に使う

中項目	小項目	採点項目
2. 設備の性能で省エネ <0.40>	2.1　暖冷房設備 <0.27>	2.1.1　暖房設備 <0.80>
		2.1.2　冷房設備 <0.20>
	2.2　給湯設備 <0.37>	2.2.1　給湯機器 <0.80>
		2.2.2　浴槽の断熱 <0.10>
		2.2.3　給湯配管 <0.10>
	2.3　照明・家電・厨房機器 <0.25>	
	2.4　換気設備 <0.05>	
	2.5　エネルギー利用効率化設備 <0.06>	2.5.1　家庭用コージェネレーションシステム <1.00>
		2.5.2　太陽光発電システム

〈〉は重み係数

LR1.2.1　暖冷房設備

LR1.2.1.1　暖房設備

LR1.2.1.2　冷房設備

奥様　Qでも暖房と冷房の項目がありましたよね

創　Qでは適切な暖冷房計画でした。ここでは暖冷房機器の省エネ性を評価します

匠　暖冷房ともに「居間を含む一体化空間」において、機器効率が一般的な暖房（冷房）設備を採用しているのがレベル3、機器効率が高い暖房（冷房）設備を採用しているがレベル5になっていますね

奥様　効率が一般的な……と、効率が高い……の区別は？

創　下表のとおりです。それと、Q1.1.2.2およびQ1.1.3.1では『主要な居室において、暖房（冷房）設備を設置しなくても快適な温熱環境を確保することができると判断され、全く計画されていない場合』は評価対象外にしていましたが、ここでは計画されていないということはエネルギー消費がゼロになるということなのでレベル5に評価しています

LR1.2.1.1　暖房設備　評価レベル

レベル	基準
レベル3 一般的な 効率の 暖房設備	暖房設備がエアコンのように暖冷房兼用の場合はLR1.2.1.2（冷房）の評価でレベル3のもの
	温水床暖房などの場合はLR1.2.2.1（給湯設備）の評価がレベル4のもの
	燃焼式FFストーブ
	燃焼式半密閉型ストーブ
	電気ヒーター式床暖房
	蓄熱式電気暖房器
レベル5 高効率の 暖房設備	暖房設備がエアコンのように暖冷房兼用の場合はLR1.2.1.2（冷房）の評価がレベル5のもの
	温水床暖房などの場合はLR1.2.2.1（給湯設備）の評価がレベル5のもの
	ヒートポンプを熱源とする温水床暖房
	「Q1.1.3.1 適切な暖房計画」で暖房設備が不要と判断され全く計画されていない住宅

LR1.2.1.2　冷房設備　評価レベル

レベル	基準
レベル3 一般的な 効率の 冷房設備	1. 冷房能力が4.0kW以下のものであって直吹き形で壁掛け形のものは、省エネ法・トップランナー目標基準値の76%以上84%未満とする
	2. 1. 以外のものは、省エネ法・トップランナー目標基準値の100%以上110%未満とする
レベル5 高効率の 冷房設備	1. 冷房能力が4.0kW以下のものであって直吹き形で壁掛け形のものは、省エネ法・トップランナー目標基準値の84%以上とする
	2. 1. 以外のものは、省エネ法・トップランナー目標基準値の110%以上とする
	「Q1.1.2.2 適切な冷房計画」で冷房設備が不要と判断され全く計画されていない住宅

3 LRを探検

LR1.2.2　給湯設備

LR1.2.2.1　給湯機器

LR1.2.2.2　浴槽の断熱

LR1.2.2.3　給湯配管

奥様　給湯による消費エネルギーが全体の 1/3 もある、とは驚きました

匠　そうですよね。風呂と洗面と調理で使うくらいだから、大したことないと思っていたのですが

創　『給湯設備』の項目では、3 つの項目が取り上げられています。「1. 給湯機器」、「2. 浴槽の断熱」、「3. 給湯配管」の 3 つです

奥様　最近よく耳にするのがエコキュートとか、エコジョーズとか……

匠　エコキュートは電気ヒートポンプ式給湯機で、エコジョーズは燃料系潜熱回収瞬間式給湯器のことです。エコキュートは電気温水器に比べて 35%ほど効率が高くなります。エコジョーズはガス瞬間湯沸かし器に比べて 15%ほど効率が高くなります

創　給湯機器の評価は下表のとおりで、レベル 3 に電気温水器を置いています

奥様　浴槽の断熱も重要なんですね

創　それについては、次頁の図のようなケースを想定して評価しています

匠　給湯配管では、管の長さを短くしたり、断熱したりして、放熱を減らすことで、加点することができますよね

LR1.2.2.1　給湯機器　評価レベル

レベル	基準
レベル 1	（該当するレベルなし）
レベル 2	下記以外
レベル 3	電気温水器（通電制御型）
レベル 4	燃料系瞬間式給湯器
レベル 5	燃料系潜熱回収瞬間式給湯器、電気ヒートポンプ式給湯機、太陽熱温水器、太陽熱給湯システム（自然循環式 / 直接集熱、強制循環式 / 直接集熱、強制循環式 / 間接集熱）

LR1.2.2.2　浴槽の断熱　評価レベル

レベル	基準		
レベル 1	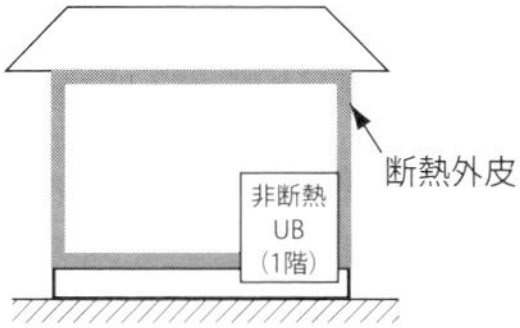		
レベル 3	ケース1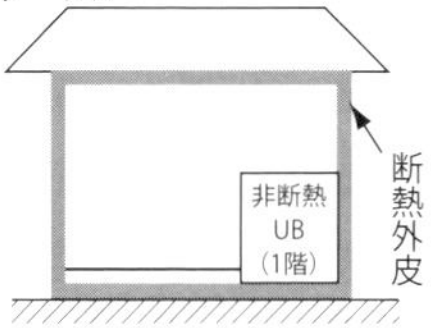	ケース2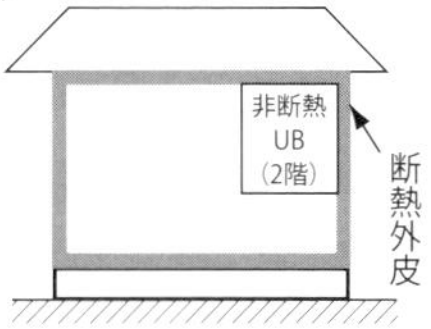	ケース3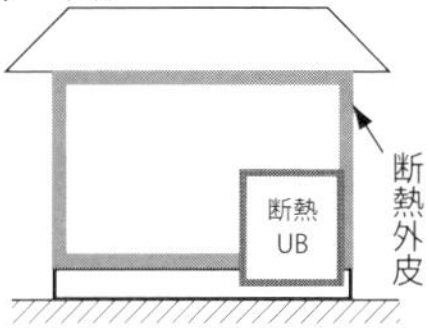
レベル 5	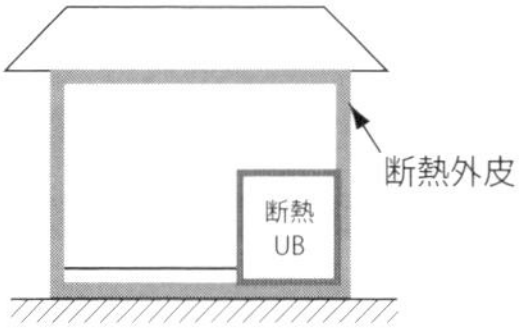		

LR1.2.2.3　給湯配管　評価レベル

レベル	基準
レベル 1	（該当するレベルなし）
レベル 2	先分岐方式給湯配管を採用した場合
レベル 3	ヘッダー方式給湯配管を採用した場合
レベル 4	（加点条件を満たせば選択可能）
レベル 5	（加点条件を満たせば選択可能）

加点条件：レベルを１つ上げることができる

住宅の断熱外皮貫通部から給湯機器までの給湯配管延長が５m以下である場合、または、断熱外皮の室内側に給湯機器が設置されている場合
住宅の断熱外皮貫通部から給湯機器までの給湯配管に断熱がなされている場合
浴槽の追い焚き配管全般に断熱がなされている場合

3 LRを探検

LR1.2.3　照明・家電・厨房機器

奥様　家電製品からの消費電力が、暖冷房より多いとは思いませんでした

匠　TVは大きくなるし、台数も増える。パソコンも普及しましたしね

創　それでも家電製品には、省エネ法でトップランナー基準が定められていて、省エネの努力が要求され、どんどん効率は上がっています
家電製品といっても沢山あるのですが、ここで取り上げられているものは●照明器具、●電気冷蔵庫、●電気便座、●テレビ、●ガスこんろ、●電気クッキングヒーターです。ガスこんろと電気クッキングヒーターを除く4機種は、2007年3月時点で指定されているトップランナー基準の特定機器の中から、特にエネルギー消費量が大きく、生活必需品であるものが選ばれています

匠　それにしても採点表で製品によって省エネ達成率が違っていたり、採点が違っているのは何故ですか？

創　経済産業省の委員会で、製品の種類によって決められた数字だからです

奥様　省エネ基準達成率はどこで知ることができるのですか？

創　メーカーのカタログや（財）省エネルギーセンターの『省エネ機器カタログ』、または http://www.eccj.or.jp/catalog/index.html で知ることができます

LR1.2.3　照明・家電・厨房機器　評価レベル（採点表による採点）

レベル	基準
レベル1	2点未満
レベル2	（該当するレベルなし）
レベル3	2点以上4点未満
レベル4	4点以上7点未満
レベル5	7点

採点表（省エネ基準達成率）

点数	照明器具	電気冷蔵庫	電気便座	テレビ		ガスこんろ	電気クッキングヒーター
				液晶・プラズマ	ブラウン管		
2点	100%以上	80%以上					
1点			100%以上	112%以上	109%以上	100%以上	こんろ口数の1/2以上がIH方式
0点	100%未満	80%未満	100%未満	112%未満	109%未満	100%未満	上記以外

LR1.2.4　換気設備

匠　今度は『換気設備』ですね。レベル 3 が「一般換気システムを採用している」、レベル 4 が「一般換気システムに比べて消費電力」が 70%以下、レベル 5 が 40%以下になっていますね

創　はい、現在の標準的な換気システムの消費電力量を 130m^2 の住宅で 120W 程度と考えており、これに比べて 70%以下、40%以下になるケースをレベル 4、レベル 5 としています。年間消費電力量に表すと、レベル 3 が年間 1m^3 当たり 5kWh になります

匠　換気システムには消費電力は○○ W と表示されていますが、これを年間消費電力量に計算するには……あー、マニュアルに式が書いてありますね

創　はい、換気回数は 0.5 回 /h などとして計算してください

匠　この年間システム稼働率というのは何ですか？

創　これはハイブリッド換気のような場合に、自然換気状態になって運転しない割合のことです

奥様　ハイブリッド換気って何ですか？

創　通常は機械換気ですが、室内と室外の温度差が大きくなって自然換気でも必要な換気量が確保される状態になった時に自然換気に切り替えることができるシステムです

匠　ハイブリッド換気は一般市場にはあまり普及していませんね。一般的な機械換気の場合の稼働率は、1 で計算すればよいということですよね

創　はい。そのとおりです

LR1.2.4　換気設備　評価レベル

レベル	基準	年間消費電力量（単位換気量あたり）
レベル 1	（該当するレベルなし）	
レベル 2	（該当するレベルなし）	
レベル 3	一般の換気システム	5（kWh/ 年・(m^3/h)） 以上
レベル 4	一般の換気システムの 70%以下の電力消費量	5（kWh/ 年・(m^3/h)） 以下
レベル 5	一般の換気システムの 40%以下の電力消費量	2（kWh/ 年・(m^3/h)） 以下

年間消費電力量＝Σ｛システム消費電力（W）× 年間システム稼働率｝× 24（h/ 日）× 365（日 / 年）÷｛気積（m^3）× 換気回数（回 /h）｝÷ 1,000

3 LRを探検

LR1.2.5　エネルギー利用効率化設備

LR1.2.5.1　家庭用コージェネレーションシステム

創　さあ、次はコージェネレーションですね

奥様　何ですかそれ？

匠　最近テレビでCMやってるあれですよ、ガスで電気つくってお湯をつくるっていう

創　あれはガスエンジン式コージェネレーションというものですね。今、話題の燃料電池もコージェネレーションです

奥様　燃料電池は水素を使うのですよね。水素とかガスで電気ができるんですか？

匠　ガスエンジンの場合はポータブル発電機と同じようにエンジンを動かして発電します。燃料電池の場合は、水を電気分解すると水素と酸素が発生する原理を逆手にとって、水素と酸素を利用して電気と水をつくります

創　はい、燃料電池はクリーンエネルギーとして期待されているのですが、まだ開発途上といってよいでしょう。そこで、ここでは実用化が進んでいるガスエンジン式コージェネレーションを取り上げています

奥様　で、コージェネレーションというのは？

創　燃料を燃やしてエンジンを動かして電気をつくるのですが、その時に発生する排熱を利用してお湯をつくるのです。遠くにある発電所で電気をつくると、そのお湯を利用することができませんが、家の中でつくればそのお湯を利用することができるようになるのです

匠　ということはお湯をつくると発電するし、発電するとお湯ができるわけですよね

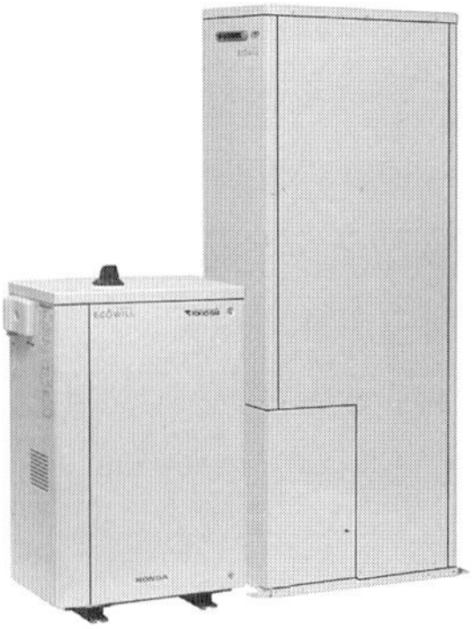

ガスエンジン式コージェネレーションの例

創　はい、お湯を使う分だけ発電することになりますから、お湯を沢山使うケースで効率が高まります

奥様　それでレベル5にするためには電化製品を沢山使いなさい、お湯も沢山使いなさいといっているのですか？

創　いや、電気やお湯を沢山使う家で導入すると効率が良いのです。つまり、電力と給湯のバランスをよくしなければいけないということです

匠　ということは、これまで給湯機器を評価してきましたが、ガスコージェネレーションを採用した場合にその評価はどうなるのですか？

創　レベル5に認めれる場合に、LR1.2.2.1「給湯機器」もレベル5（同じくレベル4であれば給湯機器もレベル4）に評価することになっています。また、燃料電池を採用している場合はここ（LR1.2.5.1）では評価しませんが、LR1.2.2.1「給湯機器」の評価はレベル5にしてよいことになっています

LR1.2.5.1　家庭用コージェネレーションシステム　評価レベル

レベル	基準
レベル1	（該当するレベルなし）
レベル2	（該当するレベルなし）
レベル3	取組みなし
レベル4	ガスエンジン式コージェネレーションシステムを導入しており、レベル5を満たさない場合
レベル5	ガスエンジン式コージェネレーションシステムを導入し、エネルギー利用の高い効果が期待できる場合

⇩

レベル5を満たすための確認事項

1. 電力負荷の確認	照明設備、冷蔵庫、常時換気設備が採用されており、以下に示す家電製品が8台以上設置されていること ・ルームエアコン（全館空調方式は3台とカウント） ・電子レンジ　・電気炊飯器　・食器洗浄乾燥機 ・パソコン　・カラーテレビ ・洗濯機（乾燥機能付き含む）　・温水洗浄便座
2. 熱負荷の確認	a.生活人数が3人以上であること b. 床暖房等の温水暖房端末を1系統以上用いていること

3 LRを探検

LR1.2.5.2　太陽光発電システム

匠　さて、いよいよ太陽光発電ですが、これは採点がありませんね

創　はい、太陽光発電は発電するわけですから、採点は自分自身ではなく、LR1.2「設備の性能で省エネ」に関するすべての項目（LR1.2.1.1～2.5.1）の採点結果を割り増しするかたちで評価することになります

奥様　要するに太陽光発電を採用した場合は、電気を使う設備のそれぞれが省エネルギー性を高めたということにするのですね

創　そのとおりです

匠　でも3kWとか4kWとか、大きさによって発電量が違いますよね

創　はい、ですから下の式で計算してLR1.2.1.1～2.5.1の各項目の得点を補正します。
省エネルギー率k値が1以上になった場合に、LR1.2.1.1～2.5.1のすべての項目が5点になります

$$\text{省エネルギー率k値} = \frac{\text{太陽光発電システムよる発電エネルギー量（GJ/年）}}{\text{住宅全体の一次エネルギー消費量（GJ/年）}}$$

k値を用いて、LR1.2.1.1～2.5.1の得点を下式により補正する。

$$\text{補正後の得点} = \frac{\text{各採点項目の得点}}{(1.0 - \text{k値})}$$

※ただし、補正後の得点は+5点を上限とする（k値が1以上になった場合にLR1.2.1.1～2.5.1のすべての項目が5点になる）

奥様　太陽光発電でどのくらいの電力を賄えるのですか？

創　立地などが最高の条件で3kWの太陽光発電システムで年間約30ギガジュール、4kWで約40ギガジュールを発電しますが、方位やパネルの角度などの条件によって変わります

匠　最高の条件というと？

創　敷地の緯度にもよりますが、南向き、傾斜角 30゜が最高の条件です。東、西向きになると約 80%位になります

奥様　ギガジュールというのは？

創　はい、エネルギー量の単位だとお考えください。一般の住宅では生活上で年間 80 ギガジュールくらい消費しています。省エネルギーに努力した家はそれを半分にすることができます。つまり 40 ギガジュール。5kW 程度の太陽光発電を載せるとその分 40 ギガジュールを発電することができますから、ゼロエネの生活ができる計算になります

太陽光発電を搭載した住宅　提供：積水ハウス株式会社

3 LRを探検

LR1.3　水の節約

LR1.3.1　節水型設備

奥様　今度は『水の節約』ですね。普段から水をムダにしないように心がけてはいますが

匠　ここでは、どんな取組みをしているかで採点していますね

創　はい、「節水型便器」、「浴室のサーモスタット水洗＋手元止水機構付節水シャワーヘッド」、「食器洗い洗浄機」、「その他、足下止水やセンサー止水機構付台所水洗など」を採用する場合に得点されます

奥様　1つ採用しているのが、レベル3なんですね

匠　トイレが2つあって、そのどちらも節水型の場合に取組みは2つと計算してよいのですか？

創　はい、2つと数えてよいのです

LR1.3.12　節水型設備　評価レベル

レベル	基準
レベル1	取組みなし
レベル2	（該当するレベルなし）
レベル3	評価する取組みのいずれかを採用している
レベル4	評価する取組みの内、2つ以上を採用している
レベル5	評価する取組みの内、3つ以上を採用している

↑

LR1.3.1　節水型設備　評価する取組み

取組み	4人家族想定の年間節水量
節水型便器（大小洗浄切替機能付、洗浄水量：大8L/回、小6L/回以下）	$38m^3$（50%減）
浴室サーモスタット水栓＋手元止水機構付節水シャワーヘッド	$31m^3$（35%減）
食器洗い洗浄機	$93m^3$（82%減）
その他の削減手法（容易な水量調整/止水機構付水栓など）	

LR1.3.2　雨水の利用

奥様　『雨水の利用』というのは、タンクを置いて屋根の水を溜めるということですよね

匠　はい、最近は雨樋に接続して雨水を溜めるタンクが市販されています

創　ここでは50リットル以上のタンクで雨水を溜め、散水などに使う簡易なものを設置すればレベル4、水洗便所など室内の生活用水に利用できる雨水利用システムを採用した場合にレベル5になります

竪樋につないだ雨水貯留槽

奥様　取組みがないときで、レベル3？　ということは、これから取組んでいきたい項目ということですね

LR1.3.2　雨水の利用　評価レベル

レベル	基準
レベル1	（該当するレベルなし）
レベル2	（該当するレベルなし）
レベル3	取組みなし
レベル4	散水等に利用する雨水タンクを設置している
レベル5	トイレ洗浄水等に利用する浄化機能付き雨水利用システムを設置している

3 LRを探検

LR1.4　維持管理と運用の工夫

LR1.4.1　住まい方の提示

奥様　環境に優しい家や設備にしても、使い方がわからないのでは宝の持ち腐れですね

匠　普段でも設備機器のカタログを添付して、家のマニュアルを建主さんにお渡しししています

創　はい、その状態がレベル3ですね。さらに省エネルギーとしての解説をしているかどうかで、レベルアップしていると評価されます

匠　レベル4では、省エネルギーセンターが発行している『かしこい住まい方ガイド』など、一般的な情報で説明している場合。レベル5になるとさらに突っ込んで、実際の建物の設計に応じた環境にやさしい生活の仕方をアドバイスすることとなっています

LR1.4.1　住まい方の提示　評価レベル

レベル	基準
レベル1	取組みなし
レベル2	(該当するレベルなし)
レベル3	設備毎の取扱説明書が居住者に手渡されている
レベル4	レベル3に加え、省エネに関する住まい方について一般的な説明がすまい手になされている
レベル5	レベル3に加え、当該住宅に採用された設備や仕様に関して、個別の建物・生活スタイルごとに対応した適切な説明がすまい手になされている

LR1.4.2　エネルギーの管理と制御

奥様　いまどれだけ電力が使われているかわかると、節約意識が高まりそう

匠　コンセントやガス栓の端末につけて、電力やガスの消費量がみれるものがあります

創　はい。そうしたエネルギー消費表示機器を設置していたり、ピークカット機能付きの分電盤を採用している場合をレベル 4 と評価しています

奥様　お風呂のリモコンでも、エネルギー表示するものがありますよね

匠　レベル 5 になると、管理する仕組みがあると書いてありますが

創　はい、『省エネナビ』登録の機器の中でも、エネルギー消費量の上限値を設定して自動的に OFF するなどの制御機器をもつものが設置されている場合にレベル 5 としています

奥様　『省エネナビ』というのがあるのですね？

創　はい、省エネルギーセンターのホームページを参照してみましょう
http://www.eccj.or.jp/navi/index.html

LR1.4.2　エネルギーの管理と制御　評価レベル

レベル	基準
レベル 1	（該当するレベルなし）
レベル 2	（該当するレベルなし）
レベル 3	取組みなし
レベル 4	エネルギー消費に関する表示機器、負荷低減装置等を採用している
レベル 5	エネルギーを管理する仕組みがあり、それにより消費エネルギーの削減が可能である取組みがなされている

エネルギー消費表示機能付きリモコンの例

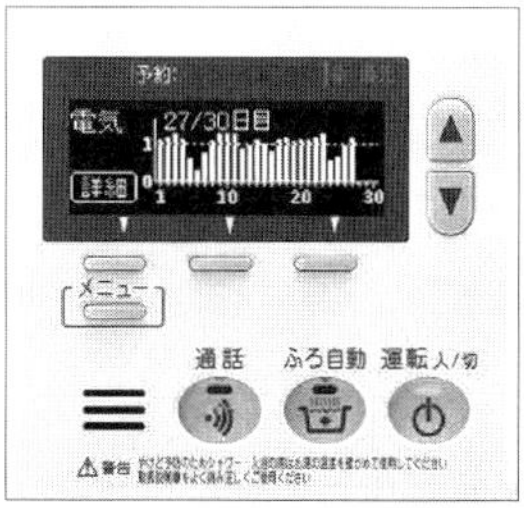

省エネナビ登録表示機器の例

3 LRを探検

LR2　資源を大切に使い、ゴミを減らす

奥様　LR1が終わって、今度はLR2ですね

匠　ここでは、構造や建材についての省資源と廃棄に関する取組みを評価するんですね

創　はい、LR2のすべての項目は表のとおりです。大項目として『1. 省資源、廃棄物抑制に役立つ材料の採用』、『2. 生産・施工段階における廃棄物削減』、『3. リサイクルの促進』の3つがあります。重み係数は1の材料関連が0.6、2の生産・施工段階に関するものが0.3、リサイクルに関するものが0.1で、圧倒的に材料関連の省資源、廃棄物抑制が重視されています

$LR_{H}2$　資源を大切に使いゴミを減らす

中項目	小項目	採点項目
1. 省資源、廃棄物抑制に役立つ材料の採用 <0.60>	1.1 構造躯体 <0.30>	1.1.1 木質系住宅
		1.1.2 鉄骨系住宅
		1.1.3 コンクリート系住宅
	1.2 地盤補強材・地業・基礎 <0.20>	
	1.3 外装材 <0.20>	
	1.4 内装材 <0.20>	
	1.5 外構材 <0.10>	
2. 生産・施工段階における廃棄物削減 <0.30>	2.1 生産段階（構造用躯体部材）<0.33>	
	2.2 生産段階（構造用躯体以外の部材） <0.33>	
	2.3 施工段階 <0.33>	
3. リサイクルの促進 <0.10>	3.1 使用材料の情報提供 <1.00>	

〈〉は重み係数

奥様　エコロジーの話になると、3R がよく出てきますね……。
Reduce（リデュース）、Reuse（リユース）、Recycle（リサイクル）だったかしら

匠　よくご存知ですね。LR2 では「リサイクル材」「再生可能材料」「持続可能な森林から算出された木材」「リサイクル可能な材料」といった言葉が頻繁に出てきますが、みんな似ているようで似ていなくて、意味がよくわかりません

創　そうですね。LR2 の評価ではそれぞれどんな意味をもっているかを、下表にまとめてみました

LR2 で使われる言葉の意味

リサイクル材	・リサイクルされた材料またはそれらを使用した部材 ・いわゆる「グリーン購入法」で指定された資材
再生可能材料	資源枯渇の恐れの少ない材料 ・持続可能な森林から産出された木材 ・利用可能になるまでの期間の短い植物由来の自然素材（竹、ケナフ等）
持続可能な森林から産出された木材	・間伐材 ・持続可能な森林経営が営まれている森林から産出された木材（証明方法は、「木材・木材製品の合法性、持続可能性の証明のためのガイドライン」（林野庁、平成 18 年）に準拠する） ・日本国内から産出された針葉樹材
リサイクル可能な材料	リサイクルの比較的容易なアルミ、鉄、銅

3 LRを探検

LR2.1　省資源、廃棄物抑制に役立つ材料の採用

LR2.1.1　構造躯体

匠　LR2.1は「家をつくる際の省資源」と、「家をつくる際と壊す際のゴミの抑制に役立つ材料」の評価ですね

創　はい、「1. 構造躯体」、「2. 地盤補強材・地業・基礎」、「3. 外装材」、「4. 内装材」、「5. 外構材」の5項目です

奥様　構造躯体の重み係数が大きくて、外構が小さいのですね

創　ここではボリュームが問われますから、こんな差になります

匠　構造躯体ではよく、木質系、鉄骨系、コンクリート系のどれが一番エコかを比較することが行われますが……。
CASBEEでは、それぞれ構造ごとに木質系なら木質系の中でレベル評価していますね

創　はい、木質系では持続可能な森林から産出された木材をどれだけ使っているか。鉄骨系では電炉鋼をどれだけ使っているか。そして、コンクリート造では省資源性のあるコンクリートを使っているかどうかで評価します

LR2.1.1　構造躯体　評価レベル

レベル	基準		
	LR2.1.1.1 木質系住宅	LR2.1.1.2 鉄骨系住宅	LR2.1.1.3 コンクリート系住宅
レベル 1	（該当するレベルなし）		
レベル 2	（該当するレベルなし）		
レベル 3	レベル 4 を満たさない	構造躯体に電炉鋼が使われていない、または確認することができない	評価する取組みのうちどれにも該当しない
レベル 4	構造躯体の過半に「持続可能な森林から産出された木材」が使われている	構造躯体の一部に電炉鋼が使われている	評価する取組みのうち 1 つに該当する
レベル 5	構造躯体の全てに「持続可能な森林から産出された木材」が使われている	構造躯体の過半に電炉鋼が使われている	評価する取組みのうち 2 つに該当する

LR2.1.1.3　構造躯体（コンクリート系住宅）　評価する取組み

1	構造躯体コンクリートに混合セメント（高炉セメント、フライアッシュセメント）またはエコセメントを用いている（捨てコン、腰壁への使用は評価しない）
2	構造躯体コンクリートに再生骨材またはコンクリート用スラグ骨材を用いている（捨てコン、腰壁への使用は評価しない）

3 LRを探検

LR2.1.2　地盤補強材・地業・基礎

奥様　「地盤補強材・地業・基礎」といわれてもねえ、専門的過ぎて……

匠　要するに家の基礎まわりを、省資源性のコンクリートや地盤改良材でつくっているかどうかを評価するのです

奥様　構造躯体のところでは、基礎は入っていなかったのですか

創　そうなんです。そこで改めて、ここで評価するのです

匠　コンクリートの評価なので、構造躯体の場合と同じように評価するのですね

創　はい、でも地盤改良材に製鋼スラグを用いている場合も評価する取組みの1つになります

LR2.1.3　外装材　LR2.1.4　内装材

匠　「外装材」と「内装材」のレベル評価では、得点率で判定するのですね

創　はい、ちょっとわかりにくいのですが、マニュアルに詳しく書かれています

奥様　この大、小というのは何ですか？

創　面としてつかうものは『大』とします。線として使うもの、例えば内装では「巾木、廻り縁、桟木」、外装材では「桟木やジョイナー」のようなものを『小』としています

匠　加点もありますね

創　外装（内装）の一部に既存建築のリユース材が使用されている場合は評価を1レベル、過半に既存建築のリユース材が使用されている場合は評価を2レベル上げることができます

LR2.1.5　外構材

奥様　「外構材」というと、家のまわりで使われるものですよね

匠　はい、玄関まわりとか駐車場、アプローチ、デッキとかで使われる材料ですね

創　外構では舗装材とか木材、竹などが使われますが、それらの省資源性を評価します

LR2.2　生産・施工段階における廃棄物削減

LR2.2.1　生産段階（構造用躯体部材）

LR2.2.2　生産段階（構造用躯体以外の部材）

LR2.2.3　施工段階

匠　LR2.1 が終わって、次は LR2.2。生産・施工段階でのゴミを減らすことですね

奥様　家を建てるというと、現場で建てて上棟式をするようなイメージがあります

匠　はい、昔の家づくりは大工さんが下小屋で木材に自分で刻みを入れ、現場で組み上げるのが普通でしたが、最近では工務店がつくる木造住宅でも工場でプレカットした木材を使ったり、パネルを組み立てるような工法が増えています

創　そこで、ここでは『生産段階』と『施工段階』に分けて評価しています。生産段階の中では、「構造用躯体」と「躯体以外」に分けているので項目としては 3 つ。重み係数は同じですね

奥様　工場とかで生産する方が、現場でつくるより合理的なのですか

匠　必ずしもそうとはいえないでしょう。工場でつくるということは建物や機械が必要です。そこでつくっても現場まで運ばなければいけませんし、梱包が必要になります。現場だったら、それらが不要になります

創　でも、工場生産には現場施工の工期を短縮するメリットがありますし、精度を高めることもできます。ゴミの発生量も減らすことができるし、リユースもしやすい……

LR_H2　資源を大切に使いゴミを減らす

中項目	小項目	採点項目
2. 生産・施工段階における廃棄物削減 <0.30>	2.1　生産段階（構造用躯体部材）<0.33>	
	2.2　生産段階（構造用躯体以外の部材）<0.33>	
	2.3　施工段階 <0.33>	

〈〉は重み係数

3 LRを探検

匠　ここでは現場施工と工場生産とどちらが省資源かということではなく、生産過程、施工過程でどれだけ省資源に努力しているかを評価していますね

創　はい、ですから工場で生産をせずに現場施工のみの場合は対象外としています

奥様　対象外とは、評価がゼロということですよね

匠　ということは、工場生産をしないと評価が低くなってしまうのですか？

創　いえ、対象外の場合はその分の重み係数を他の項目に振り分けることになっているので、全体の評価では差はつきません

匠　ここではISO14001がでてきますね

創　はい、生産段階では生産工場がISO14001認証を取得している部材はレベル5とみなします

奥様　ISOを取っていない場合は？

創　副産物の発生抑制とリサイクル推進の例が示されていて、それらをどれだけ実行しているかでレベル評価することができます

LR2.2.1　構造躯体用部材
構造躯体用部材の生産・加工段階における副産物の発生抑制、リサイクル推進に対する取組みについて設計図書等で指示されているか、または実際の取組みが行われているかどうか
※生産工場がISO14001認証を取得、またはゼロエミッションを達成していればレベル5とみなす

【副産物の発生抑制の例】
・邸別生産による工程内仕掛品の削減
・定尺物からのロスの少ない部材取り
・簡易梱包や通箱によるサプライヤから生産工場への部品納入等
【副産物のリサイクル推進の例】
・副産物分別の徹底
・木材端材のパーティクルボードへのリサイクル、木粉とPPバンドによる人工木材製造などのマテリアルリサイクル
・木材端材コジェネシステムによるエネルギー回収等

LR2.2.2　構造躯体以外の部材
生産・加工段階で副産物の発生抑制、リサイクル推進に取組んでいる構造躯体用部材以外の建材を1つあるいは2つ採用するよう設計図書等で指示されているか、実際の取組みが行われているか

【副産物の発生抑制、リサイクル推進の例】
・生産工場がISO14001認証を取得している建材
・広域再生利用指定制度を取得しているメーカーの建材

LR2.2.3　施工段階
施工段階における副産物の発生抑制、リサイクル推進に対する取組みについて設計図書等で指示されているか、または実際に取組まれているか

【副産物の発生抑制の例】
・プレカット等による現場加工の削減
・メタルフォーム使用による型枠材の削減
・副産物分別の徹底
・副産物の回収

LR2.3　リサイクルの促進

LR2.3.1　使用材料の情報提供

匠　次は、使用している建材のリサイクルや廃棄に対する情報提供ですね

創　はい、情報提供していればレベル5に評価します

奥様　具体的にはどんな情報ですか？

創　材料をリサイクルしたり適切に廃棄するために必要な解体作業・処分方法に関する注意事項です

匠　とはいってもリサイクルや廃棄については、将来どんな風に変化するかわかりませんから、情報提供するといわれても難しいですね

奥様　たしかに使われている建材が、どこのメーカーのどんな製品なのか素人ではわかりませんものね。そんな状態でリサイクルに努力したり、廃棄に注意しろといわれもねえ

創　ですから、まずは新築時に使用部材の情報が提供されていることが大切だと考えています。それをすまい手が保管していれば、後々の対策は可能になりますから……。躯体、内・外装材のメーカー、製品名、型番などの情報提供がなされていればレベル5とみなしてよいことになっています

匠　ねじ、釘、シーリング材、塗料などの副資材や、木材、石材、土などの自然素材については、情報提供を必要としない……となっていますね

創　はい、これらはメーカーや製品を特定しなくても、現場で調達できるので情報提供を必要としません

3 LRを探検

LR3　地球・地域・周辺環境に配慮する

匠　いよいよ最後のLR3ですね。ここでは地球規模にまで視野を広げて環境に配慮することがテーマですね

創　はい、ここでは地球温暖化の要因であるCO_2の発生量が中項目の1つとして取り上げられています

奥様　CASBEEの評価シートに、グラフが載っていましたね

創　はい、この家から発生するCO_2の量を一般の家との比較で示したものです

匠　新聞をみていると、広告の中にもCO_2を○○kg削減しますとか書かれていますよね

奥様　エコハウスとしては、最も重要なことなのでしょうね

創　たしかに、温暖化はエコロジーのリードテーマのようになっていますが、すまいの環境品質は広範囲な項目を捉えなければいけません。このLR3では、温暖化の項目の他に住宅の外に与える影響を取り上げています

奥様　家の中で快適に過ごしていると、知らぬ間に外に音を出していたり、熱を出しているんですよね

匠　冷房で気持ちよくなっている間に、エアコンの室外機から熱風が吹き出しているし、音も出していたりします

2-3 ライフサイクルCO_2(温暖化影響チャート)

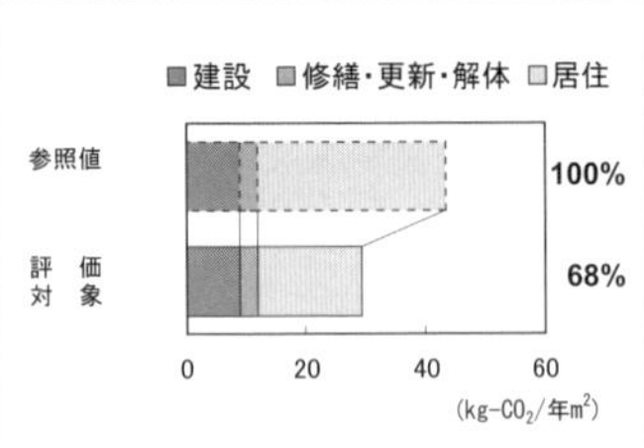

このグラフは、LR3中の「地球温暖化への配慮」の内容を、一般的な住宅(参照値)と比べたライフサイクルCO2排出量の目安で示したものです

中項目のバーチャートに示されたランク

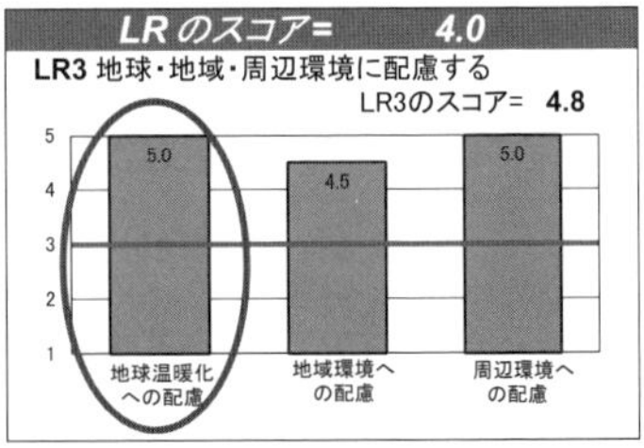

創　そうしたお隣への問題だけでなく、排水や生ゴミの処理など地域まで広がる問題もあります

匠　今まであった地形を崩したり、木を伐って宅地開発することも、地域の環境を破壊することですね

奥様　特に、この地域の木とか花とかがなくなるのはとても寂しいことです

創　ここでの評価項目は、中項目が『1. 地球温暖化への配慮』、『2. 地域環境への配慮』、『3. 周辺環境への配慮』の 3 つです。小項目として「2.1 地域インフラの負荷抑制」、「2.2 既存の自然環境の保全」、「3.1 騒音・振動・排気・排熱の低減」、「3.2 周辺温熱環境の改善」があります。重み係数は中項目の『地球温暖化への配慮』が 0.33、『地域環境への配慮』が 0.33、『周辺環境への配慮』が 0.33 です

LR_H3　地球・地域・周辺環境に配慮する

中項目	小項目	採点項目
1. 地球温暖化への配慮 <0.33>		
2. 地域環境への配慮 <0.33>	2.1　地域インフラの負荷抑制 <0.50>	
	2.2　既存の自然環境の保全 <0.50>	
3. 周辺環境への配慮 <0.33>	3.1　騒音・振動・排気・排熱の低減 <0.50>	
	3.2　周辺温熱環境の改善 <0.50>	

〈〉は重み係数

3 LRを探検

LR3.1　地球温暖化への配慮

匠　地球温暖化といえば、大気中の炭酸ガス濃度の高まりが原因とされていますよね

創　はい、そこでCASBEEでもライフサイクルCO_2（以下、$LCCO_2$）について取り上げています

奥様　ライフサイクルCO_2？

匠　ライフサイクルは一生涯で、CO_2は炭酸ガスということですよね

創　はい、この住宅が一生涯に排出するCO_2の量を推定します。評価シートに載っているグラフは、一般的な住宅と比較した結果です

奥様　生活すればCO_2ガスが出るのはわかりますが、一生涯とは？

創　住宅は建設する時、生活している間、そして改修工事や解体・処分までのさまざまな段階で化石燃料を消費し、そこでCO_2を排出します。
建設資材を製造することに始まり、それらを輸送し、現場で施工するのにエネルギーが消費されます。生活が始まれば電気・ガス・水を消費し、改修工事も想定されます。そして、処分される時には解体と輸送、廃棄のためにエネルギーが必要になります。それら住宅の一生涯に掛かるすべてのCO_2排出量を推計するのです

匠　グラフをみると生活時の方が建設時や廃棄時よりも大きいのですね

創　はい、$LCCO_2$は一年間の排出量を示したものなので、建設時や廃棄時のように一生に一度のものは寿命で割ります。ですので、毎年繰り返される生活時の排出量の方が大きくなります。この差は寿命が長くなればなるほど大きくなります

奥様　なにやら計算は難しそうですね？

創　はい、そのとおりで簡単にはできません

匠　でもCASBEEでは、それを可能にしたというわけですよね

創　はい。しかも改めて計算するのではなく、これまで採点してきた項目の結果から$LCCO_2$を割り出してしまう方法をとってあります

匠　えっ、特別な計算不要で自動的に計算してくれるということですか？

創　はい、他の項目の結果から自動的に評価シートのグラフがつくられます

奥様　一般的な家に比べての割合と、排出量の両方がでるのですよね

創　はい。ただしそこまで簡易な方法をとっているので、$LCCO_2$ を計算するために必要なすべての項目を網羅できず、重要な項目だけを対象にしています。ですから、精度は必ずしも高いとはいえません

匠　それでも、いままで私たちの知らなかった $LCCO_2$ の計算が示されることの意味は大きいと思います

奥様　ところで、$LCCO_2$ の採点は BEE の評価にはどう関わるのですか？

創　$LCCO_2$ は一般的な住宅との比較で示すのでレベル評価はありませんが、比較の割合を構法別（在来軸組木造、重量鉄骨造、コンクリート造）に、レベルに換算して BEE 評価のスコアに加えます。これも自動で計算されます。換算されたレベルは中項目毎の評価（バーチャート）に示されます

ライフサイクル CO_2 の計算に用いる採点項目		
Q_H2　長く使い続ける		
	1.長寿命に対する基本性能	1.1　躯体
		1.2　外壁材
		1.3　屋根材、陸屋根
	2.維持管理	2.2　維持管理の体制
LR_H1　エネルギーと水を大切に使う		
	1.建物の工夫で省エネ	1.1　建物の熱負荷抑制
		1.2　自然エネルギー利用
	2.設備の性能で省エネ	2.1.1　暖房設備
		2.1.2　冷房設備
		2.2.1　給湯機器
		2.2.2　浴槽の断熱
		2.2.3　給湯配管
		2.3　照明・家電・厨房機器
		2.4　換気設備
		2.5.1　家庭用コージェネレーションシステム
		2.5.2　太陽光発電システム
	3.水の節約	3.1　節水型設備
		3.2　雨水の利用

3 LRを探検

LR3.2　地域環境への配慮

LR3.2.1　地域インフラの負荷抑制

匠　今度は、水や生ゴミの問題ですね

奥様　水やゴミの処理は、地域に対して負担を掛けているのですね

創　はい、今は下水が完備され、道路はアスファルト舗装になって、雨が降っても地下に水が行かず、下水に流れてしまいます。大雨がくれば下水に集中して洪水の原因になりますし、地下砂漠という言葉があるように、地下水が減って自然の水循環ができない状態が起っています

匠　雨水を地面に浸透させることが必要なのですね

奥様　でも先日のニュースで、東京では地下水が増えてしまってるといってましたよ

創　たしかに、地下水位が高いところでは浸透させることはよいこととはなりません。そんなところでは、雨水貯溜が有効ですね

匠　家庭用の生ゴミ処理器が、色々売られていますね

奥様　ディスポーザーという便利なものもあります

創　ディスポーザーは残飯を粉砕処理した後に、浄化槽で分解処理してから下水に送られるよう義務付けられています

奥様　生ゴミはこまかくなっても水を汚しますものね

創　ここでは雨水や生ゴミの処理について 1 つ以上取組んでいる場合にレベル 3、2 つ以上がレベル 4、4 つ以上がレベル 5 と評価されます

LR3.2.1　地域インフラの負荷抑制　評価する取組み

雨水排水負荷の抑制	1. 外構部への降雨を浸透させるため、外構面積の過半を植栽地（池を含む）や透水性舗装など透水性を有する仕上げとしている
	2. 屋根への降雨を浸透させるため、雨水地下浸透施設（浸透ます、浸透トレンチ等）を設置している
	3. 雨水貯留・利用設備を設置している
生活ごみ処理負荷の抑制	4. 生ごみの排出量を削減するため、生ごみ処理設備を設置している
	5. 住宅内あるいは外構部に分別ストックスペースを設置している
その他	6. 汚水排水の浄化設備など、上記以外の地域インフラの負荷抑制に努めている

LR3.2.2　既存の自然環境の保全

奥様　裏の山……と思っていたところがいつの間には宅地になっていて、山がなくなってしまったということもありますよね

創　この項目は、敷地のこれまであった地形や自然環境を保全することを評価します

匠　ここでは、「地形の保全」、「表土の保全」、「既存樹木の保全」、「郷土種の採用」などの取組みを評価していますね

創　はい、評価する取組みのそれぞれにポイントがつけられていて、それらを1ポイント実行している場合をレベル3とし、2～3ポイントをレベル4、4ポイント以上をレベル5としています

奥様　表土の保全というのは、生態系を維持するために重要だという意味ですよね

創　はい、造成工事で一度除去した表土を再び敷地の表層部分に戻すことでもよいのです。基礎工事や擁壁工事で、やむを得ず表土を堀削したりするのは構わないとしています

LR3.2.2　既存の自然環境の保全　評価する取組み

	取組み	ポイント
1	地形の保全	＋1
2	表土の保全	＋0.5
3	既存樹木の保全（中・高木）	（1本当り） ＋1
	既存樹木の保全（低木）	（1本（一株）当り） ＋0.5
4	郷土種の採用（高木）	＋1
	郷土種の採用（中低木）	＋0.5

LR3.3　周辺環境への配慮

LR3.3.1　騒音・振動・排気・排熱の低減

匠　まずは隣の家に対して騒音や振動、そして排気や排熱で迷惑を掛けていないかどうかの評価ですね

創　はい、これらの影響を与えないように一般的な取組みを行っているのがレベル3。レベル3に加えて騒音や振動、排気や排熱のどちらか1つの対策に取組んでいればレベル4、すべてについて取組んでいればレベル5になります

奥様　一般的な配慮とは？

創　騒音や振動の発生源に対しては、騒音値が敷地境界部で45dB（A）以下であることとし、排気・排熱の発生源に対しては、隣接する建物の開口部付近に直接排気しないよう配慮していることとなっています

匠　45dB（A）というのは、静かな住宅街の外部の騒音レベルがその程度ですよね

創　はい、その程度の静寂を守るということですね

奥様　家の中の騒音は、どの程度であれば問題ないのですか？

創　寝室を35dB（A）以下に保つことが要求されます。熟睡できる静けさですね

匠　設備の問題よりも人間が大騒ぎしたり、悪臭を出したりすることもありますよね

創　たしかにそんな発生源もあるのですが、ここでは生活騒音、悪臭などの影響は評価対象外にしています

奥様　それを予想することはできませんものね

LR3.3.1　騒音・振動・排気・排熱の低減　評価レベル

レベル	基準
レベル1	特に配慮なし
レベル2	（該当するレベルなし）
レベル3	騒音・振動、排気・排熱の発生源が、隣接する住宅等に著しい影響を与えないよう一般的な配慮を行っている
レベル4	レベル3に加え、騒音・振動、排気・排熱の発生源に対する、いずれか一部について取組みがなされている
レベル5	レベル3に加え、騒音・振動、排気・排熱の発生源の全てについて取組みがなされている

↑

LR3.3.1　騒音・振動・排気・排熱の低減　評価する取組み

		取組み	取組みの目安
1	騒音・振動の発生源への取組み	エアコン室外機や給湯設備など、屋外に設置される設備機器の騒音・振動に対し、低騒音・低振動型機器の採用や設置位置、騒音の伝搬を低減する障壁などの低減方策がとられていること	・敷地境界における音量を40dB(A)以下としていること ・機器と基礎等を分離するための防振ゴムの挿入、共鳴等を防止するための配管支持固定を完全に行うなどの措置 ・遮音壁の設置
2	排気・排熱の発生源への取組み	燃焼系設備機器やエアコン室外機などの排気口から発する排気・排熱が、隣接する住宅に悪影響を与えないために、設置位置、排気方向を調整する部材や障壁を設けるなどの配慮がなされていること	・隣接する建物の開口部、吸気口及びその周辺に排気・排熱を排出しないような配置 ・排気・排熱が、自らの敷地内はもちろん、隣接敷地内の植栽などに影響を与えないような配置

3 LRを探検

LR3.3.2　周辺温熱環境の改善

匠　次は、敷地外への熱の負荷を低減することの評価ですね

奥様　熱の負荷というのは？

創　庭や敷地内でつくられる熱が、周辺にも影響を与えるということですね。

奥様　庭が熱をつくるのですか？

創　熱をつくるというのは、正しい表現ではありませんね。例えば、ガレージがアスファルト舗装の場合には日射を受けて高温になり、その熱を蓄えて、夕方になって熱を出します。屋根や外壁も同じです。これらの熱も周辺の温熱環境に影響を与えますね

匠　逆に、木陰で風に吹かれていると涼しくて気持ちいいですよね。風、日陰、緑が作用して涼しさをつくっているのですが、庭に植栽やパーゴラなどがあって日影ができれば敷地内の温度を低くすることができます

奥様　屋根緑化をすると、涼しいのだそうですね

創　はい、植栽からの蒸散で気化熱が奪われるので涼しくなります。保水性・透水性の高い舗装材にすれば、同じ原理で涼しくすることができます

匠　土地がないのでついつい隣家と密着させて家をつくってしまうのですが、後退距離をしっかりとって通風をよくすることも重要ですね

創　ここでは熱負荷低減の取組みを1つ以上していればレベル4、2つ以上していればレベル5としています

LR3.3.2　周辺温熱環境の改善　評価する取組み

1	敷地周辺への風通しに配慮し、敷地外の熱的な影響を低減する
2	敷地内に緑地等（水面を含む）を確保し、敷地外への熱的な影響を低減する
3	地表面被覆材に配慮し、敷地外への熱的な影響を低減する
4	建築外装材料等に配慮し、敷地外への熱的な影響を低減する

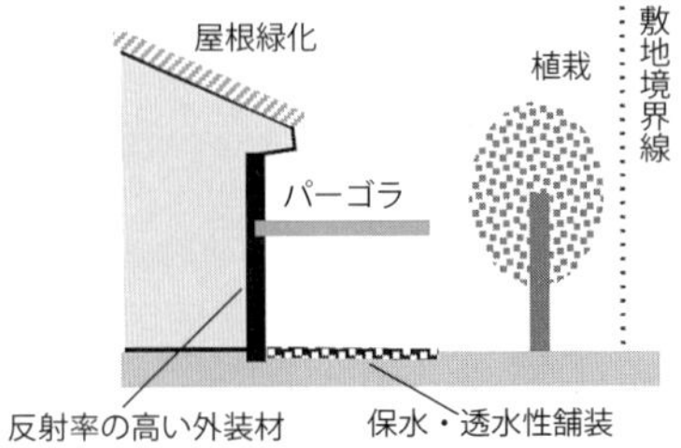

敷地内に涼をつくる取組み

評価を終えて……

創　これで、評価項目はすべて終わりました

匠　お疲れさまでした

奥様　なんだか家をみる視野がずい分と広がったような気がします

創　家をつくるとなると、すぐ間取りとかキッチンをどうするかとか……そんなところに目がいってしまいますから、ここまで総合的な項目を追っていくと全体がみえてきますね

匠　とはいっても、夢のマイホームが遠のいていくような気になりませんか？

奥様　たしかに現実ばかりを見せつけられて、夢は薄れてしまいそうですが、こうして専門家のお二人と一緒に評価していくうちに、エコロジーというのは特別なことではないし、面倒なことでもないような気がしてきました

創　そこがとても大切なところですね。自然とのコンタクトを上手にとることは快適で健康な生活を実現することでもありますから、夢ではなく確かなものに近づいていることが実感されているのだと思います

匠　さて、BEE はどんな結果になったのでしょうか……

第3章

CASBEEしてみよう

まずはマニュアルと評価ソフトをダウンロード

それでは、CASBEEを実際に使ってみましょう。その前に必要なものを揃えておきます。まずは、評価方法が詳しく載っている「マニュアル」と、BEEなどを計算してくれる「評価ソフト（専用のソフトウェア）」を用意します。これらは、ホームページから無料でダウンロードすることができます。
（http://www.ibec.or.jp/CASBEE/cas_home.htm）

これらに加えて、実際に評価する段階では、家の平面図・配置図や仕様書など、さまざまな情報が必要となります。中には設計者や工務店の協力が必要となる情報もありますし、評価方法そのものに専門的な知識が求められる場合もあります。このため、CASBEEの評価は、できれば建築士などの専門家と一緒に行うことが望まれます。

評価の流れは、次のようになります。

1. マニュアルとソフトウェアをダウンロード（あるいは IBEC で購入）します

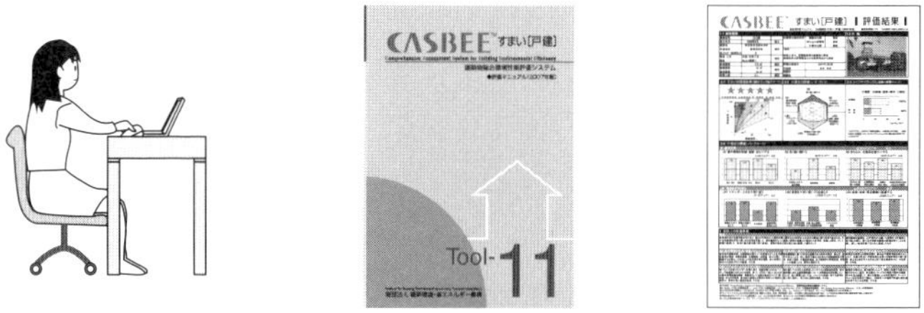

2. 54 項目について 5 段階で評価します

マニュアルに示される具体的な方法に従い、54 項目についての評価を行う

3. ソフトウェアに評価結果を入力すると、自動的に採点されて BEE などの結果が表示されます

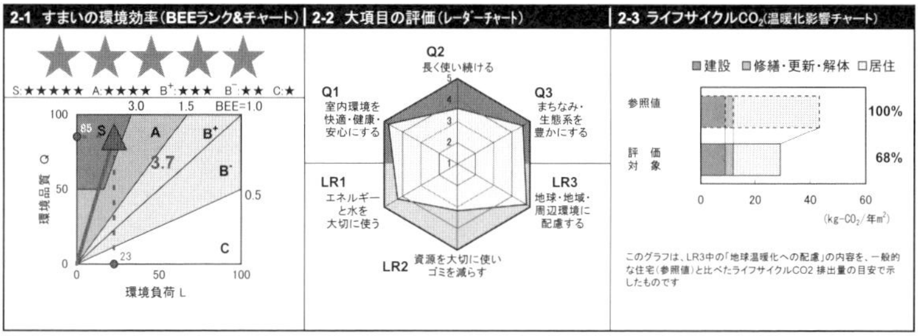

どのように評価するのか

CASBEEの評価は、マニュアルに示されている採点基準に従って行います。マニュアルには採点基準のほか、評価方法の詳しい「解説」や「語句の説明」など、評価に必要となるさまざまな情報が示されているので、必ず読むようにして下さい（図3–2）。

54項目にわたる評価の対象範囲は、建物本体だけでなく、**外構や居住者の持ち込み機器、建物供給側から居住者への情報提供、さらには部材製造段階や施工現場における取組み**までを含んでいます。これらを詳細に評価しようとすると、調査や実測が必要となったり、難しい計算が求められることになります。しかし、『CASBEE–すまい（戸建）』は住宅建設に関わる多くの人に利用されることを優先的に考えて、できるだけ簡単な方法を採用しています。例えば、「Q_H3.2.2　生物の生息環境の確保」では取組みの数で評価しています（図3-1）。

また、「日本住宅性能表示基準」などすでに活用されている既存の基準を多くの項目で引用しているのも、評価の簡便性に配慮したためです（図3-2）。

図3–1　取組みの数による評価の例

評価レベル

レベル	基準
レベル1	特に配慮なし。
レベル2	（該当するレベルなし）
レベル3	評価する取組みの1～5のうち、何れか1つ以上に取組んでいる。
レベル4	（該当するレベルなし）
レベル5	評価する取組みの1～5のうち、何れか3つ以上に取組んでいる。

評価する取組み

No.	取組み
1	＜移動経路の確保＞ 野鳥等が地域の中を移動することができるよう緑を連続させることに取組んでいる。
2	＜餌場の確保＞ 野鳥等が餌とすることができる食餌木を植栽すること等に取組んでいる。
3	＜住み処・隠れ場の確保＞ 野鳥等が隠れたり営巣したりできる空間の確保に取組んでいる。
4	＜水場の確保＞ 野鳥等が水を飲んだり水浴びができるような水場の確保に取組んでいる。
5	＜多孔質な空間の確保＞ より小さな生き物が生息・生育できるよう多孔質な資材を活用している。

図3-2 マニュアル採点基準の例

Q_H1 室内環境を快適・健康・安心にする

1. 暑さ·寒さ

1.1 基本性能

1.1.1 断熱・気密性能の確保

評価内容

暑さ・寒さに関する快適性を確保する建物の基本性能を 、外界との熱の出入りを抑制する機能で評価する。評価基準は「LR_H1.1.1 建物の熱負荷抑制」と同じである。

評価レベル

レベル	基準
レベル1	日本住宅性能表示基準「5-1 省エネルギー対策等級」における等級1を満たす。
レベル2	日本住宅性能表示基準「5-1 省エネルギー対策等級」における等級2を満たす。
レベル3	日本住宅性能表示基準「5-1 省エネルギー対策等級」における等級3を満たす。
レベル4	(該当するレベルなし)
レベル5	日本住宅性能表示基準「5-1 省エネルギー対策等級」における等級4を満たす。

【加点条件の有無】
※無し

【条件によるレベル変更】
※無し

【評価対象外】
※無し

解　説

室内における「夏の暑さ」と「冬の寒さ」を防ぐための建物の基本性能として、断熱・気密性能を評価する。

基準は「住宅の品質確保の促進等に関する法律」に規定する日本住宅性能表示基準の評価方法基準における「5-1省エネルギー対策等級」に準ずることとし、断熱地域区分ごとに定められた以下のいずれかの基準で評価する。

① 年間暖冷房負荷
② 熱損失係数等
③ 熱貫流率等

具体的な基準値および算出方法については、日本性能表示基準の評価方法基準を参照のこと。さらに詳しい算出方法は 、「住宅の省エネルギー基準の解説 」(IBEC) で詳細に解説されている。また、「Part III 3.2 評価のための参考情報」に断熱地域区分を示す。

(参考) 日本住宅性能表示基準「5-1省エネルギー対策等級」

省エネルギー対策等級	暖冷房に使用するエネルギーの削減のための断熱化等による対策の程度
等級4	エネルギーの大きな削減のための対策(エネルギーの使用の合理化に関する法律の規定による建築主の判断の基準に相当する程度)が講じられている
等級3	エネルギーの一定程度の削減のための対策が講じられている
等級2	エネルギーの小さな削減のための対策が講じられている
等級1	その他

評価ソフトを使ってみよう

1) 評価ソフトの構成

54の採点結果から、BEE_Hを計算するプロセスはとても複雑です。このため、この計算を自動的に行うことができる専用の評価ソフトが用意されています。はじめにダウンロードしたソフトがこれです。この評価ソフトは、汎用の表計算ソフト「エクセル（Microsoft社製）」を使って作られています（このため、本ソフトを利用するためにはパソコンにエクセルがインストールされていることと、エクセルの基本的な操作ができる必要があります）。

評価ソフトは14枚のワークシート（以下、単に「シート」）と呼ばれる画面から構成されています。このうち評価に関係するのは、ソフトウェアの開発者や使用上の注意事項が記されている「クレジットシート」を除く13枚のシートです。これらは図3–3に示すように、「入力を行うシート」と「計算に必要な情報シート」および「結果を表示するシート」に大きく分類されます。

評価ソフトを起動すると、まずは「メインシート」が表示されます。ここでは、建物の基本的な情報（建物名称、建設地、構造・構法、面積、竣工年など）と、評価の条件などを入力します。

次に、「採点Q1～LR3シート」「配慮シート」で採点結果や具体的な取組み内容を入力します。すると、「重みシート」「CO_2データシート」の情報を使ってパソコンが自動的に計算を行い、全採点項目のスコアと取組み内容を一覧で確認できる「スコアシート」、ライフサイクルCO_2の計算過程を確認できる「CO_2計算シート」、およびBEEなどの評価結果を表示する「結果シート」が完成します。

図3-3 評価ソフトの構成

入力を行うシート（計 8 枚）

- ・メインシート
- ・採点Q1シート
- ・採点Q2シート
- ・採点Q3シート
- ・採点LR1シート
- ・採点LR2シート
- ・採点LR3シート
- ・配慮シート

Q_H1 室内環境を快適・健康・安心にする

1　暑さ・寒さ
1.1　基本性能
1.1.1　断熱・気密性能の確保　　重み係数＝ 0.65

レベル 5	基準
レベル 1	日本住宅性能表示基準「5-1省エネルギー対策等級」における等級1を満たす。
レベル 2	日本住宅性能表示基準「5-1省エネルギー対策等級」における等級2を満たす。
レベル 3	日本住宅性能表示基準「5-1省エネルギー対策等級」における等級3を満たす。
レベル 4	(該当するレベルなし)
■レベル 5	日本住宅性能表示基準「5-1省エネルギー対策等級」における等級4を満たす。

具体的な取組み（概ね30文字）	次世代省エネ基準を満たす断熱性能、大型木製サッシの採用

自動計算

計算に必要な情報シート（計 2 枚）

・重みシート　　・CO_2データシート

重み係数

		補正後	補正前	補正前計	対象外の選択	既定重み
QH	すまいの環境品質			1.00		
QH1	室内環境を快適・健康・安心にする	0.450	0.450	1.000	1.000	0.450
1	暑さ・寒さ	0.500	0.500	1.000	1.000	0.500
1.1	基本性能	0.500	0.500	1.000	1.000	0.500
1.1.1	断熱・気密性能の確保	0.650	0.650		1.000	0.650
1.1.2	日射の調整機能	0.350	0.350		1.000	0.350
1.2	夏の暑さを防ぐ	0.250	0.250	1.000	1.000	0.250
1.2.1	風を取り込み、熱気を逃がす	0.500	0.500		1.000	0.500
1.2.2	適切な冷房計画	0.500	0.500		1.000	0.500
1.3	冬の寒さを防ぐ	0.250	0.250	1.000	1.000	0.250
1.3.1	適切な暖房計画	1.000	1.000		1.000	1.000
2	健康と安全・安心	0.300	0.300	1.000	1.000	0.300
2.1	化学汚染物質の対策	0.333	0.333		1.000	0.333
2.2	適切な換気計画	0.333	0.333		1.000	0.333
2.3	犯罪に備える	0.333	0.333		1.000	0.333
3	明るさ	0.100	0.100	1.000	1.000	0.100
3.1	昼光の利用	1.000	1.000		1.000	1.000
4	静かさ	0.100	0.100		1.000	0.100

重み係数(既定)

		建物全体
Q_H	すまいの環境品質	
Q_H1	室内環境を快適・健康・安心にする	0.45
1	暑さ・寒さ	0.50
1.1	基本性能	0.50
1.1.1	断熱・気密性能の確保	0.65
1.1.2	日射の調整機能	0.35
1.2	夏の暑さを防ぐ	0.25
1.2.1	風を取り込み、熱気を逃がす	0.50
1.2.2	適切な冷房計画	0.50
1.3	冬の寒さを防ぐ	0.25
1.3.1	適切な暖房計画	1.00
2	健康と安全・安心	0.30
2.1	化学汚染物質の対策	0.33
2.2	適切な換気計画	0.33
2.3	犯罪に備える	0.33
3	明るさ	0.10
3.1	昼光の利用	1.00
4	静かさ	0.10

結果を表示するシート（計3枚）

・スコアシート　　・CO_2計算シート　　・結果シート

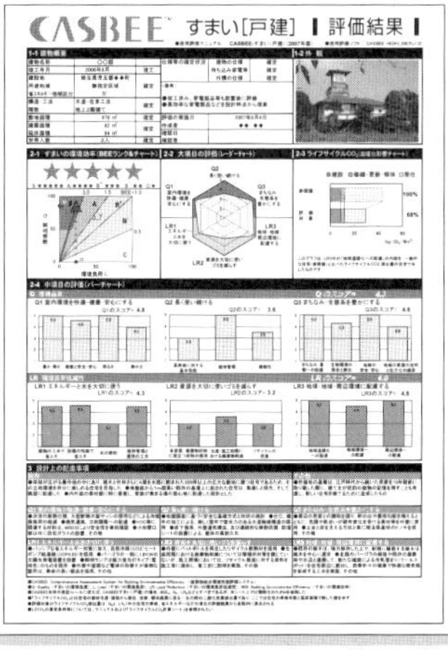

3 評価ソフトを使ってみよう

2) メインシート

■まずはメインシートの入力から

この評価ソフトでは、まず始めに「メインシート」の入力からスタートします。ここでは、評価対象となる建物の基本的な情報、評価の実施日と担当者、評価の条件を入力します。評価の条件とは、想定した条件のもとでの評価結果なのか、確定した後の評価結果なのかという区別です。想定での結果ならば、評価結果は将来変わる可能性があるということになります。これらの情報は評価結果を判断するうえでとても重要ですので、必ず入力するようにしてください。また、ここで入力する情報はすべて「結果シート」に表示されるため、未入力のままでは「結果シート」が完成しません。ただし、評価計算に使っているわけではないので、わからない部分を空欄にしたままでも BEE_H は計算されます。

■メインシートの構成

メインシートは大きく分けると、次の 4 つの部分で構成されています。

① 建物概要

建物の基本的な情報、および評価の条件を入力します。

② 仕様等の確定状況

各評価条件が「仮」の段階なのか、「確定」段階なのかを選びます。

③ 評価の実施

評価を実施した日、担当者を入力します。第三者による評価結果の確認を行っている場合などは、評価結果を確認した日付と担当者を入力します。

④ 各シートの表示

「●採点 Q1 ～ LR3」「●配慮」「●スコア」「● CO_2 計算」「●結果」などを選択すると、該当するシートが画面上に表示されます。エクセルのシート見出しタブと同じ機能です。

図3-4 メインシート画面の例

CASBEE™ すまい[戸建]

評価ソフト

バージョン CASBEE-H(DH)_2007(v1.0)

■使用評価マニュアル: CASBEE-すまい(戸建)(2007年版)

1)概要入力

① 建物概要

■建物名称	○○邸		
■竣工年月(予定/竣工)	2006年8月		竣工
■建設地	埼玉県児玉郡◆◆町		確定
■用途地区	無指定区域		
■省エネルギー地域区分	Ⅳ		
■パッシブ地域区分	い		
■構造・工法	木造・在来工法		確定
■階数	地上2階建て		
■敷地面積	977.62	㎡	確定
■建築面積	81.96	㎡	確定
■延床面積	84.05	㎡	
■世帯人数	2人		確定

② 仕様等の確定状況

■建物の仕様	確定
■持ち込み家電等	確定
■外構の仕様	確定
■備考	●竣工済み。家電製品等も設置後に評価 ●高効率な家電製品などを設計時点から提案

③ 評価の実施

■ 評価の実施日	2007年8月6日
■ 作成者	◆◆ ◆◆
■ 確認日	
■ 確認者	

3 評価ソフトを使ってみよう

3） 採点シート、配慮シート

■54の評価結果を入力する（採点シート）

「採点シート」は評価結果の入力を行うシートです。シートは大項目ごとに分かれており、全部で6枚あります。それぞれの評価結果の入力欄の下には、参考として、評価レベルごとに基準が表示されています。

さらに、この表の下には「具体的な取組み」記入欄を設けてあります。ここには具体的な取組み内容など、記録しておきたい情報を自由に記入します（図3–5）。

■大項目単位で取組みの全体像を記入（配慮シート）

「採点シート」では採点項目ごとに具体的な取組み内容などを入力しますが、「配慮シート」では大項目単位で取組みの全体像（考え方など）を記入します。ここに記載された内容は、そのまま「結果シート」に転記されます。

図3-5 採点シート画面の例

Q_H1 室内環境を快適・健康・安心にする

1　暑さ・寒さ
1.1　基本性能

1.1.1 断熱・気密性能の確保　　重み係数＝ 0.65

レベル 5	基準
レベル 1	日本住宅性能表示基準「5-1省エネルギー対策等級」における等級1を満たす。
レベル 2	日本住宅性能表示基準「5-1省エネルギー対策等級」における等級2を満たす。
レベル 3	日本住宅性能表示基準「5-1省エネルギー対策等級」における等級3を満たす。
レベル 4	（該当するレベルなし）
■レベル 5	日本住宅性能表示基準「5-1省エネルギー対策等級」における等級4を満たす。

具体的な取組み（概ね30文字）	次世代省エネ基準を満たす断熱性能、大型木製サッシの採用

1.1.2 日射の調整機能　　重み係数＝ 0.35

レベル 5	基準
レベル 1	レベル3を満たさない。
レベル 2	（該当するレベルなし）
レベル 3	該当する開口部の日射侵入率を、夏期に0.60以下とできる。
レベル 4	該当する開口部の日射侵入率を、夏期に0.45以下とできる。
■レベル 5	該当する開口部の日射侵入率を、夏期には0.30以下とでき、かつ冬期には概ね0.6以上とできる。

具体的な取組み（概ね30文字）	普通複層ガラス×レースのカーテン×庇

4) スコアシート、CO_2 計算シート

■入力情報と採点結果の一覧を表示（スコアシート）

「採点シート」で入力した54項目にわたる「評価結果」と「具体的な取組み」は、「スコアシート」に一覧の形で表示されます（図3-6）。ここで入力ミスがないかを確認することができますし、このシートをプリントアウトして「結果シート」とセットで提示することで、採点項目ごとの具体的な取組み内容までを相手に伝えることができます。

■ライフサイクル CO_2 の計算過程を表示（CO_2 計算シート）

地球温暖化への配慮を評価するライフサイクル CO_2 は、ソフトウェアにより自動的に計算されます。その計算過程を、「CO_2 計算シート」で確認することができます。シートの見方や計算方法などは、マニュアルに記載されています。

図3-6 スコアシート画面の例

CASBEE-すまい（戸建）（2007年版）
○○邸

■使用評価マニュアル：CASBEE-すまい（戸建）（2007年版）
■評価ソフト：CASBEE-H(DH)_2007(v1.0)

スコアシート

配慮項目	具体的な取組み一覧	評価点	重み係数	全体
Q_H すまいの環境品質				4.3
Q_H1 室内環境を快適・健康・安心にする			0.45	4.8
1 暑さ・寒さ		5.0	0.50	5.0
1.1 基本性能		5.0	0.50	
1 断熱・気密性能の確保	次世代省エネ基準を満たす断熱性能、大型木製サッシの採用	5.0	0.65	
2 日射の調整機能	高性能木製サッシを採用	5.0	0.35	
1.2 夏の暑さを防ぐ		5.0	0.25	
1 風を取り込み、熱気を逃がす	風向調査し通風経路を設定。夜間も安心して開放できるサッシ周り	5.0	0.50	
2 適切な冷房計画	適正能力の冷房機器の設置	5.0	0.50	
1.3 冬の寒さを防ぐ		5.0	0.25	
1 適切な暖房計画	適正能力の暖房機器の設置	5.0	1.00	-
2 健康と安全・安心		4.6	0.30	4.6
2.1 化学汚染物質の対策	F★★★★相当建材を採用の上、MSDSにて含有物質を確認	5.0	0.33	
2.2 適切な換気計画	上下温度差を利用した自然換気機能を果たす望楼の設置	5.0	0.33	
2.3 犯罪に備える	防犯ガラス、2重ロック機構の施錠（玄関戸）を採用	4.0	0.33	
3 明るさ		5.0	0.10	5.0
3.1 昼光の利用	望楼に高窓を設置	5.0	1.00	
4 静かさ	―	4.0	0.10	4.0
Q_H2 長く使い続ける		―	0.30	3.6
1 長寿命に対する基本性能		3.0	0.50	3.0
1.1 躯体	基礎高さを除く部分はﾚﾍﾞﾙ5を満たす対策を実施	3.0	0.30	
1.2 外壁材	―	3.0	0.10	
1.3 屋根材、陸屋根（バルコニー）	ガルバリウム鋼板を採用	3.0	0.10	
1.4 自然災害に耐える	―	3.0	0.30	
1.5 火災に備える		3.0	0.20	
1 火災に耐える構造（開口部以外）	―	-	-	
2 火災の早期感知	―	3.0	1.00	
2 維持管理		5.0	0.25	5.0
2.1 維持管理のしやすさ	配管はｺﾝｸﾘｰﾄに埋めず、給水給湯にﾍｯﾀﾞｰ配管を採用	5.0	0.65	
2.2 維持管理の体制	設計趣旨や使い勝手、手入方法等を住まい方BOOKにて解説	5.0	0.35	
3 機能性		3.5	0.25	3.5
3.1 広さと間取り	―	3.0	0.50	
3.2 バリアフリー対応	―	4.0	0.50	
Q_H3 まちなみ・生態系を豊かにする		―	0.25	4.6
1 まちなみ・景観への配慮	周辺民家の軒の出や屋根勾配、色調を考慮。	5.0	0.30	5.0
2 生物環境の保全と創出		4.3	0.30	4.3
2.1 敷地内の緑化	既存の植栽地を保全	4.0	0.65	
2.2 生物の生息環境の確保	既存の植栽地を保全	5.0	0.35	
3 地域の安全・安心	―	5.0	0.20	5.0
4 地域の資源の活用と住文化の継承	土台と床を支える方杖と束には埼玉県産材のヒノキを採用	4.0	0.20	4.0

3 評価ソフトを使ってみよう

5） 結果シート

「結果シート」は図3–7で示すように、建物概要・外観、評価条件、および全ての評価結果を1枚のシートで表現したものです。プリンターで印刷すると、A4サイズ1枚に収まるようになっています。

以下に、それぞれの表示内容についてのポイントを示します。

【建物概要・外観】

「メインシート」で入力した、建物概要、評価の実施日・担当者、評価の条件が表示されます。また、このシートがどの建物かをすぐに認識できるように、建物の外観を表示するスペースも設けています。

【評価結果】

大きく4つの結果に分類されて表示されます。★印が表示されている枠内「2–1 すまいの環境効率（BEEランク＆チャート）」が、CASBEEのランキング図（格付け）です。評価結果の最初に表示することで、CASBEE最大の特徴である総合評価を一目瞭然でわかるようにしています。

大項目・中項目ごとのスコアを表示するのが、「2–2 大項目の評価（レーダーチャート）」と「2–4 中項目の評価（バーチャート）」です。評価している住宅が、どの分野でどれ程高く評価されているのか、あるいは取組みが不足しているのかを、これらの図で確認することができます。中項目ごとの評価のバーチャートを見ると、スコア（図の縦軸）3のラインが赤く表示されています。これは、今の日本の一般的な住宅のレベルを示しています。この線と評価結果を比較することで、取組みのレベルを客観的に判断することができます。

地球温暖化への配慮の度合いを表示するのが、「2–3 ライフサイクルCO_2（温暖化影響チャート）」です。評価対象建物の建設から解体・処分までのライフサイクルに及ぶCO_2排出量の目安を、一般的な住宅（参照値）との比較で示しています。

【設計上の配慮事項】

ここには、「配慮シート」で入力した内容がそのまま転記されます。上のチャートだけでは読み取ることのできない取組みに関する詳細な情報や考え方などが記載されていると、より一層、評価結果に対する理解が深まります。

詳細な使い方については、マニュアルを参照してください。また、不明な点はホームページ（http://www.ibec.or.jp/CASBEE/cas_home.htm）、あるいは電子メール（casbee-home@ibec.or.jp）で問合せてください。

図3-7　結果シート画面の例

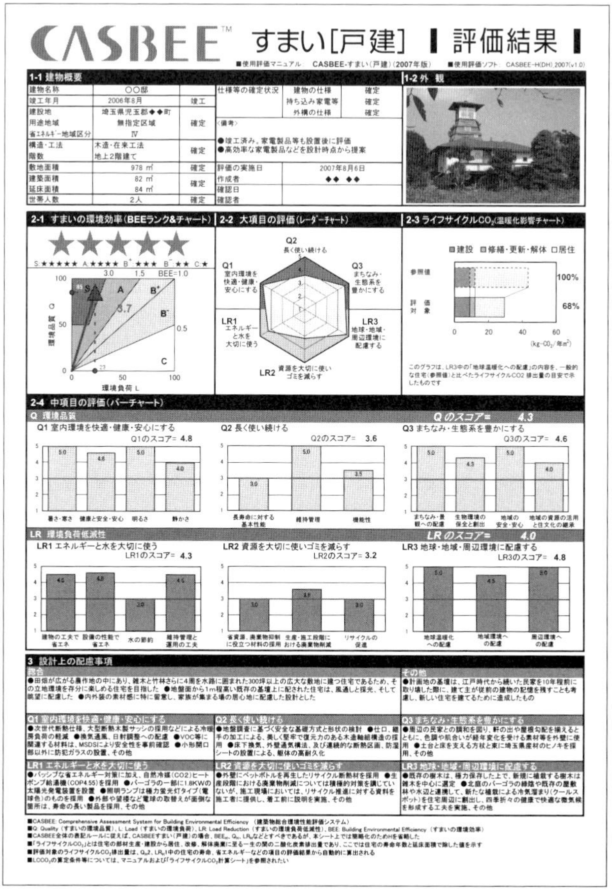

第4章

CASBEEしてみると

CASBEEで戸建住宅を評価する

CASBEEは一見複雑に見え、評価も難しそうです。でも、前章で解説したように、『CASBEE–すまい（戸建）』はなによりも多くの方々に使いやすく、時間をかけなくても評価できるように開発されました。どんな取組みをしたのか、箇条書きの文章で書き入れるところもありますが、多くはパソコン上で評価ソフトの画面にチェックを入れる作業で済みます。計算やグラフの作成は自動的に瞬時にパソコンがしてくれます。やってみるのが一番です。

第4章では、こんな住宅を評価するとこんな結果になるという具体的なイメージを持っていただくため、戸建住宅を評価した事例をいくつか紹介します。まず、4-2では実際に建てられた、あるいは計画されている優れた戸建住宅のCASBEE評価事例を紹介します。次に4-3では、実在する一軒の住宅について、仕様や性能、取組みを替えてみると、どのようにCASBEEの評価結果が変化するのか、をご覧いただきます。

4-2　BEE評価が高い優れた実例

1）東京の既存住宅地に立つ戸建住宅：
　（◆木造・在来構法　◆BEEランク★★★★）
2）東京郊外のニュータウンに立つ戸建住宅：
　（◆鉄骨・軸組構法　◆BEEランク★★★★）
3）京都の既存住宅地に立つ戸建住宅：
　（◆木造・在来構法　◆BEEランク★★★★）
4）北九州郊外のニュータウンに立つ戸建住宅：
　（◆木造・在来構法　◆BEEランク★★★★）
5）埼玉の田園地域に立つ戸建住宅：
　（◆木造・在来構法　◆BEEランク★★★★★）
6）北海道の田園地域に立つ戸建住宅：
　（◆木造・在来構法　◆BEEランク★★★★）

4-3　実在する一軒の住宅について仕様や性能を替えた場合の評価例

（共通条件：首都圏近郊のニュータウン、敷地 200m^2、延床面積 128m^2、木造・在来構法・地上 2 階建、単世帯 4 人）

1）ほとんど環境に配慮していない場合：

BEE ランク★

2）あまり環境に配慮していない一般的な仕様の場合：

BEE ランク★★

3）やや快適性を高めた一般的な仕様の場合：

BEE ランク★★★

4）日照や緑、風を積極的に活かした自然共生型の場合：

BEE ランク★★★★

5）太陽光発電システムや高効率な設備機器を導入した場合：

BEE ランク★★★★

6）最大限に環境に配慮した場合：

BEE ランク★★★★★

BEE評価が高い優れた事例

1)　東京の既存住宅地に立つ戸建住宅

- ◆ 木造・在来構法
- ◆ 竣工済み
- ◆ BEE = 2.5：★★★★
- ◆ ライフサイクル CO_2 排出率 93%

【概　要】

自然エネルギーを活用した家づくりを目指し、断熱・気密化を図りながら、夏季には全開放可能な開口部としました。屋根頂部にはハイサイドライトを兼ねた熱気抜き窓を設置し空気の淀みをなくすなど、立体的な間取りに配慮しました。総揮発性有機化合物（TVOC）の発生源になる建材を極力使用せず、良好な室内空気環境づくりを目指しています。

【Q1　スコア 4.2】

快適な温熱環境づくりには、自然エネルギーを有効に活用することが第一と考え、太陽の光や熱、風を自然に室内に採り入れる設計としました。開口部と軒先回りは季節毎の太陽高度を意識し、夏には陽を遮り、逆に冬には十分に陽を室内に取り入れられるように工夫しています。

【Q2　スコア 4.2】

住宅の耐久性・耐用性を高めるため、木と木で組む木軸同士の接合部の細工に工夫し、使用する木材は部位に応じた適材適所な樹種選定を徹底しました。また間取りの変更にも柔軟に対応できる架構を重要視しました。住宅の寿命を大きく左右する設備配管類は床から吊り下げ、劣化の防止と維持管理のしやすさに配慮しました。基礎コンクリートの強度維持のため、防湿対策なども実施

CASBEE™ すまい[戸建] 評価結果

■使用評価マニュアル: CASBEEすまい(戸建)(2007年版)　■使用評価ソフト: CASBEE-H(DH)_2007(v1.0)

1-1 建物概要

建物名称	◆◆邸		仕様等の確定状況	建物の仕様	確定
竣工年月	2004年4月	竣工		持ち込み家電等	確定
建設地	東京都練馬区			外構の仕様	確定
用途地域	第1種低層住居専用地域	確定	〈備考〉		
省ｴﾈﾙｷﾞｰ地域区分	Ⅳ				
構造・工法	木造・在来工法	確定			
階数	地上2F				
敷地面積	266 ㎡	確定	評価の実施日	2007年3月26日	
建築面積	76 ㎡	確定	作成者	◆◆ ◆◆	
延床面積	134 ㎡		確認日	2007年3月26日	
世帯人数	夫婦+子供2人	確定	確認者	◆◆ ◆◆	

1-2 外観

2-1 すまいの環境効率(BEEランク&チャート)

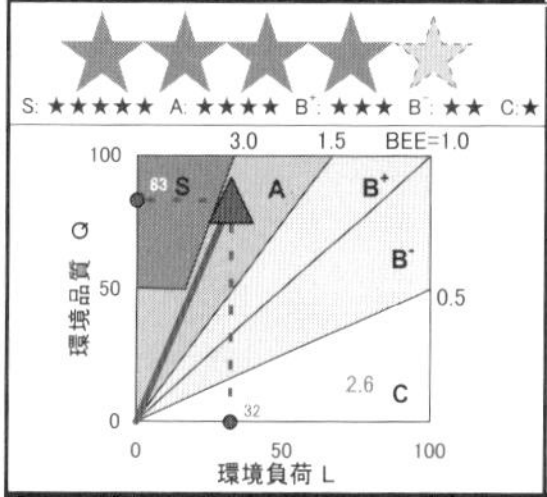

2-2 大項目の評価(レーダーチャート)

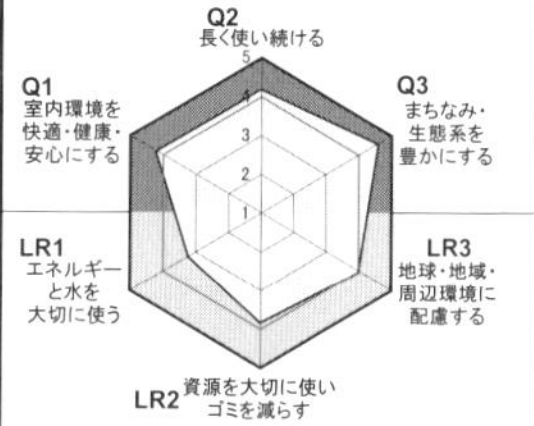

2-3 ライフサイクルCO₂(温暖化影響チャート)

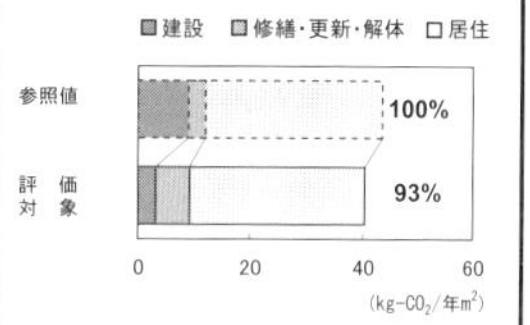

このグラフは、LR3中の「地球温暖化への配慮」の内容を、一般的な住宅(参照値)と比べたライフサイクルCO2 排出量の目安で示したものです

2-4 中項目の評価(バーチャート)

Q 環境品質　*Qのスコア= 4.3*

Q1 室内環境を快適・健康・安心にする

Q1のスコア= **4.2**

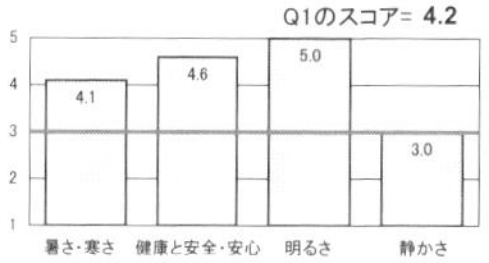

Q2 長く使い続ける

Q2のスコア= **4.2**

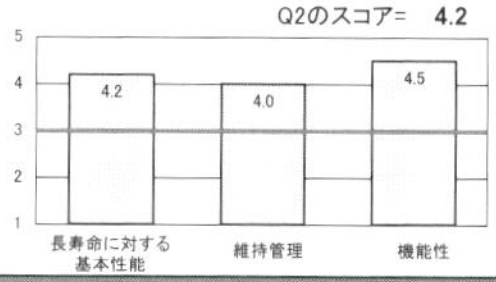

Q3 まちなみ・生態系を豊かにする

Q3のスコア= **4.6**

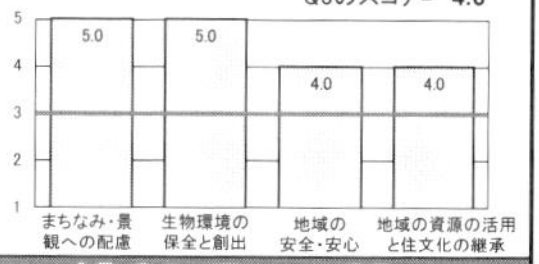

LR 環境負荷低減性　*LRのスコア= 3.7*

LR1 エネルギーと水を大切に使う

LR1のスコア= **3.2**

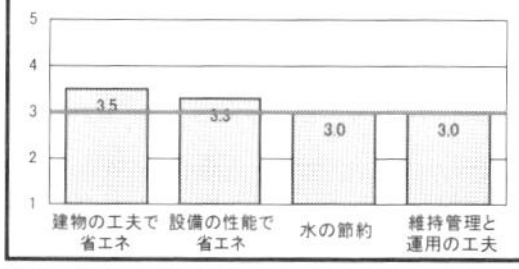

LR2 資源を大切に使いゴミを減らす

LR2のスコア= **3.8**

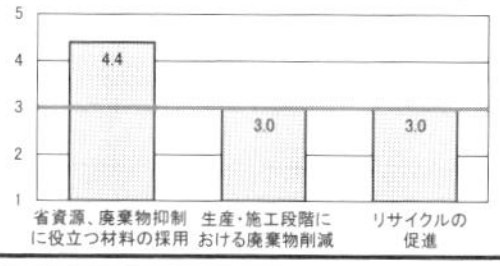

LR3 地球・地域・周辺環境に配慮する

LR3のスコア= **4.0**

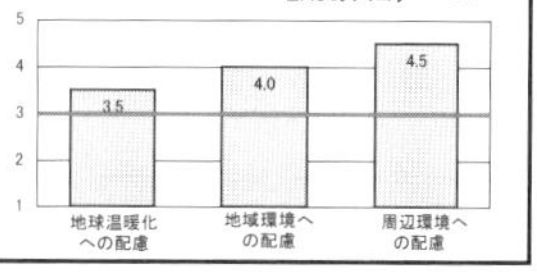

3 設計上の配慮事項

総合

●自然エネルギーを優先活用した家づくり。断熱気密化を図りながら、夏季には全開放可能な開口部づくりとした。●T・VOCの発生源になる建材使用の抑制化で、室内空気環境づくりの機能的デザインを目指す。●屋根頂部には、ハイサイドライトを兼ねた熱抜き窓を設置することで、空気の淀みをなくす、パッシブな容積的間取りに配慮した。

その他

Q1 室内環境を快適・健康・安心にする

●自然エネルギーの有効活用を優先した温熱環境づくり。●太陽光・熱や風をパッシブに採り入れるプランニングとし、機械的設備は自然エネルギーの補助的装置とする順序立てとした。●季節毎の太陽高度を意識した開口部と軒先回りの機能的設計.

Q2 長く使い続ける

●木軸接合部をはじめ、間取り変更にも柔軟性あるフレームワーク。●適材適所な樹種選定と木組の徹底。●建築寿命を左右する各種配管を中空に設置し、劣化防止と維持管理のしやすさを考慮。●基礎強度維持の為の周辺防湿対策などを吟味。

Q3 まちなみ・生態系を豊かにする

●計画地の緑環境の保全を計る為、既存生態系に影響を及ぼさない配置設計に留意。●雨水の自然浸透の妨げない外構計画を実施。●一時移植の既存植栽の復帰も実現。●建築的には無彩色大屋根の単純形態で馴染ませ、まちなみに配慮

LR1 エネルギーと水を大切に使う

●冬の日射熱の有効利用はもとより、夏季の換気を促進する外気の積極的導入など完全パッシブを前提にする。●機械空調に頼らないよう、開口部を空気環境づくり優先にデザイン。●敷地全体で雨水の自然浸透外構づくりも怠らない。

LR2 資源を大切に使いゴミを減らす

●軸組み木材は、計画伐採林材採用を標準仕様化。適材適所の樹種選定も設計監理項目とする。●ゴミ対策は、使用材料の歩留まり率向上を意識した採寸的設計を徹底。●木材2次加工品の不採用。尺換モジュール設計の徹底など、材を使い切る検討。

LR3 地球・地域・周辺環境に配慮する

●緑の多い静寂な住宅地で、住戸間距離もゆとりある街並みを形成している。この景観の中で育まれた微気候を更に育成すべく家と庭づくりを心掛けた。●周辺への熱負荷的影響を及ぼさない風通しを考慮。●外観にあっては裏表のないデザインとした。

■CASBEE: Comprehensive Assessment System for Building Environmental Efficiency (建築物総合環境性能評価システム)
■Q: Quality (すまいの環境品質)、L: Load (すまいの環境負荷)、LR: Load Reduction (すまいの環境負荷低減性)、BEE: Building Environmental Efficiency (すまいの環境効率)
■CASBEE全体の表記ルールに従えば、CASBEEすまい(戸建)の場合、BEE_H、Q_H、LR_Hなどとすべきであるが、本シート上では簡略化のためHを省略した
■「ライフサイクルCO_2」とは住宅の部材生産・建設から居住、改修、解体廃棄に至る一生の間の二酸化炭素排出量であり、ここでは住宅の寿命年数と延床面積で除した値を示す
■評価対象のライフサイクルCO_2排出量は、Q_H2、LR_H1中の住宅の寿命、省エネルギーなどの項目の評価結果から自動的に算出される
■$LCCO_2$の算定条件等については、マニュアルおよび「ライフサイクルCO_2計算シート」を参照されたい

2 BEE評価が高い優れた事例

しています。

【Q3　スコア 4.6】

敷地の樹木群をはじめ緑地環境の保全を図りながら、既存生態系への影響を抑える配置計画とし、雨水の自然浸透を促す外構整備や、既存樹木を一時移植のうえ、再度活用することなどに取組んでいます。街並みに対しては、豊かな緑から感じられる安心感を促しながら、単純大屋根型の建築形態を周辺に馴染ませることに配慮し、色彩も無彩色をベースに落ち着いた景観形成を意図しています。

【LR1　スコア 3.2】

機械設備による空調エネルギー消費量の削減を目指し、とりわけ自然エネルギーの積極的活用を最優先し、冬の日射熱の利用や、夏季の換気を促進する外気の積極的導入など完全パッシブを目指した設計としました。

【LR2　スコア 3.8】

構造躯体、つまり軸組み木材すべてについて、計画伐採林材を標準的に採用しています。建設副産物対策としては、使用材料の無駄を極力少なくすることを意識した寸法体系と、木材二次加工品の非採用や尺貫モジュール設計の徹底など、入手した木材を使い切ることを目指しました。

【LR3　スコア 4.0】

周辺は緑の多い静寂な住宅地で、住戸間距離も比較的ゆとりある街並みを形成しています。この環境の中で育まれた微気候をさらに良好にする家と庭づくりが不可欠と考え、周辺への熱負荷的な影響をなどを及ぼさない風通しの良いボリューム設計を行っています。さらに外観デザインにあっては、いわゆる裏表のない表情づくりを吟味しました。

2） 東京郊外のニュータウンに立つ戸建住宅

◆ 鉄骨・軸組構法（工業化住宅）
◆ 竣工済み
◆ BEE ＝ 2.7：★★★★
◆ ライフサイクル CO_2 排出率 68%

【概　要】

環境・街並みに配慮し開発された分譲地に建つ、環境を配慮し建てられた工業化鉄骨軸組み住宅です。建物は基本性能である断熱・気密性能、躯体の耐久性ともレベル 5 を有し、設備機器、家電製品も省エネ型、節水型機器を多く取り入れています。庭には在来種を中心に多様な植樹を行い､芝を植えました。敷地境界部は、見通し確保のため生垣を用いています。

【Q1　スコア 3.7】

断熱・気密性能は品確法省エネ対策の最高等級を満たしたうえ、居室は二方向開口にするなど通風にも気を使っています。主暖房を床暖房とし、専用の全体換気システムを用いることで、高い室内環境の質を実現しています。加湿器や浴室にミストサウナを設置するなど、健康配慮を行っています。

【Q2　スコア 4.4】

躯体の耐久性については、レベル 5 を有しています。火災に対しては台所、居室に火災警報機を設置し、安全性を確保しています。また長く住み続けるためのメンテナンス、サポート体制も充実しています。

【Q3　スコア 4.4】

自然環境、街並みに配慮し開発された分譲地にあって、庭には地域の在来種を中心に多様な種類の植樹を行っています。また、接道部や隣地境界部には 1.2m の生垣を配置し、見通しを確保しています。

2 BEE評価が高い優れた事例

【LR1　スコア 3.6】

レベル5を満たす断熱・気密性能で、建物自体の熱負荷を低減しました。また、潜熱回収型暖房給湯器を採用したうえ、配管放熱を少なくするよう浴室近くに設置し、あわせて暖房給湯用のエネルギー消費量を削減しました。その他、主照明には蛍光灯、高効率コンロ、高効率便座、節水型便器、食洗機、泡沫水栓など、省エネ、節水型機器を多く採用しています。

【LR2　スコア 3.6】

再資源化建材を多く使用しているだけでなく、生産時や施工時に発生する建設副産物の再資源化に取組んでいます。

【LR3　スコア 4.5】

設備機器は、低騒音タイプを採用したうえ、隣家と充分な距離をとって設置しています。外構については、過半を植栽または芝生としており、舗装部分を最小限にしています。

CASBEE™ すまい[戸建] 評価結果

■使用評価マニュアル: CASBEE-すまい(戸建)(2007年版)　■使用評価ソフト: CASBEE-H(DH)_2007(v1.0)

1-1 建物概要

建物名称	SG邸	
竣工年月	2006年11月	竣工
建設地 用途地域 省エネルギー地域区分	東京都稲城市 第1種住居専用地域 IV	確定
構造・工法 階数	鉄骨・軸組み工法 地上2F	確定
敷地面積	0 ㎡	確定
建築面積 延床面積	62 ㎡ 117 ㎡	確定
世帯人数	夫婦＋子1名	確定

仕様等の確定状況	建物の仕様	確定
	持ち込み家電等	確定
	外構の仕様	確定
<備考>		
評価の実施日	2007年3月14日	
作成者	◆◆ ◆◆	
確認日	2007年3月14日	
確認者	◆◆ ◆◆	

1-2 外観

2-1 すまいの環境効率(BEEランク&チャート)

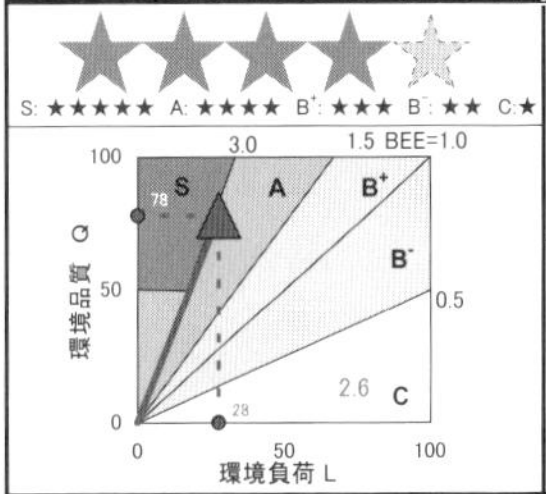

2-2 大項目の評価(レーダーチャート)

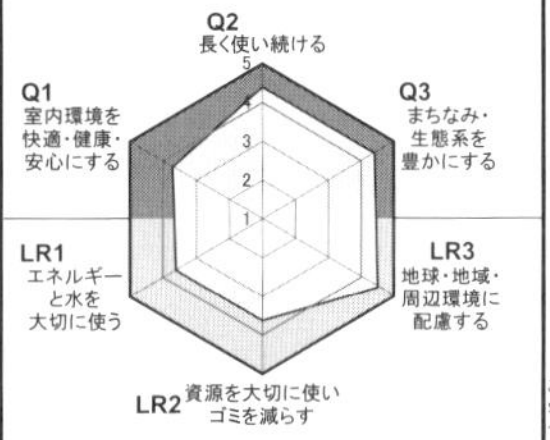

2-3 ライフサイクルCO_2(温暖化影響チャート)

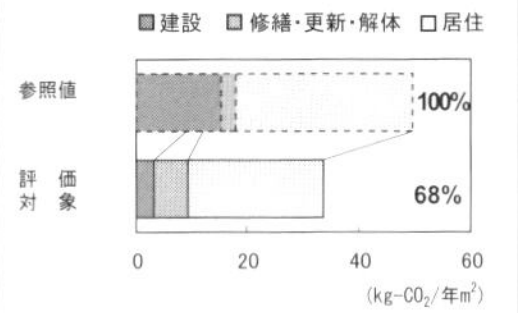

このグラフは、LR3中の「地球温暖化への配慮」の内容を、一般的な住宅(参照値)と比べたライフサイクルCO2 排出量の目安で示したものです

2-4 中項目の評価(バーチャート)

Q 環境品質　Q のスコア= 4.1

Q1 室内環境を快適・健康・安心にする　Q1のスコア= 3.7

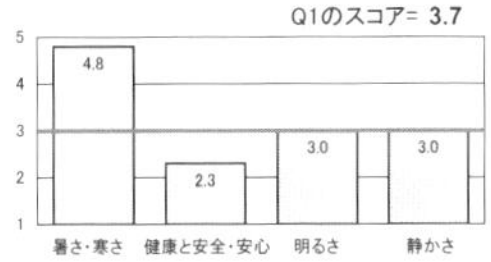

Q2 長く使い続ける　Q2のスコア= 4.4

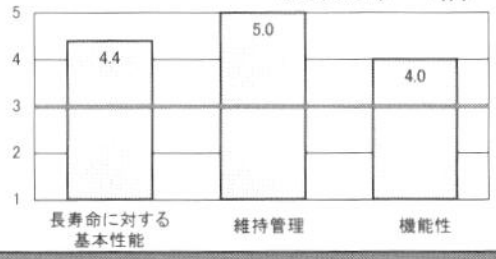

Q3 まちなみ・生態系を豊かにする　Q3のスコア= 4.4

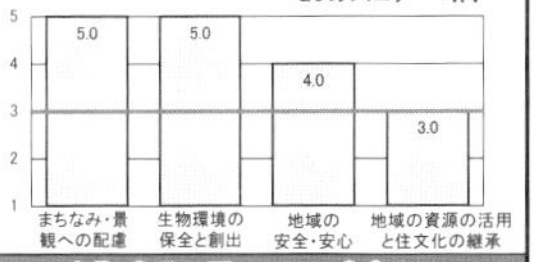

LR 環境負荷低減性　LR のスコア= 3.8

LR1 エネルギーと水を大切に使う　LR1のスコア= 3.6

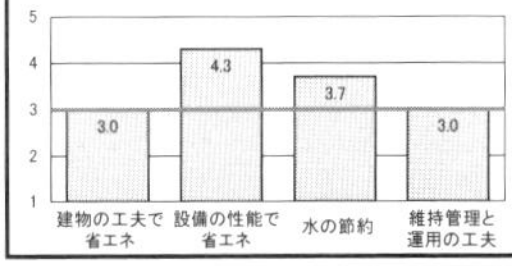

LR2 資源を大切に使いゴミを減らす　LR2のスコア= 3.6

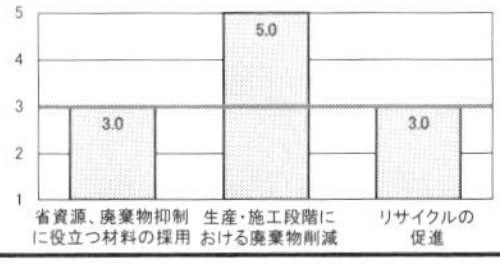

LR3 地球・地域・周辺環境に配慮する　LR3のスコア= 4.5

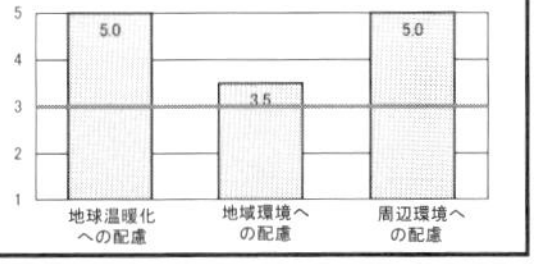

3 設計上の配慮事項

総合

●環境・街並みに配慮した分譲開発地に、環境を配慮し建てられた工業化鉄骨軸組み住宅。●建物は基本性能である断熱気密性能、耐久性とも最高等級。●設備機器、家電製品も省エネ型、節水型機器を多く採用。●庭には地域固有種を中心に多様な植樹を行い芝を植え、境界は見通し確保のため生垣を用いている。●街並みから建物・外構まで環境を配慮した住宅となっている。

その他

Q1 室内環境を快適・健康・安心にする

●断熱・気密性能は最高等級を有し、各居室は2方向開口とし通風にも気を使っている。●主暖房を床暖房、全体換気に専用の換気システムを用いて高い室内環境を実現するとともに、浴室にはミストサウナ、各居室には加湿器を設置し、健康配慮を行っている。

Q2 長く使い続ける

●品確法の耐久性では最高等級を有する。●すべての台所、居室に火災警報器を設置し火災に対して安全性を確保。●長く住み続けるためのメンテナンス、サポート体制を充実している。

Q3 まちなみ・生態系を豊かにする

●自然環境、街並みに配慮された分譲地開発がなされており、庭には地域の在来種を中心に多様な種の植樹を行っている。●接道、隣地境界には1．2mの生垣を中心に配置し見通しを確保している。

LR1 エネルギーと水を大切に使う

●建物自体の熱負荷を次世代断熱仕様で低減。●暖房給湯の熱源には、潜熱回収型暖房給湯機を使用、浴室近くに設置し、配管放熱を低減。●主照明は蛍光灯、高効率コンロ、高効率便座、節水型便器、食洗機、泡沫水栓等、省エネ、節水型機器を多く取り入れている。

LR2 資源を大切に使いゴミを減らす

●再資源化建材を多く使用しているだけでなく、生産時や施工時に発生する廃棄物を再資源化している。

LR3 地球・地域・周辺環境に配慮する

●設備機器は、低騒音、隣家と充分な距離をとって設置している。●外構の過半を植栽または芝生としており、舗装部分を最小限にしている。

■CASBEE: Comprehensive Assessment System for Building Environmental Efficiency (建築物総合環境性能評価システム)
■Q: Quality (すまいの環境品質)、L: Load (すまいの環境負荷)、LR: Load Reduction (すまいの環境負荷低減性)、BEE: Building Environmental Efficiency (すまいの環境効率)
■CASBEE全体の表記ルールに従えば、CASBEEすまい(戸建)の場合、BEE_H、Q_H、LR_Hなどとすべきであるが、本シート上では簡略化のためHを省略した
■「ライフサイクルCO_2」とは住宅の部材生産・建設から居住、改修、解体廃棄に至る一生の間の二酸化炭素排出量であり、ここでは住宅の寿命年数と延床面積で除した値を示す
■評価対象のライフサイクルCO_2排出量は、Q_H2、LR_H1中の住宅の寿命、省エネルギーなどの項目の評価結果から自動的に算出される
■$LCCO_2$の算定条件等については、マニュアルおよび「ライフサイクルCO_2計算シート」を参照されたい

2 BEE評価が高い優れた事例

3） 京都の既存住宅地に立つ戸建住宅

◆ 木造・在来構法
◆ 竣工済み
◆ BEE ＝ 2.6：★★★★
◆ ライフサイクル CO_2 排出率 92%

【概　要】

敷地は、有名な観光寺院の近くにありながら閑静で、東南方向に隣接する小川をはさんで遠く田園の広がりを見下ろす位置にあります。風の通りや日当たりなど、高低差のある敷地の特色を最大に活かすように設計しました。木材は国産材を基本とし、できる限り地場産材や京都の特産である北山丸太などを用いています。古材や廃棄に関してもリスクの少ない自然素材を用い、伝統的な職人たちの手仕事による家づくりを行いました。

山や材木店に施主と同行し、使う木材や古材などの確認を行ったり、塗装など施主が参加できる場面をつくり、建物の知識やメンテナンスの方法などを伝え、住まいへの愛着を持ってもらうよう取組んでいます。

【Q1　スコア 4.0】

自然素材やホルムアルデヒド発散建築材料を定めた告示の対象となっていない建材を使用することで、化学汚染物質の発生を抑えています。また、自然光・風を取り込み、できるかぎり設備に頼らずに快適な室温調整ができるようにしました。

【Q2　スコア 3.4】

木材に無理のない構造とし、腐食・虫害などの被害を受けないように工夫しました。維持管理のしやすい材料を使用し、点検スペースを設けています。

CASBEE™ すまい[戸建] 評価結果

■使用評価マニュアル: CASBEE-すまい(戸建)(2007年版)　■使用評価ソフト: CASBEE-H(DH)_2007(v1.0)

1-1 建物概要

建物名称	●●●の家		仕様等の確定状況	建物の仕様	確定
竣工年月	2005年12月	竣工		持ち込み家電等	確定
建設地 用途地域 省ｴﾈﾙｷﾞｰ地域区分	京都市右京区 第1種低層住居専用地域 Ⅳ	確定		外構の仕様	確定
構造・工法 階数	木造・在来工法 地上2F	確定	〈備考〉		
敷地面積	408 ㎡	確定	評価の実施日	2007年3月27日	
建築面積 延床面積	86 ㎡ 134 ㎡	確定	作成者	◆◆ ◆◆	
			確認日	2007年3月27日	
世帯人数	夫婦＋子2名	確定	確認者	◆◆ ◆◆	

1-2 外 観

2-1 すまいの環境効率(BEEランク&チャート)

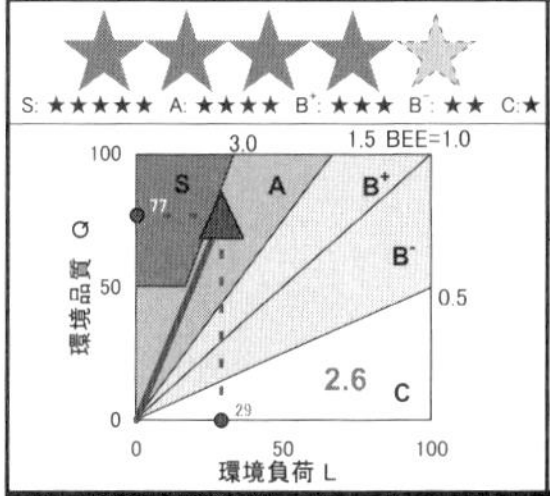

2-2 大項目の評価(レーダーチャート)

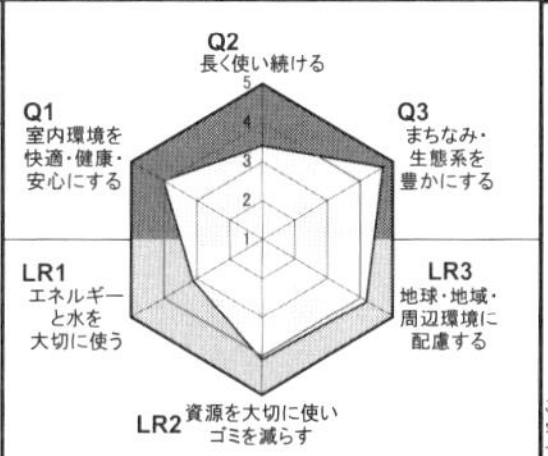

2-3 ライフサイクルCO_2(温暖化影響チャート)

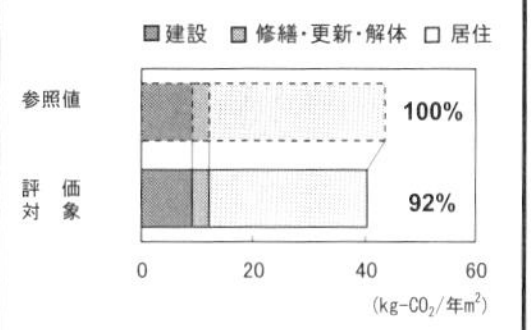

このグラフは、LR3中の「地球温暖化への配慮」の内容を、一般的な住宅(参照値)と比べたライフサイクルCO2 排出量の目安で示したものです

2-4 中項目の評価(バーチャート)

Q 環境品質　*Qのスコア= 4.0*

Q1 室内環境を快適・健康・安心にする　Q1のスコア= **4.0**

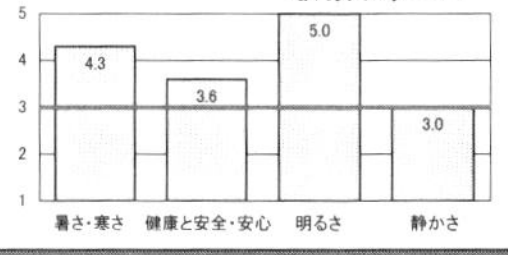

Q2 長く使い続ける　Q2のスコア= **3.4**

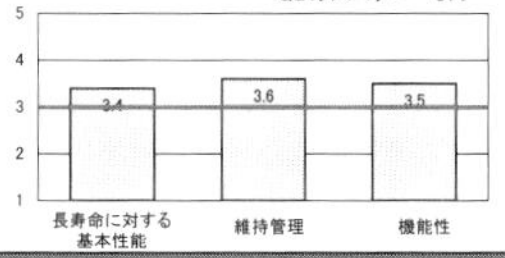

Q3 まちなみ・生態系を豊かにする　Q3のスコア= **4.7**

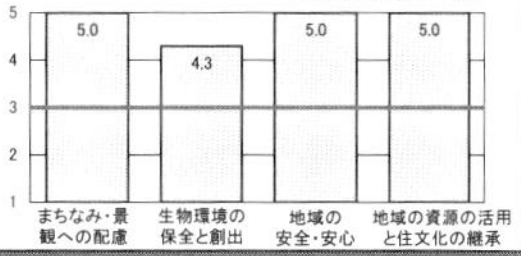

LR 環境負荷低減性　*LRのスコア= 3.8*

LR1 エネルギーと水を大切に使う　LR1のスコア= **3.1**

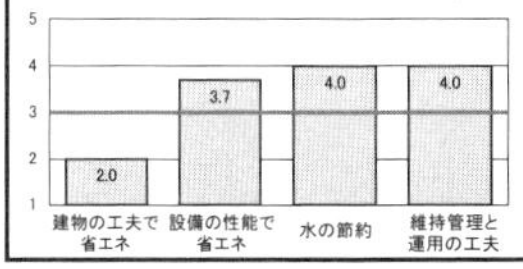

LR2 資源を大切に使いゴミを減らす　LR2のスコア= **4.1**

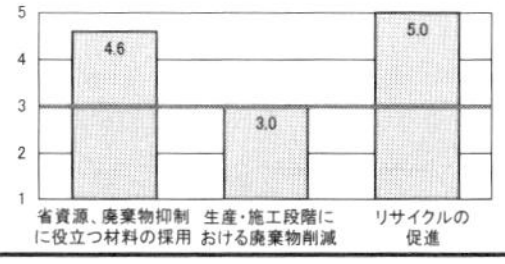

LR3 地球・地域・周辺環境に配慮する　LR3のスコア= **4.2**

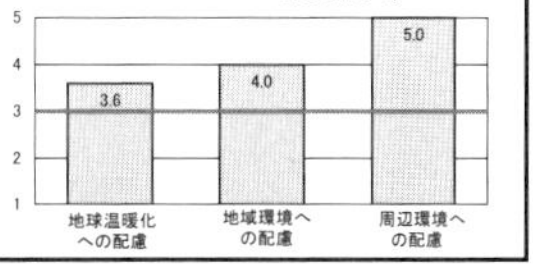

3 設計上の配慮事項

総合

●風の通りや日当たり等、高低差のある敷地の特色を最大に活かすように設計。●木材は国産材を基本とし、出来る限り地場産材や京都の特産である北山丸太等を採用。●古材や廃棄に関してもリスクの少ない自然素材を用い、伝統的な職人たちの手仕事による家づくりを実現。●山や材木店に施主と同行し使う木材や古材などの確認を行ったり、塗装など施主が参加出来る場面を作り、建物の知識やメンテナンスの方法などを伝え、住まいへの愛着を持ってもらうよう取り組んだ。

その他

Q1 室内環境を快適・健康・安心にする

●自然素材や告示対象外の建材を使用することで、化学汚染物質の発生を抑制。●自然光・風を取り込み、できるかぎり設備に頼らずに快適な室温調整が出来るようにした。

Q2 長く使い続ける

●木材に無理のない構造とし、腐食・虫害等の被害を受けないように工夫した。●維持管理のしやすい材料を使用し、点検スペースを設けてた。

Q3 まちなみ・生態系を豊かにする

●周囲の住宅環境に溶け込むような形(形状、色彩、植栽等)を計画。●木構造や内外装に地域産材の使用を基本とした。

LR1 エネルギーと水を大切に使う

●オール電化住宅とし、運用時のエネルギー消費量を削減した。●建物本体を工夫することでも省エネに貢献できるようにした。●その他、節水型の機器や雨水ﾀﾝｸを設置し、水資源の有効利用に努めている。

LR2 資源を大切に使いゴミを減らす

●リサイクル材やリユース材を積極的に採用するとともに、将来の解体・廃棄を見据えて建材を選定し、将来、住宅を解体する際の省エネルギーも配慮した。

LR3 地球・地域・周辺環境に配慮する

●周囲の自然環境・地形を大きく変えないよう計画した。●室外に設置する設備機器の選定及び、設置位置に注意した。

■CASBEE: Comprehensive Assessment System for Building Environmental Efficiency (建築物総合環境性能評価システム)
■Q: Quality (すまいの環境品質)、L: Load (すまいの環境負荷)、LR: Load Reduction (すまいの環境負荷低減性)、BEE: Building Environmental Efficiency (すまいの環境効率)
■CASBEE全体の表記ルールに従えば、CASBEEすまい(戸建)の場合、BEE_H、Q_H、LR_Hなどとすべきであるが、本シート上では簡略化のためHを省略した
■「ライフサイクルCO_2」とは住宅の部材生産・建設から居住、改修、解体廃棄に至る一生の間の二酸化炭素排出量であり、ここでは住宅の寿命年数と延床面積で除した値を示す
■評価対象のライフサイクルCO_2排出量は、Q_H2、LR_H1中の住宅の寿命、省エネルギーなどの項目の評価結果から自動的に算出される
■$LCCO_2$の算定条件等については、マニュアルおよび「ライフサイクルCO_2計算シート」を参照されたい

2 BEE評価が高い優れた事例

【Q3　スコア 4.7】

周囲の住宅環境に、溶け込むような形（形状、色彩、植栽など）を計画しました。木構造や内外装に地域産材の使用を基本としました。

【LR1　スコア 3.1】

オール電化住宅とし、運用時のエネルギー消費量を削減しました。また、建物本体を工夫することでも、省エネに貢献できるようにしています。その他、節水型の機器や雨水タンクを設置し、水資源の有効利用に努めています。

【LR2　スコア 4.1】

リサイクル材やリユース材を積極的に採用するとともに、将来の解体・廃棄を見据えて建材を選定し、将来、住宅を解体する際の省エネルギーにも配慮しました。

【LR3　スコア 4.2】

周囲の自然環境・地形を大きく変えないよう計画しました。室外に設置する設備機器の選定および、設置位置に注意しています。

4）北九州郊外のニュータウンに立つ戸建住宅

◆ 木造・在来構法
◆ 07年11月予定
◆ BEE = 2.5：★★★★
◆ ライフサイクル CO_2 排出率 77%

【概　要】

敷地中央に南北にレイアウトした吹き抜け土間空間をパッシブな環境制御に活用するとともに、シミュレーションなどで事前に検討を行ったアクティブな環境制御も導入し、良好な室内環境を実現しつつ、運用段階でのエネルギー消費量の削減にも配慮した設計を目指しています。

【Q1　スコア 4.3】

第1種低層住居専用地域にあり、日照・通風などの条件は良好であるため、建物は南側に向かって開放的な形態としました。各居室は、通風を促進し、ダイレクトゲインが可能な吹き抜け土間空間に接しています。各居室を必要に応じて土間空間と一体的に運用することにより、選択的に、また効果的にパッシブな環境制御を行うことが可能となっています。

【Q2　スコア 3.8】

親子三世代が同居する住宅であるため、居住者の将来的な住まい方を想定した十分なスペース・収納を確保します。さらに、一部オープンプランを採用するなど、耐用性に十分配慮した設計としています。

また、給水ヘッダー方式を採用し、配管の増設・交換容易性にも配慮しているほか、配管の点検、清掃、補修などを容易にするための点検口を複数設置しています。

2 BEE評価が高い優れた事例

【Q3　スコア 4.1】

建物は、新興の住宅団地内に位置し、周辺には数多くの戸建住宅が建ち並んでおり、東西の隣地も戸建住宅が建設される予定です。建物の敷地境界からの後退距離、外構などにより、既存および建設予定住宅との調和を意識した設計としました。具体的には、給湯設備用の設置スペースを十分に確保したうえで、ルーバーにより給湯設備が目立たないように配慮するほか、外構の緑化、避難路・見通しの確保に努めています。

【LR1　スコア 4.4】

パッシブおよびアクティブな環境制御の効率を高めるために、レベル 5 を満たす断熱・気密性能としています。省エネ・節水型の設備として、機器効率の高い冷暖房設備、断熱タイプのユニットバス、電気ヒートポンプ式給湯器、節水型便器・水栓および食洗機などを採用しました。また快適な居住環境を最小のエネルギー消費で提供するため、各種設備の機種選定には、シミュレーションなどによる検証を行っています。

【LR2　スコア 2.9】

構造、意匠に配慮したうえで、可能な限り再生可能材やリサイクル材の使用を検討しています。設計段階では、各建材のリサイクル、廃棄などの情報を居住者に提供したうえで仕様を決定し、またリサイクル促進を設計図書で指示しています。

【LR3　スコア 3.9】

大規模造成された宅地であり、既存の自然環境の保全は困難です。そのため、緑地の再生や周辺環境や地域インフラに配慮した設計を行っています。具体的にはエアコン、給湯・換気設備は低騒音・低振動型を採用、緑被率 22.5%、屋根面には遮熱シートを施工、外構面積の 60%を透水性舗装などに取組んでいます。

CASBEE™ すまい[戸建] 評価結果

■使用評価マニュアル: CASBEE-すまい(戸建)(2007年版)　■使用評価ソフト: CASBEE-H(DH)_2007(v1.0)

1-1 建物概要

建物名称	●●の木質系住宅	
竣工年月	2007年9月	予定
建設地	福岡県北九州市	確定
用途地域	第1種低層住居専用地域	
省ｴﾈﾙｷﾞｰ地域区分	Ⅳ	
構造・工法	木造・在来工法	確定
階数	地上2F	
敷地面積	225 ㎡	仮
建築面積	106 ㎡	仮
延床面積	164 ㎡	
世帯人数	夫婦＋子2名＋親(1名)	仮

仕様等の確定状況	建物の仕様	確定
	持ち込み家電等	仮
	外構の仕様	仮
<備考>		
評価の実施日	2007年3月15日	
作成者	◆◆ ◆◆	
確認日	2007年3月16日	
確認者	◆◆ ◆◆	

1-2 外 観

2-1 すまいの環境効率(BEEランク&チャート)

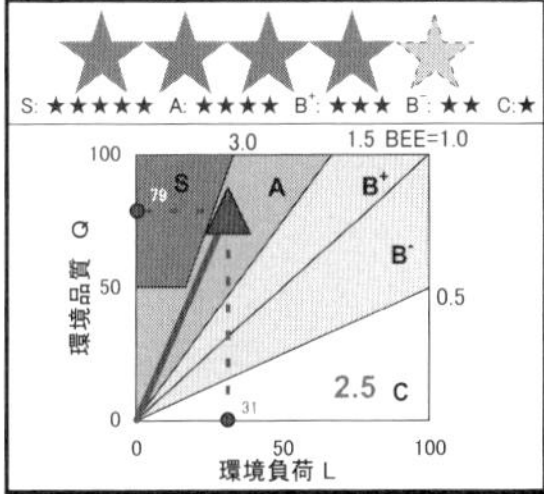

2-2 大項目の評価(レーダーチャート)

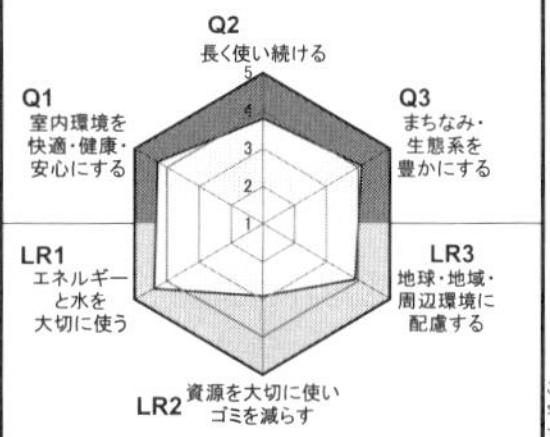

2-3 ライフサイクルCO_2(温暖化影響チャート)

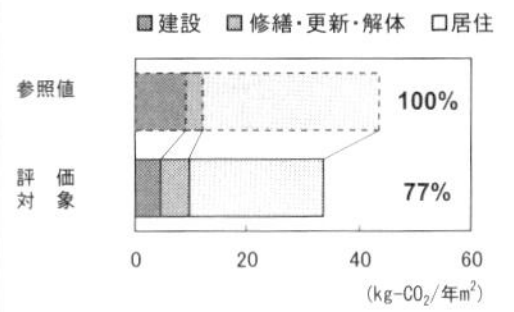

このグラフは、LR3中の「地球温暖化への配慮」の内容を、一般的な住宅(参照値)と比べたライフサイクルCO2 排出量の目安で示したものです

2-4 中項目の評価(バーチャート)

Q 環境品質　*Qのスコア= 4.1*

Q1 室内環境を快適・健康・安心にする　Q1のスコア= 4.3

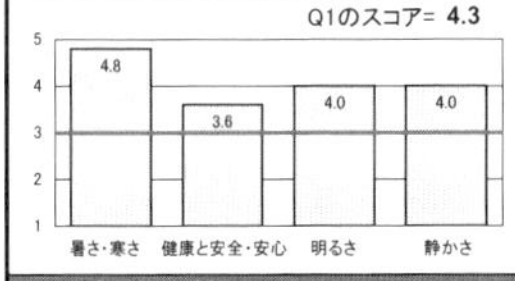

Q2 長く使い続ける　Q2のスコア= 3.8

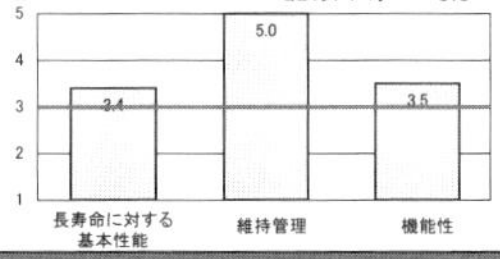

Q3 まちなみ・生態系を豊かにする　Q3のスコア= 4.1

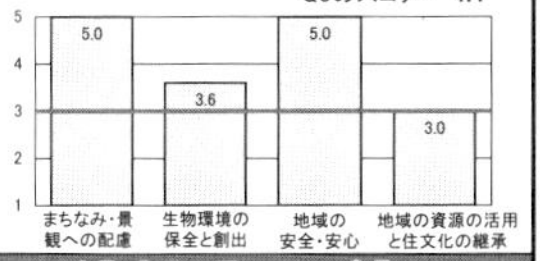

LR 環境負荷低減性　*LRのスコア= 3.7*

LR1 エネルギーと水を大切に使う　LR1のスコア= 4.4

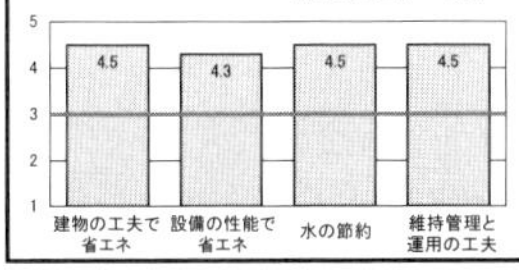

LR2 資源を大切に使いゴミを減らす　LR2のスコア= 2.9

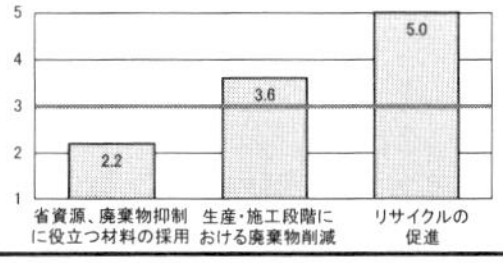

LR3 地球・地域・周辺環境に配慮する　LR3のスコア= 3.9

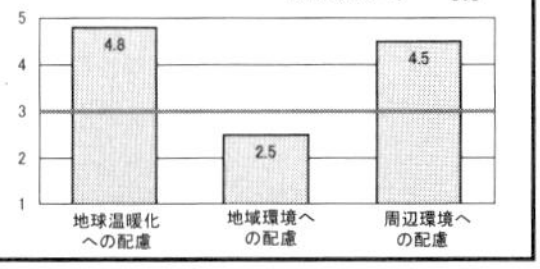

3 設計上の配慮事項

総合

●パッシブ＋アクティブな環境制御や自然素材の活用による良好且つ健康な居住環境の実現を目指しつつ、運用段階でのエネルギー消費量の抑制に配慮した設計。●親子三世代が同居する住宅であるため、将来的な部屋の使用状況の変化への対応も重視している。

その他

●屋外－居室(居間及び寝室)の間にバッファー空間としての土間空間を設け、居住者の移動に伴った環境変化を和らげるように配慮している。

Q1 室内環境を快適・健康・安心にする

●日照・通風等の条件が良好な立地を活かし、建物は南側に向かって開放的な形態とした。●各居室は、通風促進やﾀﾞｲﾚｸﾄｹﾞｲﾝが可能な吹き抜け土間空間に接して、双方を一体的に運用することにより、パッシブ制御を選択的且つ効果的に行うことを可能とした。

Q2 長く使い続ける

●親子三世代が同居する住宅であるため、居住者の将来的な住まい方を想定した充分なスペースを確保すると共に一部オープンプランを採用している。●維持管理のしやすさにも充分に配慮している。

Q3 まちなみ・生態系を豊かにする

●建物は、新興の住宅団地内に位置し、周辺には数多くの戸建て住宅が建ち並ぶ(東西の隣地は、戸建て住宅が建設される予定である)。●建物の敷地境界からの後退距離、外構等により、既存及び建設予定住宅との調和を意識した設計を行っている。

LR1 エネルギーと水を大切に使う

●パッシブ及びアクティブな環境制御の効率を高めるために、充分な断熱・気密性能を有するように配慮。●良好な居住環境を最小のエネルギー消費で提供するため、各種設備の機種選定には、シミュレーション等による検討を行っている。

LR2 資源を大切に使いゴミを減らす

●構造、意匠に配慮した上で、可能な限り再生可能材やリサイクル材を使用する。●ただし、現在、計画途中であるため、構造材、内装材、外構材に関しては、施工業者決定後に指示・検討する。

LR3 地球・地域・周辺環境に配慮する

●大規模造成された宅地であるため、既存の自然環境の保全は不可能である。このため、緑地の再生や周辺環境や地域インフラに配慮した設計を行う。

■CASBEE: Comprehensive Assessment System for Building Environmental Efficiency (建築物総合環境性能評価システム)
■Q: Quality (すまいの環境品質)、L: Load (すまいの環境負荷)、LR: Load Reduction (すまいの環境負荷低減性)、BEE: Building Environmental Efficiency (すまいの環境効率)
■CASBEE全体の表記ルールに従えば、CASBEEすまい(戸建)の場合、BEE_H、Q_H、LR_Hなどとすべきであるが、本シート上では簡略化のためHを省略した
■「ライフサイクルCO_2」とは住宅の部材生産・建設から居住、改修、解体廃棄に至る一生の間の二酸化炭素排出量であり、ここでは住宅の寿命年数と延床面積で除した値を示す
■評価対象のライフサイクルCO_2排出量は、Q_H2、LR_H1中の住宅の寿命、省エネルギーなどの項目の評価結果から自動的に算出される
■$LCCO_2$の算定条件等については、マニュアルおよび「ライフサイクルCO_2計算シート」を参照されたい

5） 埼玉の田園地域に立つ戸建住宅

◆ 木造・在来構法
◆ 竣工済み
◆ BEE ＝ 3.7：★★★★★
◆ ライフサイクル CO_2 排出率 68%

【概　要】

田畑が広がる農作地の中にあり、雑木と竹林、さらに四周を水路に囲まれた300坪以上の広大な敷地に建つ住宅で、その立地環境を存分に生かし楽しめることを目指しました。地盤面から1m程高い既存の基壇上に配された住宅は、風通しと採光、そして眺望に配慮した計画とし、また、内外装の素材感と安全性、そして家族が集まる場の居心地に配慮した設計としています。

【Q1　スコア 4.8】

快適な室内の温度環境を得るため、次世代断熱仕様、大型断熱木製サッシを採用したうえで換気・通風、日射調整などについて工夫しています。建材・資材などについては、化学物質等安全データシート（MSDS）により事前に揮発性有機化合物（VOC）の含有の有無を確認しています。防犯対策として、小形開口部以外には防犯ガラスを採用しました。

【Q2　スコア 3.6】

地盤調査を実施し、独特な基礎方式と形状を検討しました。架構は、仕口、継手の加工により美しく堅牢で復元力のある構造としています。その他、床下換気、外壁通気構法、連続的な断熱区画、防湿シートの設置などにより、躯体の高耐久化を図っています。

【Q3　スコア 4.6】

周辺の民家に見られる軒の出や屋根勾配を考慮した設計としました。外装の

CASBEE™ すまい[戸建] 評価結果

■使用評価マニュアル: CASBEE-すまい(戸建)(2007年版)　■使用評価ソフト: CASBEE-H(DH)_2007(v1.0)

1-1 建物概要

建物名称	○○邸		仕様等の確定状況	建物の仕様	確定
竣工年月	2006年8月	竣工		持ち込み家電等	確定
建設地	埼玉県児玉郡◆◆町			外構の仕様	確定
用途地域	無指定区域	確定	〈備考〉		
省ｴﾈﾙｷﾞｰ地域区分	Ⅳ		●竣工済み。家電製品等も設置後に評価 ●高効率な家電製品などを設計時点から提案		
構造・工法	木造・在来工法	確定			
階数	地上2階建て				
敷地面積	978 ㎡	確定	評価の実施日	2007年8月6日	
建築面積	82 ㎡	確定	作成者	◆◆ ◆◆	
延床面積	84 ㎡		確認日		
世帯人数	2人	確定	確認者		

1-2 外観

2-1 すまいの環境効率(BEEランク&チャート)

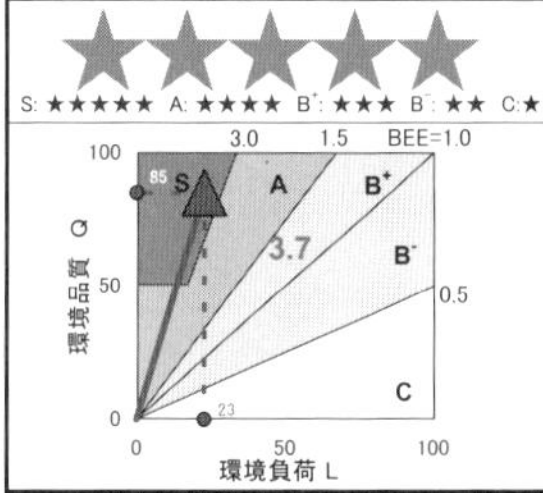

2-2 大項目の評価(レーダーチャート)

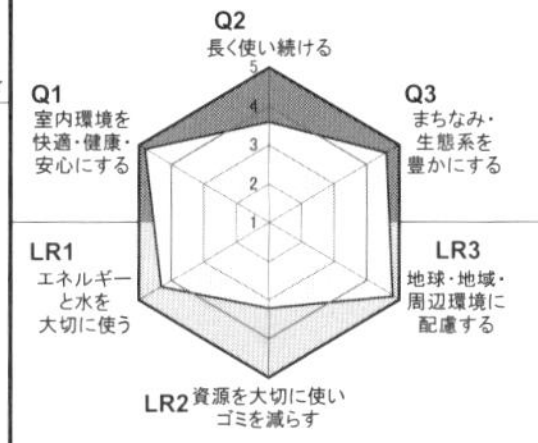

2-3 ライフサイクルCO_2(温暖化影響チャート)

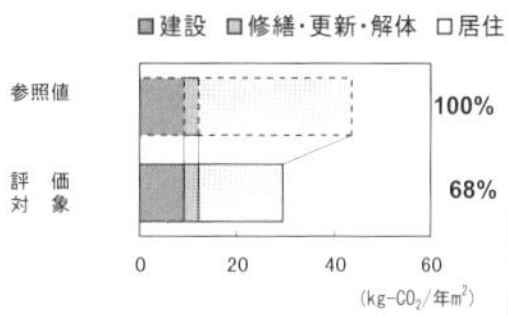

このグラフは、LR3中の「地球温暖化への配慮」の内容を、一般的な住宅(参照値)と比べたライフサイクルCO2 排出量の目安で示したものです

2-4 中項目の評価(バーチャート)

Q 環境品質　　Qのスコア= 4.3

Q1 室内環境を快適・健康・安心にする

Q1のスコア= 4.8

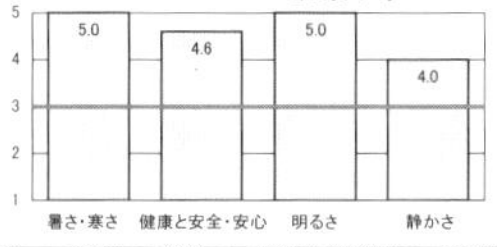

Q2 長く使い続ける

Q2のスコア= 3.6

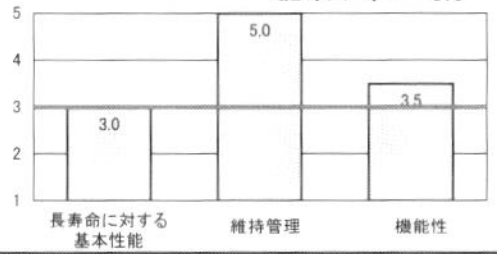

Q3 まちなみ・生態系を豊かにする

Q3のスコア= 4.6

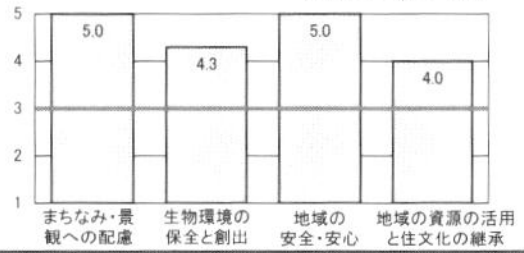

LR 環境負荷低減性　　LRのスコア= 4.0

LR1 エネルギーと水を大切に使う

LR1のスコア= 4.3

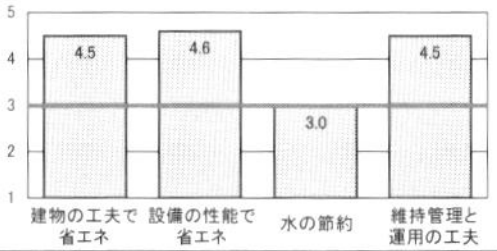

LR2 資源を大切に使いゴミを減らす

LR2のスコア= 3.2

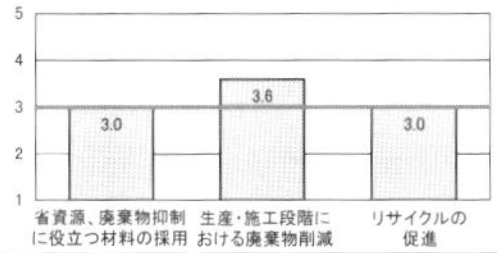

LR3 地球・地域・周辺環境に配慮する

LR3のスコア= 4.8

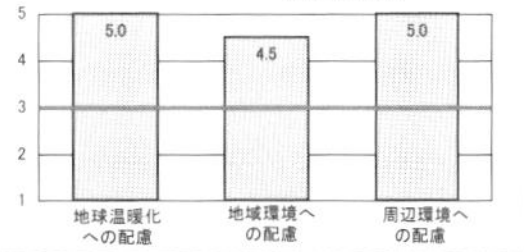

3 設計上の配慮事項

総合

●田畑が広がる農作地の中にあり、雑木と竹林さらに4周を水路に囲まれた300坪以上の広大な敷地に建つ住宅であるため、その立地環境を存分に楽しめる住宅を目指した　●地盤面から1m程高い既存の基壇上に配された住宅は、風通しと採光、そして眺望に配慮した　●内外装の素材感に特に留意し、家族が集まる場の居心地に配慮した設計とした

その他

●計画地の基壇は、江戸時代から続いた民家を10年程前に取り壊した際に、建て主が従前の建物の記憶を残すことも考慮し、新しい住宅を建てるために造成したもの

Q1 室内環境を快適・健康・安心にする

●次世代断熱仕様、大型断熱木製サッシの採用などによる冷暖房負荷の軽減　●換気通風、日射調整への配慮　●VOC等に関連する材料は、MSDSにより安全性を事前確認　●小形開口部以外に防犯ガラスの設置、その他

Q2 長く使い続ける

●地盤調査に基づく安全な基礎方式と形状の検討　●仕口、継手の加工による、美しく堅牢で復元力のある木造軸組構造の採用　●床下換気、外壁通気構法、及び連続的な断熱区画、防湿シートの設置による、躯体の高耐久化

Q3 まちなみ・生態系を豊かにする

●周辺の民家との調和を図り、軒の出や屋根勾配を揃えるとともに、色調や肌合いが経年変化を受ける素材等を外壁に使用　●土台と床を支える方杖と束に埼玉県産材のヒノキを採用、その他

LR1 エネルギーと水を大切に使う

●パッシブな省エネルギー対策に加え、自然冷媒(CO2)ヒートポンプ給湯機(COP4.55)を採用　●パーゴラの一部に1.8KWの太陽光発電装置を設置　●照明ランプは極力蛍光灯タイプ(電球色)のものを採用　●外部や望楼など電球の取替えが面倒な箇所は、寿命の長い製品を採用、その他

LR2 資源を大切に使いゴミを減らす

●外壁にペットボトルを再生したリサイクル断熱材を採用　●生産段階における廃棄物削減については積極的対策を講じていないが、施工現場においては、リサイクル推進に対する資料を施工者に提供し、着工前に説明を実施、その他

LR3 地球・地域・周辺環境に配慮する

●既存の樹木は、極力保存した上で、新規に植栽する樹木は雑木を中心に選定　●北庭のパーゴラの緑陰や既存の屋敷林や水辺と連携して、新たな植栽による冷気溜まり(クールスポット)を住宅周辺に創出し、四季折々の健康で快適な微気候を形成する工夫を実施、その他

■CASBEE: Comprehensive Assessment System for Building Environmental Efficiency (建築物総合環境性能評価システム)
■Q: Quality (すまいの環境品質)、L: Load (すまいの環境負荷)、LR: Load Reduction (すまいの環境負荷低減性)、BEE: Building Environmental Efficiency (すまいの環境効率)
■CASBEE全体の表記ルールに従えば、CASBEEすまい(戸建)の場合、BEE_H、Q_H、LR_Hなどとすべきであるが、本シート上では簡略化のためHを省略した
■「ライフサイクルCO_2」とは住宅の部材生産・建設から居住、改修、解体廃棄に至る一生の間の二酸化炭素排出量であり、ここでは住宅の寿命年数と延床面積で除した値を示す
■評価対象のライフサイクルCO_2排出量は、Q_H2、LR_H1中の住宅の寿命、省エネルギーなどの項目の評価結果から自動的に算出される
■$LCCO_2$の算定条件等については、マニュアルおよび「ライフサイクルCO_2計算シート」を参照されたい

2 BEE評価が高い優れた事例

色調や経年変化を受ける素材などを外壁に使用し、周辺建物との調和を図っています。土台と床を支える方杖と束には、埼玉県産材のヒノキを採用しました。

【LR1　スコア 4.3】

パッシブな省エネルギー対策に加えて、CO_2 ヒートポンプ給湯機（COP4.55）や蛍光灯タイプの照明を採用しました。また、パーゴラの一部に、1.8kW の太陽光発電装置を設置し、自然エネルギーのアクティブ利用もしています。

【LR2　スコア 3.2】

リサイクル建材として、外壁内にペットボトルを再生したリサイクル断熱材を吹き込み、充填する方法を採用しました。施工現場においては、リサイクル推進に対する資料を施工者に提供し着工前に説明を実施しています。使用材料は「住まい方 BOOK」に整理し、建築主に情報提供をしました。

【LR3　スコア 4.8】

既存の樹木は、極力保存したうえで新規に植栽する樹木も、雑木を中心に選択。北庭のパーゴラの緑陰や既存の屋敷林や水辺と連動して、新たな植栽による冷気溜まり（クールスポット）を住宅周辺に創出し、四季折々の暮らしにとって健康で快適な微気候を形成する工夫を施しました。

6）　北海道の田園地域に立つ戸建住宅

- 木造・在来構法
- 竣工済み
- BEE ＝ 2.3：★★★★
- ライフサイクル CO_2 排出率 89%

【概　要】

"資源循環型の森づくりと住まいづくり"をコンセプトとする、森林を背景とした住宅であり、構造材や内外装材に地域の FSC 森林認証林から産出された木材などの地域材を 100%使用しています。

また、地域の FSC 森林認証材を地域の製材工場で加工し、地域の大工が建てるなど、森林から住宅建築までの環境に与える負荷の低減を目指す取組みを行っています。

【Q1　　スコア 3.8】

断熱・気密性能はレベル 5 を満たすことで、極寒の地に必要な断熱性能を十分確保し、床下暖房により住宅全体の室温の均一化を図っています。

【Q2　　スコア 3.6】

外壁の耐用性と更新性を考慮し、外壁はカラマツ板張りとして通気工法を採用しました。

バリアフリーについては、ケアマネージャーと打ち合わせのうえ、介護、車椅子の使用を想定した広さと間取りを確保するなど、徹底した対応を行っています。

【Q3　　スコア 4.2】

景観に調和した建物形状や色彩を工夫し、周辺の景観との調和に配慮しています。また、地域産の建材であるカラマツや鉄平石を使用しています。

2 BEE評価が高い優れた事例

【LR1　スコア3.3】

基礎断熱＋断熱タイプのユニットバスを採用し、高断熱・高気密化により熱負荷を抑制しています。

【LR2　スコア4.3】

構造材や内外装材にFSC（森林認証制度研究会）森林認証材など、「持続可能な森林から産出された木材」を採用しました。構造材はプレカット、内外装材にはゼロエミッションの工場で生産された部材を使用するなど、生産段階や施工段階における廃棄物の削減に取組んでいます。

【LR3　スコア3.6】

FSC森林認証林や製材工場の見学を行うなど、建築主が住宅について理解を深め、長く愛着を持って住み続けられるように工夫しています。また、この住宅をモデルとして環境に配慮した住宅が着実に増えてきています。

CASBEE™ すまい[戸建] 評価結果

■使用評価マニュアル: CASBEE-すまい(戸建)(2007年版)　■使用評価ソフト: CASBEE-H(DH)_2007(v1.0)

1-1 建物概要

建物名称	豊嶋邸	
竣工年月	2006年3月	竣工
建設地	北海道下川町	確定
用途地域	都市計画区域外	確定
省エネルギー地域区分	I	確定
構造・工法	木造・在来工法	確定
階数	地上2F	確定
敷地面積	435 m²	確定
建築面積	99 m²	確定
延床面積	137 m²	確定
世帯人数	夫婦＋両親＋兄弟	確定

仕様等の確定状況	建物の仕様	確定
	持ち込み家電等	確定
	外構の仕様	確定
<備考>		
評価の実施日	2007年3月12日	
作成者	相馬秀二	
確認日	2007年3月12日	
確認者	相馬秀二	

1-2 外観

2-1 すまいの環境効率(BEEランク&チャート)

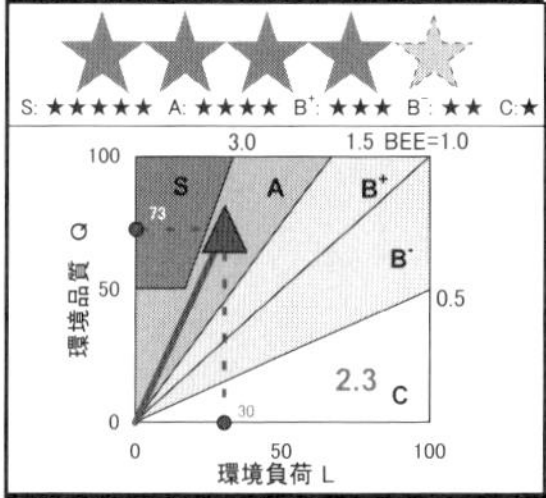

2-2 大項目の評価(レーダーチャート)

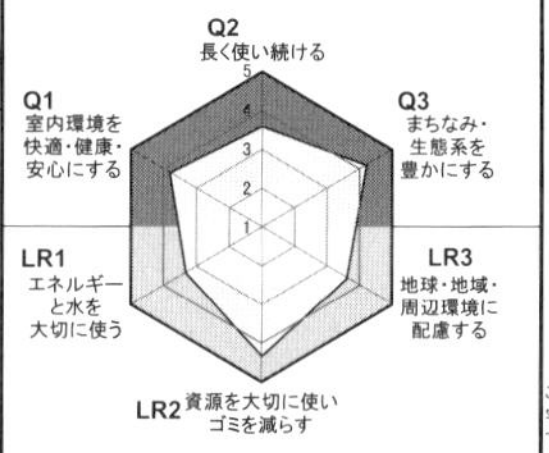

2-3 ライフサイクルCO_2(温暖化影響チャート)

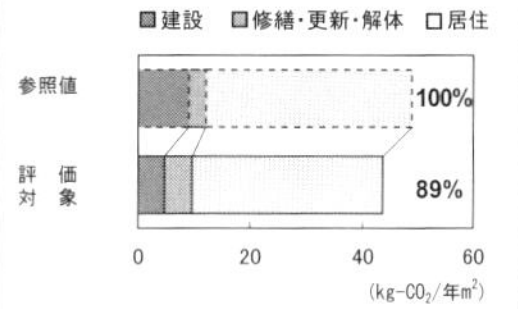

このグラフは、LR3中の「地球温暖化への配慮」の内容を、一般的な住宅(参照値)と比べたライフサイクルCO2 排出量の目安で示したものです

2-4 中項目の評価(バーチャート)

Q 環境品質　　Q のスコア= 3.9

Q1 室内環境を快適・健康・安心にする　Q1のスコア= 3.8

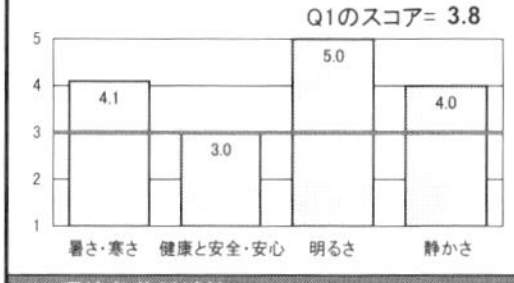

Q2 長く使い続ける　Q2のスコア= 3.6

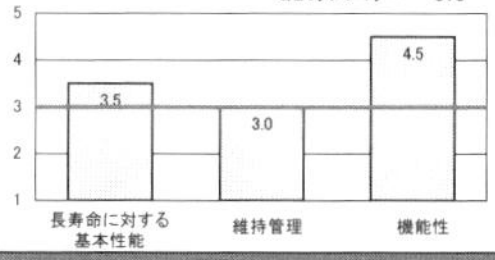

Q3 まちなみ・生態系を豊かにする　Q3のスコア= 4.2

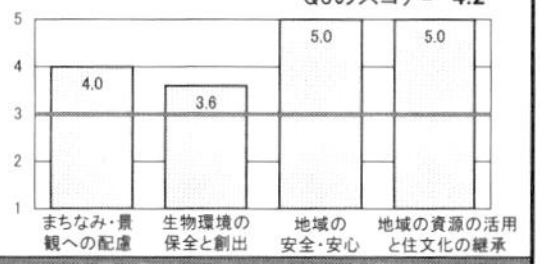

LR 環境負荷低減性　　LR のスコア= 3.7

LR1 エネルギーと水を大切に使う　LR1のスコア= 3.3

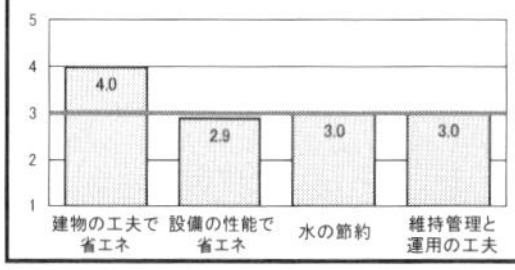

LR2 資源を大切に使いゴミを減らす　LR2のスコア= 4.3

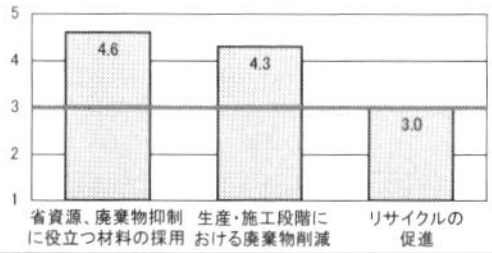

LR3 地球・地域・周辺環境に配慮する　LR3のスコア= 3.6

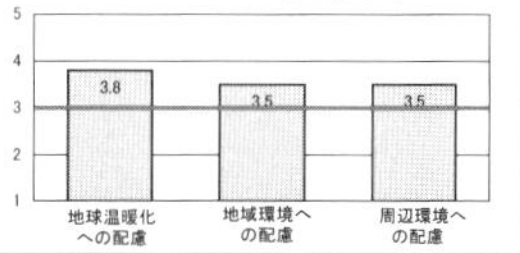

3 設計上の配慮事項

総合

●"資源循環型の森づくりと住まいづくり"をコンセプトとし、森林を背景とした住宅であり、構造材や内外装材に地域のFSC森林認証林から産出された木材などの地域材を100%使用している。●地域のFSC森林認証材を地域の製材工場で加工、地域の大工が建てており、森林から住宅建築までの環境に与える負荷の低減を目指す取り組みを行っている。

その他

●FSC森林認証林や製材工場の見学などを行い、建築主の理解が深まり、長く愛着を持って住み続けられる住宅となっている。●また、この住宅がモデルとなり環境に配慮した住宅が着実に増えてきている。

Q1 室内環境を快適・健康・安心にする

●極寒の地として必要な断熱性能を十分確保している。●住宅全体の室温の均一化を図っている。

Q2 長く使い続ける

●外壁の耐用性と更新性を考慮。●介護、車椅子の使用を想定した広さと間取りを確保しバリアフリー対応を行っている。

Q3 まちなみ・生態系を豊かにする

●周辺の景観との調和に配慮。●地域の木材資源を活用している。

LR1 エネルギーと水を大切に使う

●高断熱・高気密化により熱負荷を抑制している。

LR2 資源を大切に使いゴミを減らす

●「持続可能な森林から産出された木材」の使用。●生産段階や施工段階における廃棄物削減の取り組みをしている。

LR3 地球・地域・周辺環境に配慮する

●住宅地から離れた農家であるが、既存の豊富な自然環境の保全に努めている。

■CASBEE: Comprehensive Assessment System for Building Environmental Efficiency (建築物総合環境性能評価システム)
■Q: Quality (すまいの環境品質)、L: Load (すまいの環境負荷)、LR: Load Reduction (すまいの環境負荷低減性)、BEE: Building Environmental Efficiency (すまいの環境効率)
■CASBEE全体の表記ルールに従えば、CASBEEすまい(戸建)の場合、BEE_H、Q_H、LR_Hなどとすべきであるが、本シート上では簡略化のためHを省略した
■「ライフサイクルCO_2」とは住宅の部材生産・建設から居住、改修、解体廃棄に至る一生の間の二酸化炭素排出量であり、ここでは住宅の寿命年数と延床面積で除した値を示す
■評価対象のライフサイクルCO_2排出量は、Q_H2、LR_H1中の住宅の寿命、省エネルギーなどの項目の評価結果から自動的に算出される
■$LCCO_2$の算定条件等については、マニュアルおよび「ライフサイクルCO_2計算シート」を参照されたい

住宅の仕様や性能を替えた時のCASBEE評価例

次に、戸建住宅について、実在する立地条件や住宅の規模や間取りを共通の条件とし、評価項目に関わる仕様や性能を替えた場合にCASBEEすまいの評価結果がどのように変化するのかをご覧いただくために、4つのケースの評価結果をご紹介します。実際の計画・設計の場面で、『CASBEE–すまい（戸建）』を用いて住宅の仕様と性能と、BEE値やライフサイクルCO_2排出率などとの関係が比較できますので、より良い結果を目指す参考としてください。

ここでは、以下のような住宅を設定しました。

① 立　地　：　首都圏近郊の住宅地
② 敷地面積：　$200m^2$
③ 建築面積 / 延床面積：　$68m^2$ / $128m^2$
④ 構造 / 構法 / 階数：　木造 / 在来構法 / 地上2階建
⑤ 世帯人数：　4人

【外　観】

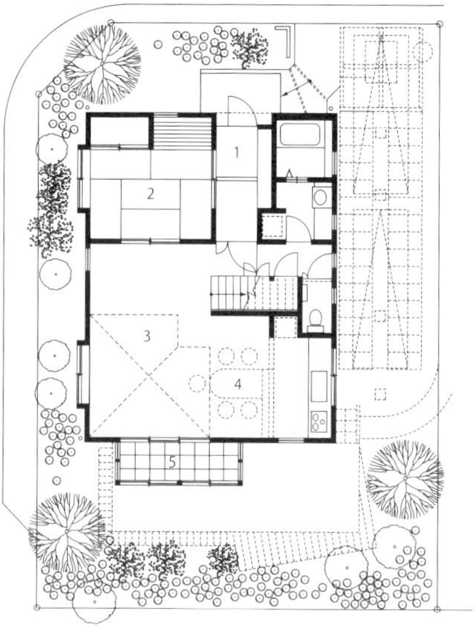

【1 階平面図】

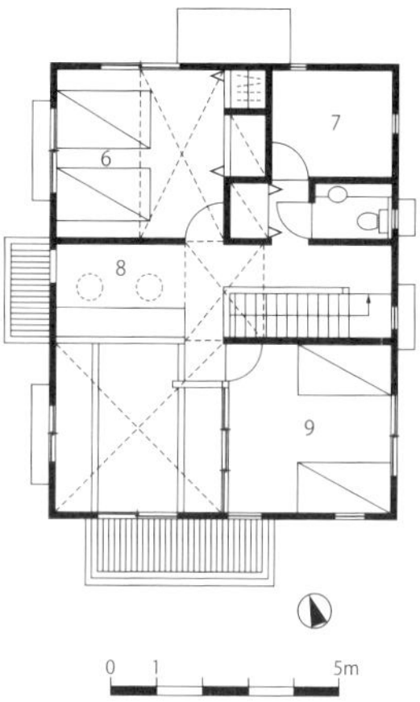

【2 階平面図】

1…玄関
2…和室
3…居間
4…食堂
5…温室
6…主寝室
7…納戸
8…読書・勉強コーナー
9…子供室

【外　観】

3 住宅の仕様や性能を替えた時のCASBEE評価例

1) ほとんど環境に配慮していない場合

ほぼすべての項目にわたって最低レベルの仕様、性能の場合です。断熱性能は極めて悪く、設備機器も環境性を考慮していません。耐久性や維持管理などにも配慮せず、街並みや緑などにも関心が払われていません。

Q	すまいの環境品質・性能		
Q1	室内環境を快適・健康・安心にする		
1	暑さ・寒さ		
1.1	基本性能		
	1 断熱・気密性能の確保	1	旧省エネ基準以下
	2 日射の調整機能	1	単板ガラス＋カーテン
1.2	夏の暑さを防ぐ		
	1 風を取り込み、熱気を逃がす	1	2方向開口が確保できていない
	2 適切な冷房計画	1	エアコン容量不足
1.3	冬の寒さを防ぐ		
	1 適切な暖房計画	1	開放型暖房機
2	健康と安全・安心		
2.1	化学汚染物質の対策	3	品確法　等級1
2.2	適切な換気計画	2	適切な換気計画がなされていない
2.3	犯罪に備える	1	配慮なし
3	明るさ		
3.1	昼光の利用	1	開口率15%未満
4	静かさ	3	配慮なし
Q2	長く使い続ける		
1	長寿命に対する基本性能		
1.1	躯体	3	基準法レベル
1.2	外壁材	1	耐用性が12年未満
1.3	屋根材、陸屋根（バルコニー）	2	耐用性が12年未満かつ乾式
1.4	自然災害に耐える	3	品確法　等級1（基準法レベル）
1.5	火災に備える		
	1 火災に耐える構造（開口部以外）	1	火炎を遮る時間が20分に満たない
	2 火災の早期感知	3	消防法の基準
2	維持管理		
2.1	維持管理のしやすさ	1	配慮なし
2.2	維持管理の体制	3	配慮なし
3	機能性		
3.1	広さと間取り	4	配慮なし
3.2	バリアフリー対応	2	配慮なし
Q3	まちなみ・生態系を豊かにする		
1	まちなみ・景観への配慮	1	配慮なし
2	生物環境の保全と創出		
2.1	敷地内の緑化	1	緑化率20%未満
2.2	生物の生息環境の確保	1	配慮なし
3	地域の安全・安心	3	配慮なし
4	地域の資源の活用と住文化の継承	3	配慮なし

BEE ＝ 0.2（★）、ライフサイクル CO_2 排出率は 131％となり、一般的な住宅に比べ、CO_2 が大量に排出されていることがわかります。

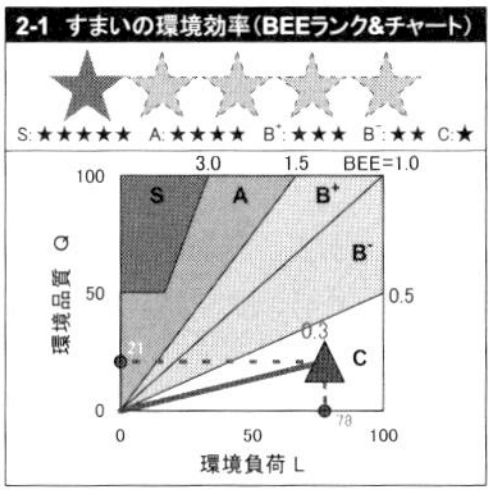

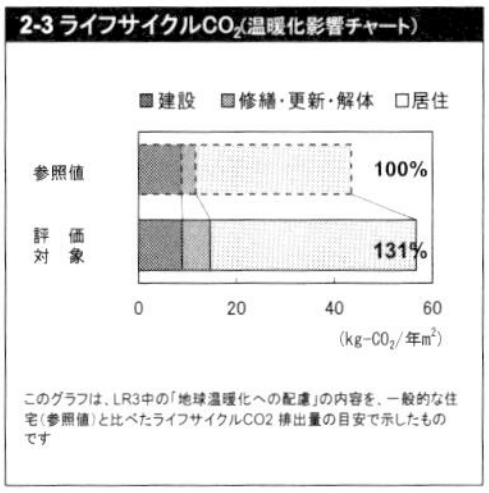

LR すまいの環境負荷低減性		
LR1 エネルギーと水を大切に使う		
1 建物の工夫で省エネ		
1.1 建物の熱負荷抑制	1	旧省エネ基準以下
1.2 自然エネルギー利用	1	配慮なし
2 設備の性能で省エネ		
2.1 暖冷房設備		
1 暖房設備	1	ファンヒーターやこたつ
2 冷房設備	1	エアコンだが容量不足
2.2 給湯設備		
1 給湯機器	2	通電制御型でない電気温水器
2 浴槽の断熱	1	断熱なし
3 給湯配管	2	先分岐方式給湯配管
2.3 照明・家電・厨房機器	1	配慮なし
2.4 換気設備	3	一般的な換気システム
2.5 エネルギー利用効率化設備		
1 家庭用コージェネレーションシステム	3	採用せず
2 太陽光発電システム	─	採用せず
3 水の節約		
3.1 節水型設備	3	節水型便器
3.2 雨水の利用	3	取組なし
4 維持管理と運用の工夫		
4.1 住まい方の提示	1	取組なし
4.2 エネルギーの管理と制御	3	取組なし
LR2 資源を大切に使いゴミを減らす		
1 省資源、廃棄物抑制に役立つ材料の採用		
1.1 構造躯体		
1 木質系住宅	3	特段の配慮なし
1.2 地盤補強材・地業・基礎	3	特段の取組なし
1.3 外装材	1	特段の取組なし
1.4 内装材	1	特段の取組なし
1.5 外構材	3	特段の取組なし
2 生産・施工段階における廃棄物削減		
2.1 生産段階（構造用躯体部材）	3	特段の取組なし
2.2 生産段階（構造用躯体以外の部材）	3	特段の取組なし
2.3 施工段階	3	特段の取組なし
3 リサイクルの促進		
3.1 使用材料の情報提供	3	特段の取組なし
LR3 地球・地域・周辺環境に配慮する		
1 地球温暖化への配慮	1	ライフサイクル CO2 排出率 131%
2 地域環境への配慮		
2.1 地域インフラの負荷抑制	2	特段の取組なし
2.2 既存の自然環境の保全	1	特段の取組なし
3 周辺環境への配慮		
3.1 騒音・振動・排気・排熱の低減	1	特段の取組なし
3.2 周辺温熱環境の改善	3	特段の取組なし

3 住宅の仕様や性能を替えた時のCASBEE評価例

2） あまり環境に配慮していない一般的な仕様の場合

現状では一般的なあまり環境配慮に取組んでいない仕様、性能の場合です。■の部分が 1）より性能を向上させた項目です。断熱・気密性能や、屋根材や外壁材の耐用年数などを若干高めとし、緑も少し植えています。

Q すまいの環境品質・性能		
Q1 室内環境を快適・健康・安心にする		
1 暑さ・寒さ		
1.1 基本性能		
1 断熱・気密性能の確保	2	品確法等級 2（旧省エネ基準）
2 日射の調整機能	3	単板ガラス＋カーテン
1.2 夏の暑さを防ぐ		
1 風を取り込み、熱気を逃がす	1	2方向開口が確保できていない
2 適切な冷房計画	1	エアコン容量不足
1.3 冬の寒さを防ぐ		
1 適切な暖房計画	1	開放型暖房機
2 健康と安全・安心		
2.1 化学汚染物質の対策	3	品確法　等級 1
2.2 適切な換気計画	2	適切な換気計画がなされていない
2.3 犯罪に備える	1	配慮なし
3 明るさ		
3.1 昼光の利用	2	開口率 20%未満
4 静かさ	3	配慮なし
Q2 長く使い続ける		
1 長寿命に対する基本性能		
1.1 躯体	3	基準法レベル
1.2 外壁材	3	耐用性が 25 ～ 50 年（サイディング）
1.3 屋根材、陸屋根（バルコニー）	3	耐用性が 25 ～ 50 年（カラー鋼板）
1.4 自然災害に耐える	3	品確法　等級 1（基準法レベル）
1.5 火災に備える		
1 火災に耐える構造（開口部以外）	1	火災を遮る時間が 20 分に満たない
2 火災の早期感知	3	消防法の基準
2 維持管理		
2.1 維持管理のしやすさ	1	配慮なし
2.2 維持管理の体制	3	配慮なし
3 機能性		
3.1 広さと間取り	4	居住水準レベル
3.2 バリアフリー対応	2	配慮なし
Q3 まちなみ・生態系を豊かにする		
1 まちなみ・景観への配慮	3	周辺配慮
2 生物環境の保全と創出		
2.1 敷地内の緑化	2	緑化率 30%未満
2.2 生物の生息環境の確保	3	配慮なし
3 地域の安全・安心	4	見通しの確保
4 地域の資源の活用と住文化の継承	3	配慮なし

BEE = 0.5（★★）で 0.3 向上し、ライフサイクル CO_2 排出率は 112％となりました。断熱性を高めたことで CO_2 の排出は少し改善されましたが、一般的な住宅より約 1 割多く排出することがわかります。

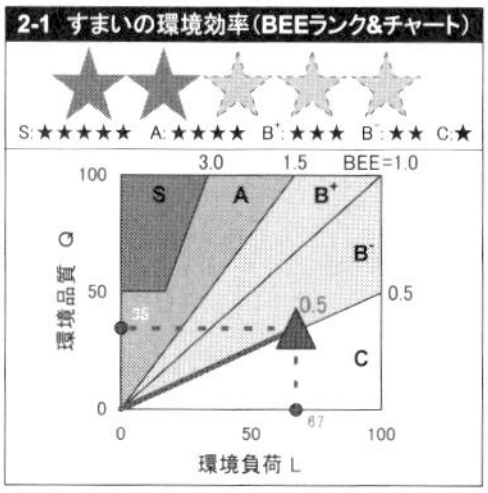

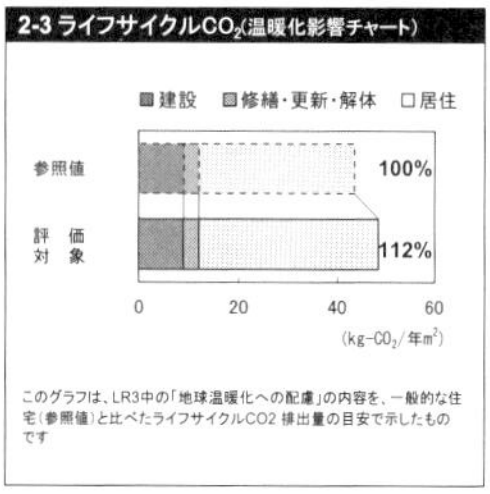

LR すまいの環境負荷低減性			
LR1	エネルギーと水を大切に使う		
1	建物の工夫で省エネ		
1.1	建物の熱負荷抑制	2	品確法等級 2（旧省エネ基準）
1.2	自然エネルギー利用	1	配慮なし
2	設備の性能で省エネ		
2.1	暖冷房設備		
1	暖房設備	1	ファンヒーターやこたつ
2	冷房設備	1	エアコンだが容量不足
2.2	給湯設備		
1	給湯機器	4	燃料系瞬間式給湯機
2	浴槽の断熱	3	浴槽断熱
3	給湯配管	2	先分岐方式給湯配管
2.3	照明・家電・厨房機器	1	配慮なし
2.4	換気設備	3	一般的な換気システム
2.5	エネルギー利用効率化設備		
1	家庭用コージェネレーションシステム	3	採用せず
2	太陽光発電システム	―	採用せず
3	水の節約		
3.1	節水型設備	3	節水型便器
3.2	雨水の利用	3	取組なし
4	維持管理と運用の工夫		
4.1	住まい方の提示	1	取組なし
4.2	エネルギーの管理と制御	3	取組なし
LR2	資源を大切に使いゴミを減らす		
1	省資源、廃棄物抑制に役立つ材料の採用		
1.1	構造躯体		
1	木質系住宅	3	特段の配慮なし
1.2	地盤補強材・地業・基礎	3	特段の取組なし
1.3	外装材	1	特段の取組なし
1.4	内装材	1	特段の取組なし
1.5	外構材	3	特段の取組なし
2	生産・施工段階における廃棄物削減		
2.1	生産段階（構造用躯体部材）	3	特段の取組なし
2.2	生産段階（構造用躯体以外の部材）	3	特段の取組なし
2.3	施工段階	3	特段の取組なし
3	リサイクルの促進		
3.1	使用材料の情報提供	3	特段の取組なし
LR3	地球・地域・周辺環境に配慮する		
1	地球温暖化への配慮	2	ライフサイクル CO2 排出率 112%
2	地域環境への配慮		
2.1	地域インフラの負荷抑制	2	特段の取組なし
2.2	既存の自然環境の保全	3	地形と表土の保全
3	周辺環境への配慮		
3.1	騒音・振動・排気・排熱の低減	1	特段の取組なし
3.2	周辺温熱環境の改善	4	配置の工夫

3 住宅の仕様や性能を替えた時のCASBEE評価例

3） やや快適性を高めた一般的な仕様の場合

現状では一般的な仕様、性能ですが、やや快適性を高めた場合です。■の部分が2）より向上した性能です。

躯体の断熱・気密性能をさらに向上させ、サッシも複層ガラスとし、エアコンも適切な容量を確認し選択しました。シャワーヘッドや水栓、便器などについては節水型のものを採用しています。また緑を植え、街並みにも配慮しました。

Q すまいの環境品質・性能		
Q1 室内環境を快適・健康・安心にする		
1 暑さ・寒さ		
1.1 基本性能		
1 断熱・気密性能の確保	3	品確法等級3(新省エネ基準)
2 日射の調整機能	3	複層ガラス＋カーテン
1.2 夏の暑さを防ぐ		
1 風を取り込み、熱気を逃がす	3	主な居室で2方向開口
2 適切な冷房計画	3	適切な容量のエアコン
1.3 冬の寒さを防ぐ		
1 適切な暖房計画	3	適切な容量のエアコン
2 健康と安全・安心		
2.1 化学汚染物質の対策	5	品確法　等級3
2.2 適切な換気計画	3	台所なども適切な計画
2.3 犯罪に備える	3	出入り可能な開口は配慮
3 明るさ		
3.1 昼光の利用	3	開口率20%以上
4 静かさ	3	配慮なし
Q2 長く使い続ける		
1 長寿命に対する基本性能		
1.1 躯体	3	基準法レベル
1.2 外壁材	3	耐用性が25～50年（サイディング）
1.3 屋根材、陸屋根（バルコニー）	3	耐用性が25～50年（カラー鋼板）
1.4 自然災害に耐える	3	品確法　等級1（基準法レベル）
1.5 火災に備える		
1 火災に耐える構造（開口部以外）	3	火炎を遮る時間が20分相当
2 火災の早期感知	3	消防法の基準
2 維持管理		
2.1 維持管理のしやすさ	1	配慮なし
2.2 維持管理の体制	3	配慮なし
3 機能性		
3.1 広さと間取り	5	居住水準レベル＋機能スペース確保
3.2 バリアフリー対応	3	品確法　等級2
Q3 まちなみ・生態系を豊かにする		
1 まちなみ・景観への配慮	4	周辺配慮＋寄与に2つに取り組む
2 生物環境の保全と創出		
2.1 敷地内の緑化	2	緑化率30%未満
2.2 生物の生息環境の確保	3	食餌木植栽
3 地域の安全・安心	4	見通しの確保
4 地域の資源の活用と住文化の継承	3	配慮なし

BEE = 1.0（★★★）となり0.5向上し、ライフサイクルCO_2排出率は98％となりました。

2-1 すまいの環境効率（BEEランク&チャート）

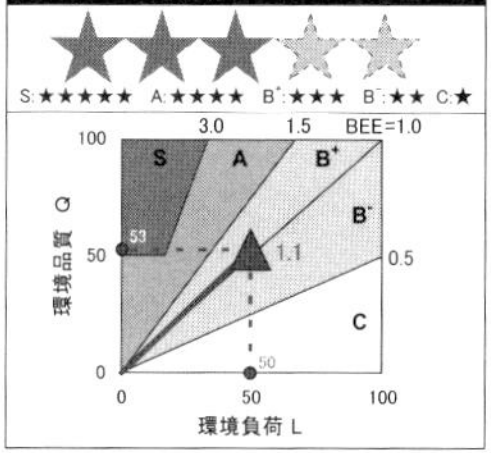

2-3 ライフサイクルCO_2（温暖化影響チャート）

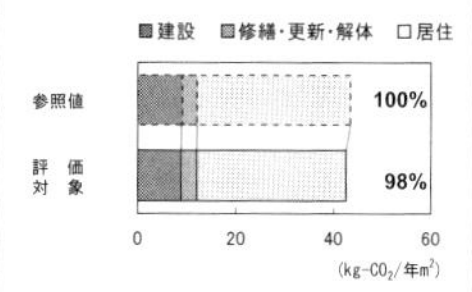

このグラフは、LR3中の「地球温暖化への配慮」の内容を、一般的な住宅（参照値）と比べたライフサイクルCO2排出量の目安で示したものです

LR	すまいの環境負荷低減性		
LR1	エネルギーと水を大切に使う		
1	建物の工夫で省エネ		
1.1	建物の熱負荷抑制	3	品確法等級3（新省エネ基準）
1.2	自然エネルギー利用	1	配慮なし
2	設備の性能で省エネ		
2.1	暖冷房設備		
1	暖房設備	3	エアコン容量ＯＫだが効率が悪い
2	冷房設備	3	エアコン容量ＯＫだが効率が悪い
2.2	給湯設備		
1	給湯機器	4	燃料系瞬間式給湯機
2	浴槽の断熱	3	浴槽断熱
3	給湯配管	2	先分岐方式給湯配管
2.3	照明・家電・厨房機器	3	高効率なシステム
2.4	換気設備	3	一般的な換気システム
2.5	エネルギー利用効率化設備		
1	家庭用コージェネレーションシステム	3	採用せず
2	太陽光発電システム	－	採用せず
3	水の節約		
3.1	節水型設備	4	節水便器＋手元止水付水栓
3.2	雨水の利用	3	取組なし
4	維持管理と運用の工夫		
4.1	住まい方の提示	3	設備等の一般的な取扱説明書
4.2	エネルギーの管理と制御	3	取組なし
LR2	資源を大切に使いゴミを減らす		
1	省資源、廃棄物抑制に役立つ材料の採用		
1.1	構造躯体		
1	木質系住宅	3	特段の配慮なし
1.2	地盤補強材・地業・基礎	3	特段の取組なし
1.3	外装材	3	若干の取組
1.4	内装材	3	若干の取組
1.5	外構材	3	特段の取組なし
2	生産・施工段階における廃棄物削減		
2.1	生産段階（構造用躯体部材）	3	特段の取組なし
2.2	生産段階（構造用躯体以外の部材）	3	特段の取組なし
2.3	施工段階	3	特段の取組なし
3	リサイクルの促進		
3.1	使用材料の情報提供	3	特段の取組なし
LR3	地球・地域・周辺環境に配慮する		
1	地球温暖化への配慮	3.1	ライフサイクルCO2排出率98％
2	地域環境への配慮		
2.1	地域インフラの負荷抑制	3	雨水地下浸透施設
2.2	既存の自然環境の保全	3	地形と表土の保全
3	周辺環境への配慮		
3.1	騒音・振動・排気・排熱の低減	3	一般的な工夫
3.2	周辺温熱環境の改善	4	配置の工夫

4） 日照や緑、風を積極的に活かした自然共生型の場合

緑豊かな住宅地を想定し、緑や風などを上手に活かす自然と共生する取組みを中心に、できるだけ環境配慮に取組んだ仕様、性能の場合です。■の部分が3)（一般的な仕様）より向上した性能です。

高い断熱・気密性能や高性能ガラスとし、各室で風通しや日中の明るさを確保しています。給湯器などの設備機器は高効率なものを選択しました。住宅が長持ちするよう躯体の耐久性も高め、定期的に維持管理をしていく体制を整えました。また、緑の量や質、風通し、街並みへの配慮についてもこだわり、建物内外を関係付けながら、快適性の向上とエネルギー負荷の低減を図っています。

Q すまいの環境品質・性能		
Q1 室内環境を快適・健康・安心にする		
1 暑さ・寒さ		
1.1 基本性能		
1 断熱・気密性能の確保	5	品確法等級4（次世代省エネ基準）
2 日射の調整機能	5	Low-e＋外付けスクリーン＋庇
1.2 夏の暑さを防ぐ		
1 風を取り込み、熱気を逃がす	5	全ての居室で2方向開口
2 適切な冷房計画	3	適切な容量のエアコン
1.3 冬の寒さを防ぐ		
1 適切な暖房計画	3	適切な容量のエアコン
2 健康と安全・安心		
2.1 化学汚染物質の対策	5	品確法　等級3
2.2 適切な換気計画	3	台所なども適切な計画
2.3 犯罪に備える	3	出入り可能な開口は配慮
3 明るさ		
3.1 昼光の利用	5	開口率20%以上＋南窓確保＋寝室
4 静かさ	3	配慮なし
Q2 長く使い続ける		
1 長寿命に対する基本性能		
1.1 躯体	5	品確法　等級3
1.2 外壁材	3	耐用性が25～50年（サイディング）
1.3 屋根材、陸屋根（バルコニー）	3	耐用性が25～50年（カラー鋼板）
1.4 自然災害に耐える	3	品確法　等級1（基準法レベル）
1.5 火災に備える		
1 火災に耐える構造（開口部以外）	3	火炎を遮る時間が20分相当
2 火災の早期感知	3	消防法の基準
2 維持管理		
2.1 維持管理のしやすさ	3	品確法　等級2（配管を踏め込まない）
2.2 維持管理の体制	5	サポート体制あり
3 機能性		
3.1 広さと間取り	5	居住水準レベル＋機能スペース確保
3.2 バリアフリー対応	3	品確法　等級2
Q3 まちなみ・生態系を豊かにする		
1 まちなみ・景観への配慮	5	周辺配慮＋寄与に3つに取り組む
2 生物環境の保全と創出		
2.1 敷地内の緑化	4	緑化率40%未満
2.2 生物の生息環境の確保	3	食餌木＋緑の連鎖・移動経路の確保
3 地域の安全・安心	5	見通し＋避難経路の確保
4 地域の資源の活用と住文化の継承	5	地域性のある材料使用

BEE = 2.6（★★★★）で、3）と比べ 1.6 向上。ライフサイクル CO_2 排出率も 82% となり、一般的な家に比べ、CO_2 排出率が約 2 割改善されました。

2-1 すまいの環境効率（BEEランク&チャート）

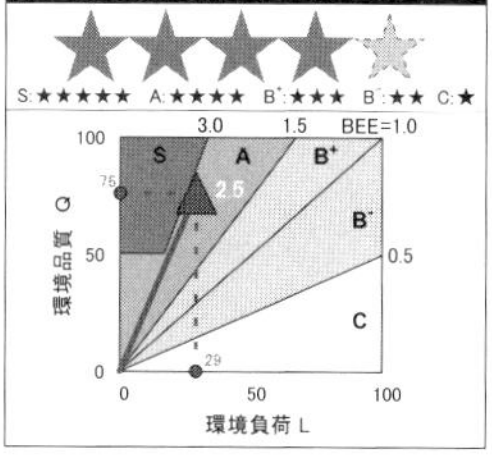

2-3 ライフサイクル CO_2（温暖化影響チャート）

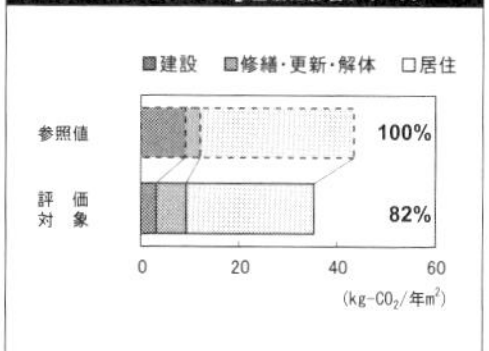

このグラフは、LR3中の「地球温暖化への配慮」の内容を、一般的な住宅（参照値）と比べたライフサイクルCO2 排出量の目安で示したものです

LR すまいの環境負荷低減性		
LR1 エネルギーと水を大切に使う		
1 建物の工夫で省エネ		
1.1 建物の熱負荷抑制	5	品確法等級 4（次世代省エネ基準）
1.2 自然エネルギー利用	4	暖房エネルギー 20%削減
2 設備の性能で省エネ		
2.1 暖冷房設備		
1 暖房設備	5	適切な容量で高効率なエアコン
2 冷房設備	5	適切な容量で高効率なエアコン
2.2 給湯設備		
1 給湯機器	4	燃料系瞬間式給湯機
2 浴槽の断熱	5	浴槽断熱＋断熱層で囲む
3 給湯配管	3	ヘッダー
2.3 照明・家電・厨房機器	3	高効率な冷蔵庫設置
2.4 換気設備	4	高効率なシステム
2.5 エネルギー利用効率化設備		
1 家庭用コージェネレーションシステム	3	採用せず
2 太陽光発電システム	—	採用せず
3 水の節約		
3.1 節水型設備	4	節水便器＋手元止水付水栓
3.2 雨水の利用	4	取組あり
4 維持管理と運用の工夫		
4.1 住まい方の提示	4	省エネ型ライフスタイル提示
4.2 エネルギーの管理と制御	3	取組なし
LR2 資源を大切に使いゴミを減らす		
1 省資源、廃棄物抑制に役立つ材料の採用		
1.1 構造躯体		
1 木質系住宅	3	特段の配慮なし
1.2 地盤補強材・地業・基礎	3	特段の取組なし
1.3 外装材	4	一定の取組
1.4 内装材	4	積極的な取組
1.5 外構材	5	
2 生産・施工段階における廃棄物削減		
2.1 生産段階（構造用躯体部材）	3	特段の取組なし
2.2 生産段階（構造用躯体以外の部材）	3	特段の取組なし
2.3 施工段階	3	特段の取組なし
3 リサイクルの促進		
3.1 使用材料の情報提供	5	積極的な取組
LR3 地球・地域・周辺環境に配慮する		
1 地球温暖化への配慮	4.4	ライフサイクル CO2 排出率 82%
2 地域環境への配慮		
2.1 地域インフラの負荷抑制	3	雨水地下浸透施設
2.2 既存の自然環境の保全	5	地形と表土の保全
3 周辺環境への配慮		
3.1 騒音・振動・排気・排熱の低減	3	一般的な工夫
3.2 周辺温熱環境の改善	5	配置の工夫＋緑被率の確保

3 住宅の仕様や性能を替えた時のCASBEE評価例

5） 太陽光発電システムや効率の高い設備機器を導入した場合

高性能な設備装備を中心にできるだけ環境配慮に取組んだ仕様、性能の場合です。■の部分が 3)（一般的な仕様）より向上した性能です。

高い断熱・気密性能や高性能ガラスを採用、給湯器などの設備機器は高効率なものを選択することで、住宅全体のエネルギー負荷をさらに小さくしました。そのうえで、4kW の太陽光発電システムを導入しました。また、住宅が長持ちするよう躯体の耐久性も高め、定期的に維持管理する体制を整えました。そのほか、主要部材の生産段階や、施工現場でのゼロエミッションに取組んでいます。

Q すまいの環境品質・性能		
Q1 室内環境を快適・健康・安心にする		
1 暑さ・寒さ		
1.1 基本性能		
1 断熱・気密性能の確保	5	品確法等級 4（次世代省エネ基準）
2 日射の調整機能	4	複層ガラス＋外付けスクリーン
1.2 夏の暑さを防ぐ		
1 風を取り込み、熱気を逃がす	5	全ての居室で 2 方向開口
2 適切な冷房計画	5	全館空調システム
1.3 冬の寒さを防ぐ		
1 適切な暖房計画	5	全館空調システム
2 健康と安全・安心		
2.1 化学汚染物質の対策	5	品確法　等級 3
2.2 適切な換気計画	3	台所なども適切な計画
2.3 犯罪に備える	3	出入り可能な開口は配慮
3 明るさ		
3.1 昼光の利用	4	開口率 20%以上＋南窓確保
4 静かさ	3	配慮なし
Q2 長く使い続ける		
1 長寿命に対する基本性能		
1.1 躯体	5	品確法　等級 3
1.2 外壁材	3	耐用性が 25 ～ 50 年（サイディング）
1.3 屋根材、陸屋根（バルコニー）	3	耐用性が 25 ～ 50 年（カラー鋼板）
1.4 自然災害に耐える	3	品確法　等級 1（基準法レベル）
1.5 火災に備える		
1 火災に耐える構造（開口部以外）	3	火炎を遮る時間が 20 分相当
2 火災の早期感知	3	消防法の基準
2 維持管理		
2.1 維持管理のしやすさ	3	品確法　等級 2（配管を踏め込まない）
2.2 維持管理の体制	5	サポート体制あり
3 機能性		
3.1 広さと間取り	5	居住水準レベル＋機能スペース確保
3.2 バリアフリー対応	3	品確法　等級 2
Q3 まちなみ・生態系を豊かにする		
1 まちなみ・景観への配慮	4	周辺配慮＋寄与に 2 つに取り組む
2 生物環境の保全と創出		
2.1 敷地内の緑化	3	緑化率 30%未満
2.2 生物の生息環境の確保	3	食餌木
3 地域の安全・安心	5	見通し＋避難経路の確保
4 地域の資源の活用と住文化の継承	3	特に配慮なし

BEE = 2.7（★★★★）で、3）と比べ1.7向上し、ライフサイクルCO_2排出率も36％と大幅に改善されました。

2-1 すまいの環境効率（BEEランク&チャート）

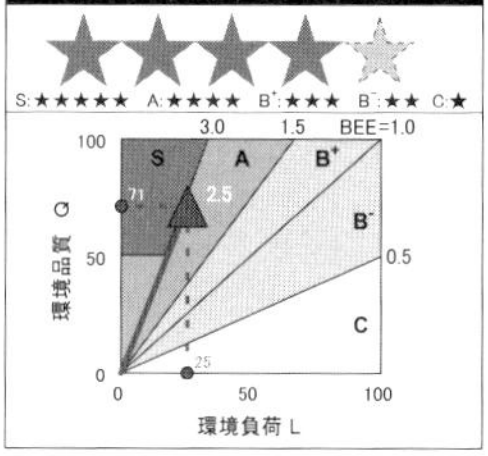

2-3 ライフサイクルCO_2（温暖化影響チャート）

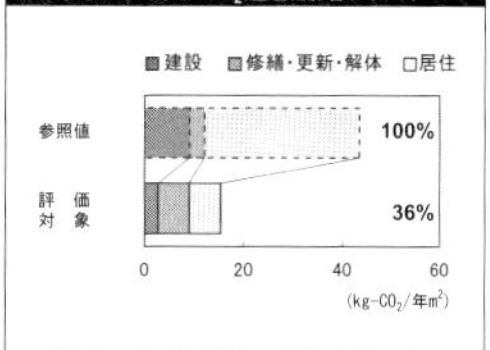

このグラフは、LR3中の「地球温暖化への配慮」の内容を、一般的な住宅（参照値）と比べたライフサイクルCO2排出量の目安で示したものです

LR	すまいの環境負荷低減性		
LR1	エネルギーと水を大切に使う		
1	建物の工夫で省エネ		
1.1	建物の熱負荷抑制	5	品確法等級4（次世代省エネ基準）
1.2	自然エネルギー利用	1	配慮なし
2	設備の性能で省エネ		
2.1	暖冷房設備		
1	暖房設備	5	適切な容量で高効率なエアコン
2	冷房設備	5	適切な容量で高効率なエアコン
2.2	給湯設備		
1	給湯機器	5	高効率給湯機
2	浴槽の断熱	5	浴槽断熱＋断熱層で囲む
3	給湯配管	4	ヘッダー＋近くに設置
2.3	照明・家電・厨房機器	4	高効率な冷蔵庫＋家電数点設置
2.4	換気設備	4	高効率なシステム
2.5	エネルギー利用効率化設備		
1	家庭用コージェネレーションシステム	3	採用せず
2	太陽光発電システム	0.4	4kW搭載
3	水の節約		
3.1	節水型設備	4	節水便器＋手元止水付水栓
3.2	雨水の利用	3	取組なし
4	維持管理と運用の工夫		
4.1	住まい方の提示	4	省エネ型ライフスタイル提示
4.2	エネルギーの管理と制御	4	エネルギー消費量表示機器
LR2	資源を大切に使いゴミを減らす		
1	省資源、廃棄物抑制に役立つ材料の採用		
1.1	構造躯体		
1	木質系住宅	3	特段の配慮なし
1.2	地盤補強材・地業・基礎	3	特段の取組なし
1.3	外装材	4	一定の取組
1.4	内装材	4	積極的な取組
1.5	外構材	3	特段の取組なし
2	生産・施工段階における廃棄物削減		
2.1	生産段階（構造用躯体部材）	5	ゼロエミなどの取組
2.2	生産段階（構造用躯体以外の部材）	5	ゼロエミなどの取組
2.3	施工段階	5	ゼロエミなどの取組
3	リサイクルの促進		
3.1	使用材料の情報提供	5	積極的な取組
LR3	地球・地域・周辺環境に配慮する		
1	地球温暖化への配慮	5	ライフサイクルCO2排出率36％
2	地域環境への配慮		
2.1	地域インフラの負荷抑制	3	雨水地下浸透施設
2.2	既存の自然環境の保全	3	地形と表土の保全
3	周辺環境への配慮		
3.1	騒音・振動・排気・排熱の低減	3	一般的な工夫
3.2	周辺温熱環境の改善	4	配置の工夫

3 住宅の仕様や性能を替えた時のCASBEE評価例

6) 最大限に環境に配慮した場合

ほぼすべての項目にわたって最高点という、現在取組める最大の環境配慮仕様、性能の場合です。■の部分が5)（積極的な最新設備型の仕様）より向上した性能です。

4)と5)の取組みを併せて採用し、さらに外壁材や屋根材の耐用性を高めるよう努力しています。

Q すまいの環境品質・性能		
Q1 室内環境を快適・健康・安心にする		
1 暑さ・寒さ		
1.1 基本性能		
1 断熱・気密性能の確保	5	品確法等級4(次世代省エネ基準)
2 日射の調整機能	5	Low-e ＋外付けスクリーン＋庇
1.2 夏の暑さを防ぐ		
1 風を取り込み、熱気を逃がす	5	全ての居室で2方向開口
2 適切な冷房計画	5	全館空調システム
1.3 冬の寒さを防ぐ		
1 適切な暖房計画	5	全館空調システム
2 健康と安全・安心		
2.1 化学汚染物質の対策	5	品確法 等級3
2.2 適切な換気計画	5	各室で必要な換気量を確保
2.3 犯罪に備える	4	出入り可能な開口に有効な配慮
3 明るさ		
3.1 昼光の利用	4	開口率20%以上＋南窓確保
4 静かさ	4	等級2レベル
Q2 長く使い続ける		
1 長寿命に対する基本性能		
1.1 躯体	5	品確法 等級3
1.2 外壁材	4	耐用性が50～100年（タイル）
1.3 屋根材、陸屋根（バルコニー）	4	耐用性が50～100年（和瓦）
1.4 自然災害に耐える	5	品確法 等級3
1.5 火災に備える		
1 火災に耐える構造（開口部以外）	4	火炎を遮る時間が40分相当
2 火災の早期感知	3	消防法の基準
2 維持管理		
2.1 維持管理のしやすさ	5	品確法 等級3(配管配慮＋点検口)
2.2 維持管理の体制	5	サポート体制あり
3 機能性		
3.1 広さと間取り	5	居住水準レベル＋機能スペース確保
3.2 バリアフリー対応	4	品確法 等級3
Q3 まちなみ・生態系を豊かにする		
1 まちなみ・景観への配慮	5	周辺配慮＋寄与に3つに取り組む
2 生物環境の保全と創出		
2.1 敷地内の緑化	4	緑化率40%未満
2.2 生物の生息環境の確保	3	緑の連続性移動経路の確保
3 地域の安全・安心	5	見通し＋避難経路の確保
4 地域の資源の活用と住文化の継承	4	地域性のある材料を一部使用

BEE ＝ 5.9（★★★★★）で、3）と比べ 4.9 向上し、ライフサイクル CO_2 排出率もさらに改善し 34%になりました。

2-1 すまいの環境効率（BEEランク&チャート）

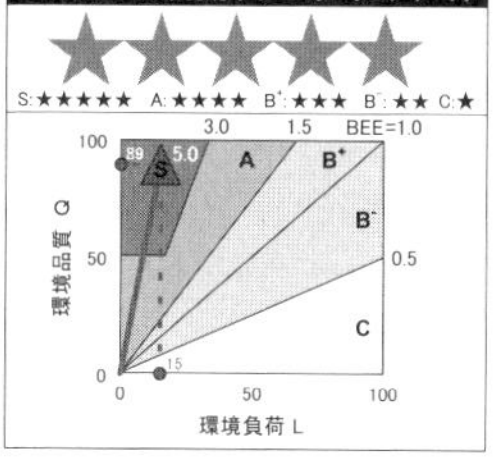

2-3 ライフサイクルCO_2（温暖化影響チャート）

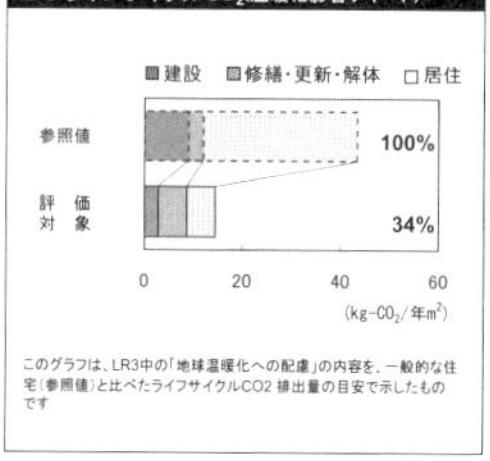

LR　すまいの環境負荷低減性		
LR1　エネルギーと水を大切に使う		
1　建物の工夫で省エネ		
1.1　建物の熱負荷抑制	5	品確法等級 4（次世代省エネ基準）
1.2　自然エネルギー利用	3	暖房エネルギーの 10%削減
2　設備の性能で省エネ		
2.1　暖冷房設備		
1　暖房設備	5	適切な容量で高効率なエアコン
2　冷房設備	5	適切な容量で高効率なエアコン
2.2　給湯設備		
1　給湯機器	5	高効率給湯機
2　浴槽の断熱	5	浴槽断熱＋断熱層で囲む
3　給湯配管	4	ヘッダー＋近くに設置
2.3　照明・家電・厨房機器	4	高効率な冷蔵庫＋家電数点設置
2.4　換気設備	4	高効率なシステム
2.5　エネルギー利用効率化設備		
1　家庭用コージェネレーションシステム	3	採用せず
2　太陽光発電システム	0.4	4kW 搭載
3　水の節約		
3.1　節水型設備	5	節水便器＋手元止水付水栓＋食洗機
3.2　雨水の利用	4	取組有り
4　維持管理と運用の工夫		
4.1　住まい方の提示	5	丁寧な省エネ型ライフスタイル提示
4.2　エネルギーの管理と制御	4	エネルギー消費量表示機器
LR2　資源を大切に使いゴミを減らす		
1　省資源、廃棄物抑制に役立つ材料の採用		
1.1　構造躯体		
1　木質系住宅	3	特段の配慮なし
1.2　地盤補強材・地業・基礎	3	特段の取組なし
1.3　外装材	4	一定の取組
1.4　内装材	4	積極的な取組
1.5　外構材	5	特段の取組なし
2　生産・施工段階における廃棄物削減		
2.1　生産段階（構造用躯体部材）	5	ゼロエミなどの取組
2.2　生産段階（構造用躯体以外の部材）	5	ゼロエミなどの取組
2.3　施工段階	5	ゼロエミなどの取組
3　リサイクルの促進		
3.1　使用材料の情報提供	5	積極的な取組
LR3　地球・地域・周辺環境に配慮する		
1　地球温暖化への配慮	5	ライフサイクル CO2 排出率 34%
2　地域環境への配慮		
2.1　地域インフラの負荷抑制	4	雨水地下浸透施設＋ゴミ分別
2.2　既存の自然環境の保全	4	地形と表土の保全＋郷土種植樹
3　周辺環境への配慮		
3.1　騒音・振動・排気・排熱の低減	4	さらに配慮
3.2　周辺温熱環境の改善	5	配置の工夫＋緑被率確保

第5章

CASBEEが担う役割

CASBEE開発の背景と目的

CASBEE（キャスビー：建築物総合環境性能評価システム）は、建物を環境性能で評価し、格付けする手法です。CASBEEによる評価では「5つ星（★★★★★）：Sランク（素晴らしい）」から、「4つ星（★★★★）：Aランク（大変良い）」「3つ星（★★★）：B^{+}ランク（良い）」「2つ星（★★）：B^{-}ランク（やや劣る）」「1つ星（★）：Cランク（劣る）」という5段階の格付けが与えられます。CASBEEではこの5段階の格付けを、「環境効率」の考え方を用いて新たに開発された評価指標「BEE（建築物の環境性能効率、Building Environmental Efficiency）」の数値によって行います。

CASBEEは、2001年に国土交通省の主導の下に（財）建築環境・省エネルギー機構内に設置された委員会において開発が進められ、2002年には最初の評価ツール「CASBEE–事務所版」が、その後2003年7月に「CASBEE–新築」、2004年7月に「CASBEE–既存」が完成しました。

CASBEEの評価ツールは、①建物のライフサイクルを通じた評価ができること、②「建物の環境品質（Q）」と「建物の環境負荷（L）」の両側面から評価すること、③環境効率の概念に基づく評価指標であること、という3つの理念に基づいて開発されています。環境負荷の低減と居住環境の質の向上を同時に目指すCASBEEの評価システムは、公共・民間を問わず、各種建築物に対する幅広い適用を目標として開発されたものです。

CASBEEは建物の環境ラベルとしての活用はもとより、建築行政における環境施策の推進や、建築実務における発注者と設計者のコミュニケーションや設計支援のツールとして、大学等建築専門教育や実務専門家教育（CPD）での教材など、さまざまな場面で活用されています。

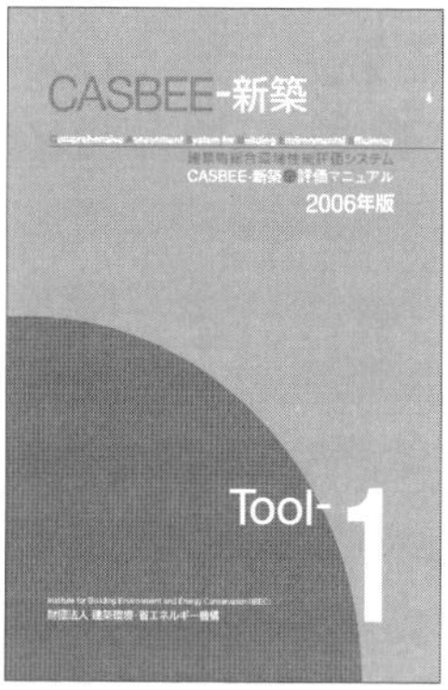

CASBEE–新築

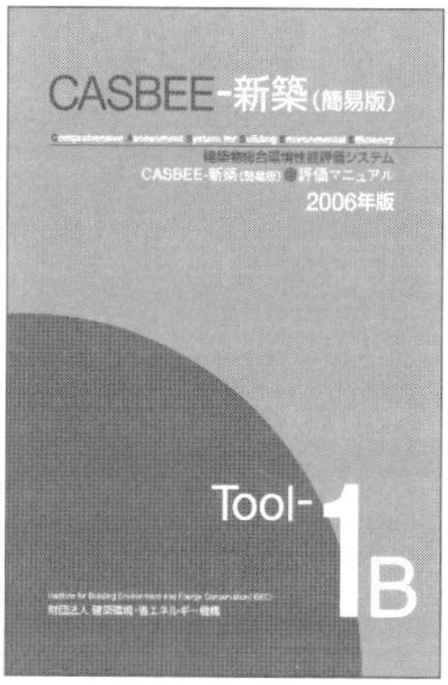

CASBEE–新築（簡易版）

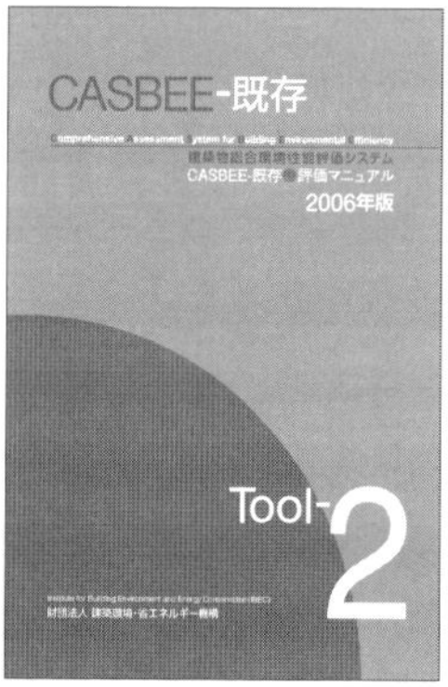

CASBEE–既存

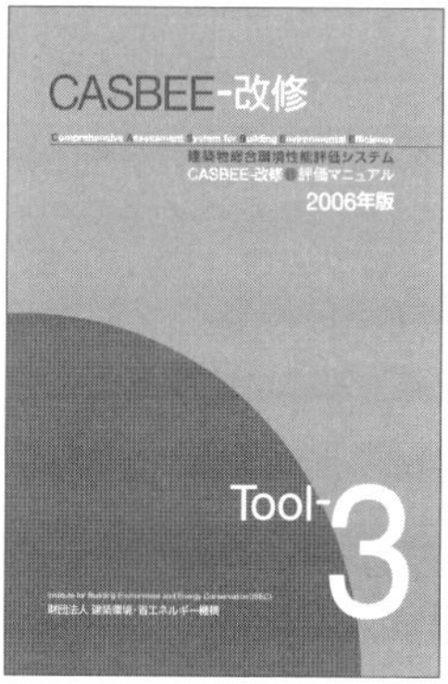

CASBEE–改修

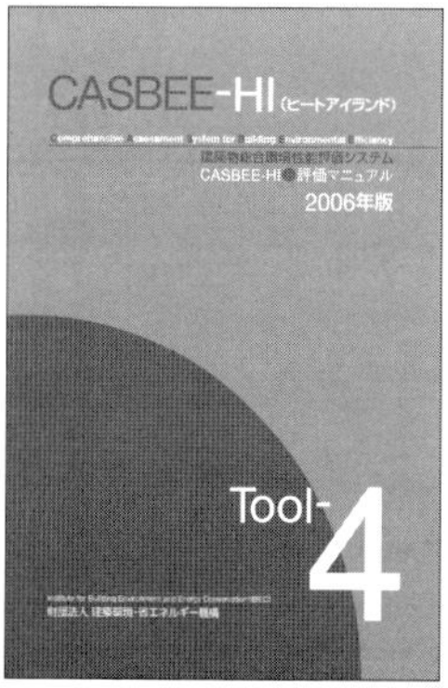

CASBEE–HI（ヒートアイランド）

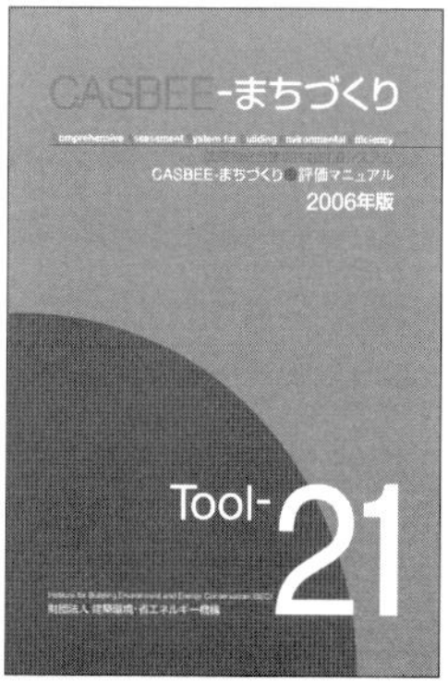

CASBEE–まちづくり

CASBEEの理念と枠組み

1) 環境評価の考え方の変遷

1990年代以降、地球環境問題が顕在化してから海外では表5–1に示すようなイギリスのBREEAM（ブリーム）、アメリカのLEED（リード）、カナダのSB Tool（エスビーツール）など、数多くの建物の総合環境性能評価手法が開発されてきました。これらの評価ツールは主として、地球環境保全の視点に立って建設行為に伴う環境負荷という負の側面に着目しています。他方、CASBEEではこれらに加えて室内環境などの建物性能も評価対象として積極的に取り込んでいます。先進国の人々は人生の90%を室内で過ごします。ですから、室内環境品質の確保は人類のサステナビリティに関わる重要な要素です。BREEAMなどの既存の評価ツールとCASBEEとの考え方の差異は、表5–1の評価項目を見れば明らかになります。

建物の評価を対象とするCASBEEでは評価にあたって、建物の敷地の境界に設定された仮想境界によって区分される空間（仮想閉空間）を建築物の評価を行うための閉鎖系として提案しています。図5–1に示すとおり、環境負荷（Load）は、このような概念のもとで、「仮想境界を超えてその外部（公的環境）に達する環境影響の負の側面」と定義できる要素です。これに対して、仮想閉空間内部での環境の質や機能（Quality）については、「居住者のアメニティ向上の側面」と定義できる環境要素です。

以上のことを、戸建住宅に当てはめて考えてみましょう。住宅は個人的側面と社会的側面という2つの性格を持っています。前者は、個人が所有あるいは使用し個人生活の基盤として、豊かな生活を実現するという側面です。後者は、住宅が社会の構成要素の1つとして地域環境の形成に貢献し、社会資産として後世にも継承されるという側面です。例えば、個人住宅といえども耐震性能を確保することが法律で義務づけられています。このことが、住宅の持つ社会的側面をよく表しています。

表 5–1 に示した海外の評価ツールではＱとＬの２つの要素の区分は不明瞭でしたが、CASBEE ではそれぞれを「建物の環境品質（Q)」と「建物の環境負荷（L)」と定義し（Q：Quality、L：Load)、両者を明確に区別して評価します。Q の評価項目には「Q-1 室内環境」「Q-2 サービス性能」「Q-3 室外環境（敷地外）」が含まれています。一方、L は「L-1 エネルギー」「L-2 資源・マテリアル」「L-3 敷地外環境」の評価項目で構成されています。

表5–1　著名な環境性能評価システムにおける評価項目

	BREEAM	LEED	SBTool注)	CASBEE
発祥	イギリス	アメリカ	カナダ	日本
経過	1990 年（初版） 2002 年（最新）	1996 年（草案） 2006 年（最新）	1998 年（初版） 2006 年（最新）	2002 年（初版） 2007 年（最新）
評価項目	1. マネジメント 2. 健康と快適性 3. エネルギー 4. 交通 5. 水 6. 材料 7. 土地利用 8. 敷地の生態系 9. 汚染	1. 敷地計画 2. 水消費の効率化 3. エネルギーと大気 4. 材料と資源の保護 5. 室内環境 6. 革新性及び設計・建設プロセス	1. 資源消費 2. 環境負荷 3. 室内環境 4. サービス品質 5. 経済性 6. 運用以前での管理 7. 近隣環境	Q 環境品質・性能 Q1. 室内環境 Q2. サービス性能 Q3. 室外環境(敷地内) L 環境負荷 L1. エネルギー L2. 資源・マテリアル L3. 敷地外環境 BEE 環境性能効率 Q/L

注）当初、GBTool（ジービーツール）と称していたが、2006 年に名称が変更された

図5–1　仮想境界に基づく環境品質（Q）と環境負荷（L）の定義

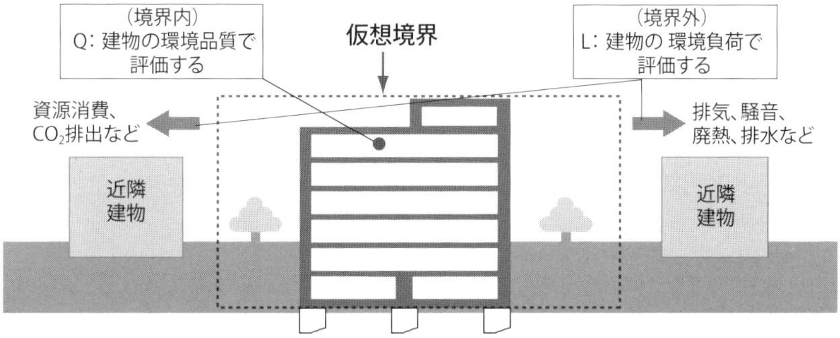

2 CASBEEの理念と枠組み

2） 環境効率による評価

「BEE（建物の環境性能効率）」は、CASBEE が評価する環境性能の 2 つの評価分野 Q と L を、環境効率（エコ・エフィシェンシー）の考え方を用いて統合した指標です。エコ・エフィシェンシーとは、環境面での効率性を追求するための理念で、通常「単位環境負荷あたりの製品・サービスの経済価値」と定義されます。このエコ・エフィシェンシーの理念をベースとして、CASBEE では新たに「建物の環境性能効率（BEE）」を定義しました。BEE は、下式に基づき求められます。

$$\text{建物の環境効率（BEE）} = \frac{\text{建物の環境品質（Q）}}{\text{建物の環境負荷（L）}}$$

CASBEE では、この BEE（Q/L）によって格付けを行います。図 5–2 に示されるように BEE は、建物の環境品質（Q）のスコアを縦軸に、環境負荷（L）のスコアを横軸にとることによって、座標軸の原点を通る Q/L の傾きを持つ直線上の 1 点として表現することができます。ここでは、対角線（BEE=1.0）上にある建物の環境性能が、普通の建物を表すように採点基準を定めています。したがって、Q が大きく、L が小さいほど傾斜が大きくなり、より優れたサステナブル建築であることを表します。これにより、BEE 値が増加するのに対応して、1 つ星（★：C ランク）、2 つ星（★★：B^-ランク）、3 つ星（★★★：B^+ランク）、4 つ星（★★★★：A ランク）、5 つ星（★★★★★：S ランク）として格付けを行います。

図 5–2 は、名古屋市に建築確認申請の出された新築建物（2004 年 4 月～2005 年 3 月、2,000m^2 を超える建築物）を『CASBEE–名古屋』を用いて評価した事例です。1 つのマークが 1 つの建物に対応します。ほとんどの建物が B^+と B^-に格付けされています。A ランクは少数で、平均は概ね B^+と B^-の間に位置しています。

図5-2 BEEによる環境格付け（『CASBEE-名古屋』による評価事例）

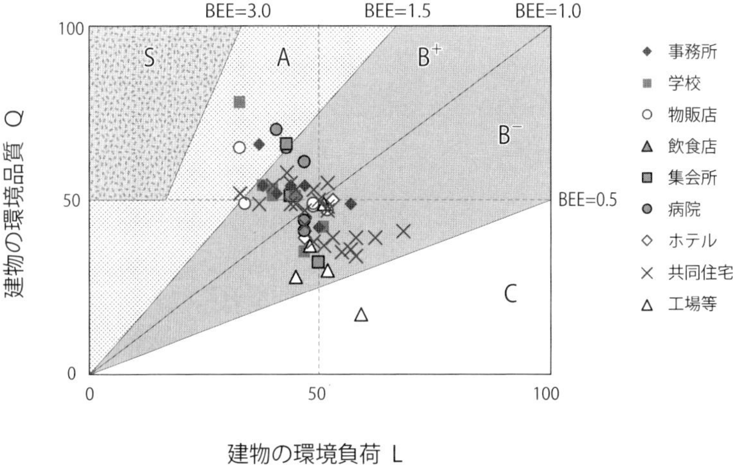

2 CASBEEの理念と枠組み

3) CASBEEにおける地球温暖化への対応

1997年12月のCOP3（地球温暖化防止京都会議）で採択され、2005年2月に発効した京都議定書によって、日本は、第1約束期間（2008年～2012年）における温室効果ガス排出量を1990年比で6%削減することが目標となりました。日本の温室効果ガス排出量の約9割は、エネルギー使用に伴って排出される二酸化炭素（CO_2）ですが、このうち、住宅と業務系建物の運用の占める割合は、2005年度にはそれぞれ14%と20%となり、京都議定書の基準年である1990年からそれぞれすでに37%、45%増加しています。第1約束期間における目標達成のためには、目安として、それぞれ3,700万t–CO_2（2005年度比で21.4%）、7,300万t–CO_2（2005年度比で30.6%）もの大幅な削減が必要となっています。

また、住宅と業務系建物は新築時（7%）と改修時（2%）にも大量のCO_2を排出し、運用時（34%）と合わせて、日本全体のCO_2排出量（13億t–CO_2）の42%にも達します。このため、省エネルギー対策だけでなく、製造時のCO_2排出量が少ない材料選定や長寿命化対策など、住宅や業務系建物の建設から運用、修繕、改修、解体までのライフサイクルにわたるCO_2（$LCCO_2$：ライフサイクルCO_2）の削減対策が一層重要となってきました。

さらに2007年6月にドイツ・ハイリゲンダムで開催されたG8サミットにおいて、日本は「世界全体の排出量の半減を2050年までに実現する」という長期目標を全世界共通目標として提案し、2008年の次回G8サミットの主要議題の一つとなる予定です。このような社会情勢の中で、『CASBEE–新築』においても$LCCO_2$排出率に応じた評価が環境効率（BEE）に反映されるとともに、$LCCO_2$排出量表示も併記する案が2007年9月に発表される予定です。第3章で紹介した戸建住宅の評価システム『CASBEE–すまい（戸建）』とほぼ同様ですので、ここでは『CASBEE–新築』の評価結果表示シートを紹介し、詳細は省略します。

図5-3　『CASBEE-新築』における地球温暖化への対応

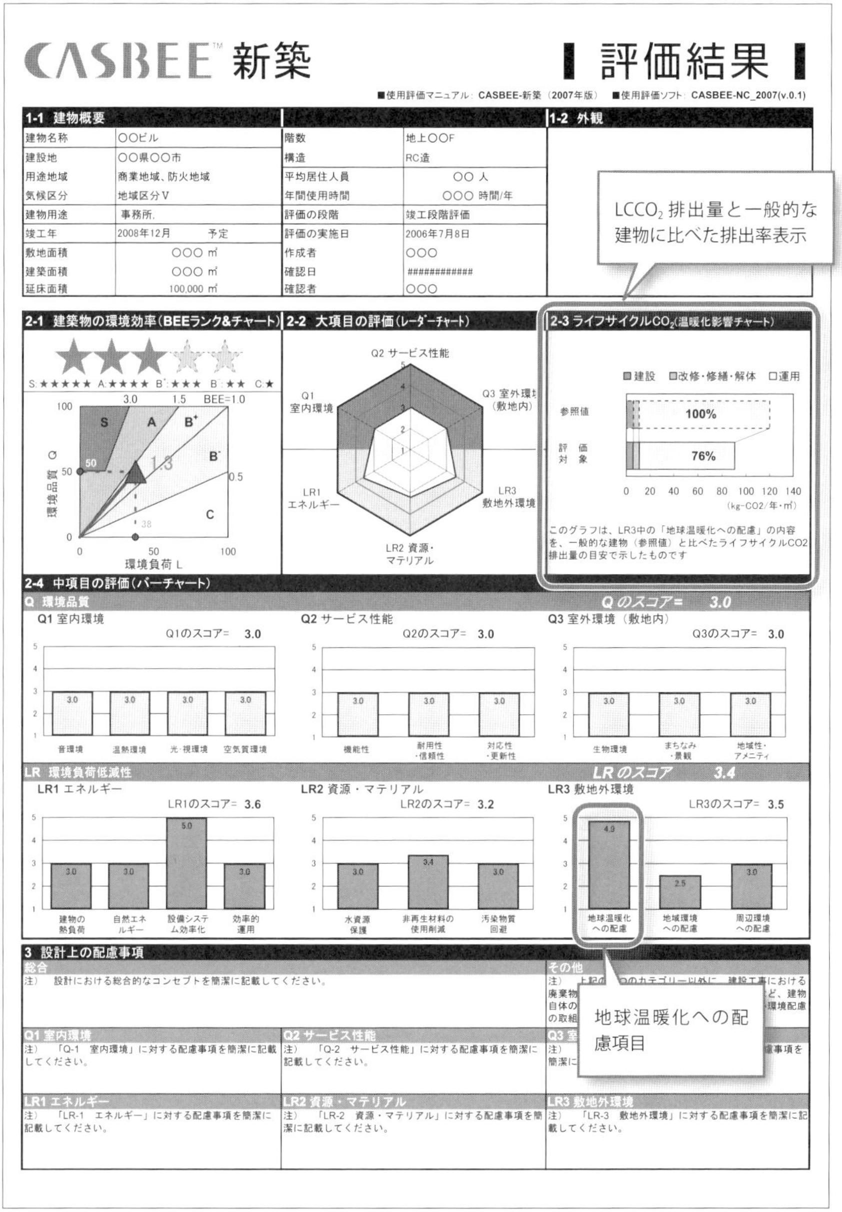

2 CASBEEの理念と枠組み

4) CASBEEファミリー

CASBEEは、図5–4に示すように、比較的大規模な建物を対象とした建築系のCASBEE、住宅を対象とした住宅系CASBEE、まちづくりを対象としたまちづくり系CASBEEで構成されています。これらを総称してCASBEEファミリーと呼んでいます。

【建築系CASBEEの基本ツール】

事務所・学校・物販店・飲食店・集会所・工場・病院・ホテル・集合住宅など比較的大規模な建物を対象とした建築系のCASBEEは、建物のライフサイクルに対応して、CASBEE–企画、CASBEE–新築、CASBEE–既存、CASBEE–改修の4つの評価ツールで構成され、デザインプロセスにおける各段階で活用されます。

▶ CASBEE–企画

建物の企画段階に、基本的な環境影響等を把握して適切な敷地選定を支援したり、建物の環境性能を評価します（今後開発の予定）。

▶ CASBEE–新築

設計者が、設計期間中に評価対象建築物のBEE値などを向上させるための自己評価ツールで、設計仕様と予測性能に基づき評価を行います。専門家による第三者評価を行えば、格付けにも活用されます。

▶ CASBEE–既存

既存建物を対象とする評価ツールで、竣工後約1年以上の運用実績に基づいて評価します。

▶ CASBEE–改修

CASBEE–既存と同様に、既存建物を対象とし、今後重要性が増すESCO事業や既存建物の改修への利用も視野に入れていて、建物の運用モニタリング、コミッショニングや、改修設計に対する提案等に活用できるツールです。

図5-4 CASBEE ファミリーの構成

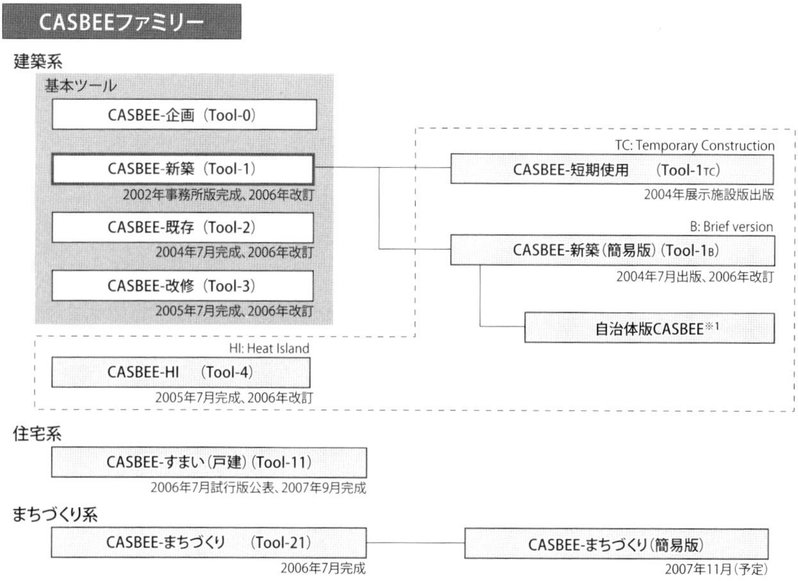

※1） CASBEE-名古屋（2004.04施行）、CASBEE-大阪（2004.10施行）、CASBEE-横浜（2005.07施行）など、全国の自治体で開発が進んでいる（209頁の図5-5、210頁の図5-6参照）

表5-2 建物のライフサイクルと CASBEE の 4 つの基本ツール

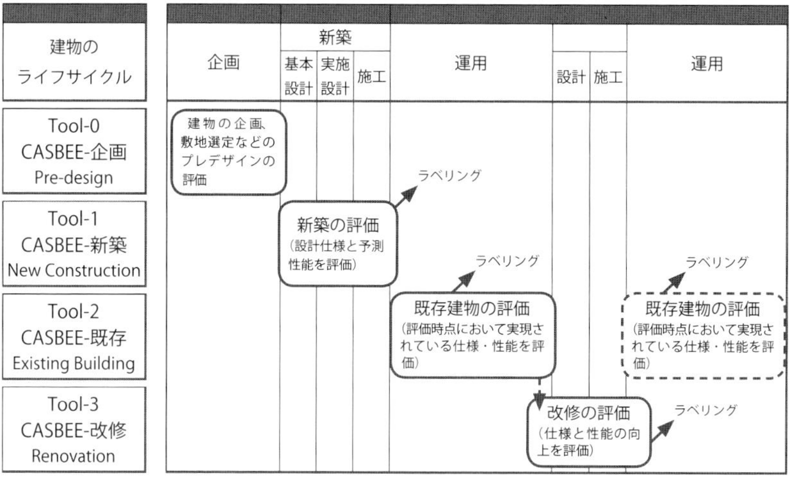

2 CASBEEの理念と枠組み

【建築系 CASBEE の拡張ツール】

▶ CASBEE–短期使用

仮設建築物（例えば、万博パビリオン）のように、短期間の使用を意図して建設される建物について評価を行います。短期使用建築物はライフサイクルが非常に短いため、解体時の資源再利用がより詳細に評価され、重み係数を高くするなど、評価基準は建物の特徴に対応した内容になっています。現在は、対象を展示施設に限定したツールが公表されています。

▶ CASBEE–新築（簡易版）

「CASBEE–新築」の評価実施には、採点に必要な資料作成時間を含めて、3～7日間程度を要します。これに対して、予備的な評価と迅速性を重視したツールの必要性が高まり開発されたのが、『CASBEE–新築（簡易版）』です。環境性能水準の簡易設定や達成度評価、官庁等届出書類の作成（建築物環境計画書など）などを目的に、2時間程度（省エネルギー計画書作成時間を除く）で簡易評価が可能となっています。

▶ 自治体版 CASBEE

いくつかの自治体では建築物環境計画書などの届出制度導入に際し、地域性や政策等を勘案して前述の『CASBEE–新築（簡易版）』を一部修正し、より地域の実態を反映した『自治体版 CASBEE』が活用されています。現在では、名古屋市、大阪市、横浜市をはじめ、全国各地ですでに運用されています。

▶ CASBEE–HI

東京や大阪などの大都市圏では、ヒートアイランドの評価が欠かせないものとなっており、建築物におけるヒートアイランド現象緩和への取組みを評価するものとして『CASBEE–HI』が開発されました。これは、基本ツールの評価項目でもある屋外温熱環境とヒートアイランド負荷に関わる部分をより詳細に評価するツールです。『CASBEE–HI』では、ヒートアイランド緩和に関する環境効率（BEE_{HI}）を次式で評価します。

$$BEE_{HI} = \frac{Q_{HI}\text{（仮想閉空間内の暑熱環境の緩和効果）}}{L_{HI}\text{（仮想閉空間外へのヒートアイランド負荷）}}$$

【住宅系 CASBEE】

CASBEE の基本ツールの評価対象に集合住宅は含まれていますが、戸建住宅は含まれていません。そこで、戸建住宅を評価するための評価ツールとして、『CASBEE–すまい（戸建）』が開発されました。

【まちづくり系 CASBEE】

建築系 CASBEE と住宅系 CASBEE は、単体建物を評価対象としていますが、建物群となった際の環境性能を評価することも重要です。最近の都心再開発に多く見られるように、周辺の街区を一体として計画を行う場合、例えば地区全体で面的なエネルギー利用を推進することで、周辺環境に対するプラス効果、すなわち環境品質（Q）の向上が期待されます。たとえ棟ごとに建築主が異なっても、街区内の建物に対して共通の制約を課すことによって、地区全体での環境性能向上に取組むことができます。このような「都市再生」を通じた取組みや、複数建物を含む地区一帯での取組み評価も視野に入れたうえで、『CASBEE–まちづくり』が開発されました。

CASBEEの活用

1）　国・自治体の政策への活用

CASBEEの開発は、産・官・学の連携・協力のもと、2001年に取組みが始まりました。これは以下のような建築分野の環境政策デザインの望ましい方向性を踏まえたものです。

第1に、政策の実現に市場メカニズムを活用することです。この際、市場の補完よりは、極力市場の誘導、市場の整備の方向に向う方が行政コストは低減できます。第2に、行政改革と民活という観点から、公的な関与を可能な限り減らし、民間の活用を図る方向が望ましいことです。第3に、規制的手法を使うよりは情報開示をして、情報の非対称性をなくし、市場の中で適切な選択が行われる環境を整備することが望ましいことです。

第4に、個別要素技術に基づく個別対策ではなく、それらを統合化することによって、建築のライフサイクルを通じた環境へのトータル負荷の低減を図ることを目標に、政策全体をシステムデザインするという視点が極めて重要なことです。

こうした政策の実現にあたり、その最も基本的で不可欠なものが総合的な評価システムで、CASBEEはこれに応えるものとして開発が進められてきました。

【国の施策等における CASBEE の位置づけ】

CASBEE は、主として建築行政を担う国土交通省の施策として進められましたが、その重要性について環境、エネルギーなどに係る関連部局の共通の認識となり、現在、政府の各種報告や計画の中で、CASBEE が位置づけられています。国土交通省環境行動計画（H16)、同社会資本整備審議会環境部会中間とりまとめ（H16)、経済産業省資源エネルギー庁総合資源エネルギー調査会省エネルギー部会中間とりまとめ（H16)、環境省中央環境審議会第 2 次答申（H17）などです。そして、平成 17 年 2 月 16 日の京都議定書の発効を受けて同年 4 月に閣議決定された「京都議定書目標達成計画」では「建築物等に関する総合的な環境性能評価手法（CASBEE）の開発・普及」が、地球温暖化対策として必要な国の施策に位置付けられました。

また、都市再生プロジェクトとして、「都市再生事業を通じた地球温暖化対策・ヒートアイランド対策の展開」が決定され（平成 16 年 12 月、第 8 次決定)、「大規模な建築物の建築について、エネルギー利用、ヒートアイランド対策等の観点に関わる環境性能を客観的・総合的に評価し点数表示する仕組みを確立する。このための基準を産官学の連携により整備し、市場機能や地方公共団体の助言指導等を通じ、大都市部における大規模建築物については概ね 5 年後に一般化することを目途として普及する。」とされました。CASBEE の開発、普及が、国家の重要課題である都市再生においても大きな役割を担うものと位置づけられたものです。このために開発されたのが、『CASBEE–まちづくり』です。

さらに、CASBEE の官庁施設への適用については、2004 年 7 月に策定された官庁営繕グリーンプログラムに、グリーン庁舎計画指針（1998 年 3 月制定）の改定にあわせて CASBEE 活用が盛り込まれました。これに基づいて出版された「グリーン庁舎基準及び同解説」には CASBEE–新築（簡易版）ツールが、「グリーン診断・改修計画基準及び同解説」には CASBEE–改修ツールが組み込まれました。2005 年から毎年発行されている「国土交通省官庁営繕環境報告書」には、国が発注した全国の主要庁舎の CASBEE と $LCCO_2$ 低減性能が公表されています。

3 CASBEEの活用

2） 民間での活用

民間が実施する設計コンペやプロポーザルにおいても、設計案とともにCASBEEの評価結果が自主的に提出されたり、実施要綱に盛り込まれて必須提出物になるような使われ方が広まってきています。建築系の雑誌などにも取り上げられ、話題になった事例として、CASBEEのBEE値が4以上となる提案を求めた企業の新本社ビルの設計コンペ（2005年秋実施）などが有名です。

また、CASBEEの評価結果を第三者機関の審査を受けて認証してもらう企業の本社ビルや分譲マンションなども徐々に増えてきました。2006年末までに第三者認証を受けた16件のうち14件が民間施設です。なお、この中には近年、次々に完成する新しい大規模再開発施設に負けない魅力をアピールするために『CASBEE–既存』による評価認証を受けた既存施設も含まれています。また、横浜市では建築物環境配慮評価認証制度が2006年4月に創設されるなど、第三者認証が受けやすくなることで、民間の施設発注における市場変革も進展するものと期待されます。

3） 教育での活用

CASBEEは大学の環境計画演習などでも活用されています。その第1号が北九州市立大学国際環境工学部空間環境デザイン学科の3年生約50名を対象とした「環境計画演習」です。学部2年の設計製図Ⅱで各自が設計した集合住宅を評価対象として、当時の設計案を評価すると共に、改善案を考えて、再度評価するというものです。建築環境工学の基礎を学び、設計課題も経験した学部3年生であればCASBEEの概要を理解し、評価結果を上手にプレゼンテーションできることが実証されました。その後、東北大学、早稲田大学、慶応義塾大学、武蔵工業大学などさまざまな大学の講義、演習でCASBEEが使われはじめています。

図5–5 北九州市立大学の環境計画演習でのプレゼンテーション例

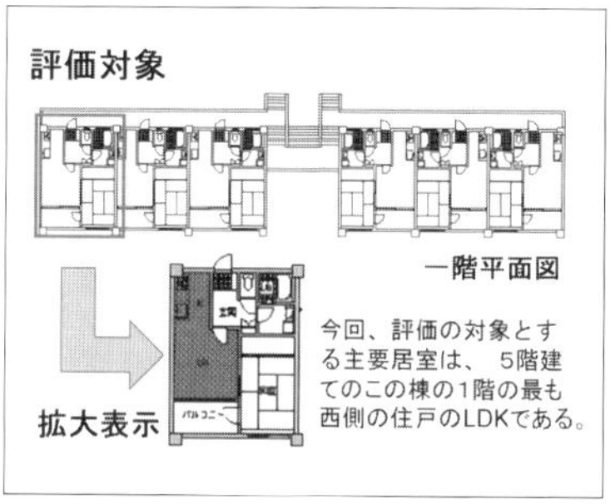

1）評価対象

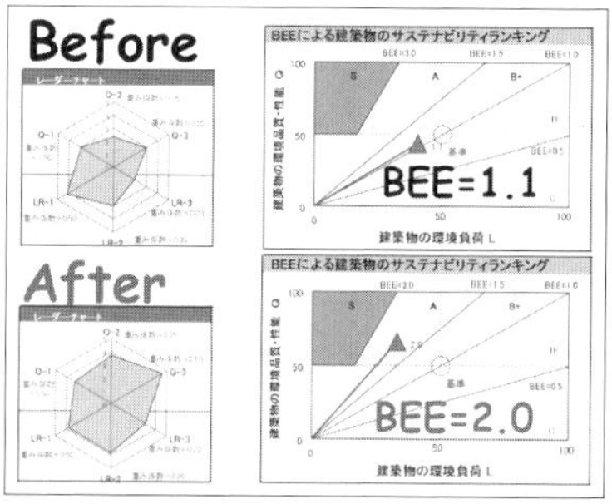

2）評価結果（改善前と改善後）

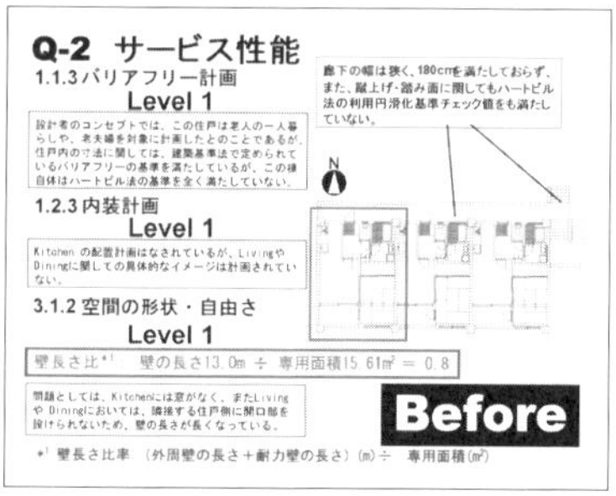

3）Q-2 サービス性能の評価根拠（改善前）

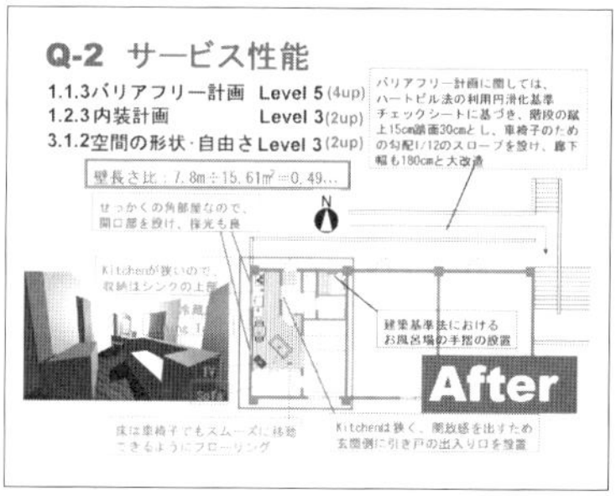

4）Q-2 サービス性能の評価根拠（改善後）

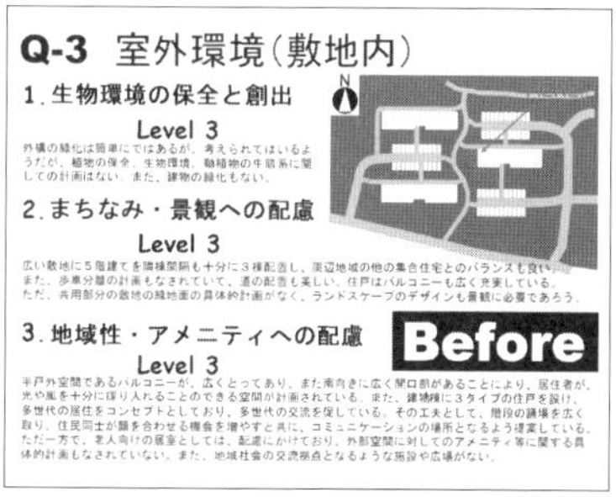

5）Q-3 室外環境の評価根拠（改善前）

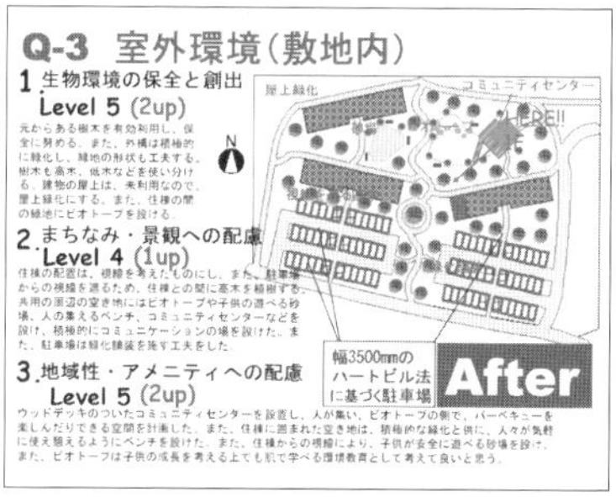

6）Q-3 室外環境の評価根拠（改善後）

自治体によるCASBEEの導入

CASBEEの開発が進み、新築について実用化の段階に達したことを受け、近年、地方公共団体の建築行政において、建築主に建築物の総合環境性能評価を求める動きが広がってきています。一定規模（延床面積2,000m^2または5,000m^2）を超える建物の建築に際して、評価結果を届け出ることを求めるもので、条例などにより定められています。届け出された評価結果は、概要をインターネットで公開し、情報開示を通じてサステナブル建築に向けた取組みを促すしくみとなっており、建築分野の環境行政デザインの方向と一致したものとなっています。

2007年9月現在、CASBEEを活用した制度を施行または施行予定の自治体は、図5-6のとおりです。

名古屋市が2004年4月に環境保全条例に基づいて、建築確認申請前のCASBEE評価の義務付けを施行したのを皮切りに、大阪市（2004.10）、横浜

図5-6　地方公共団体におけるCASBEEを活用した取組み

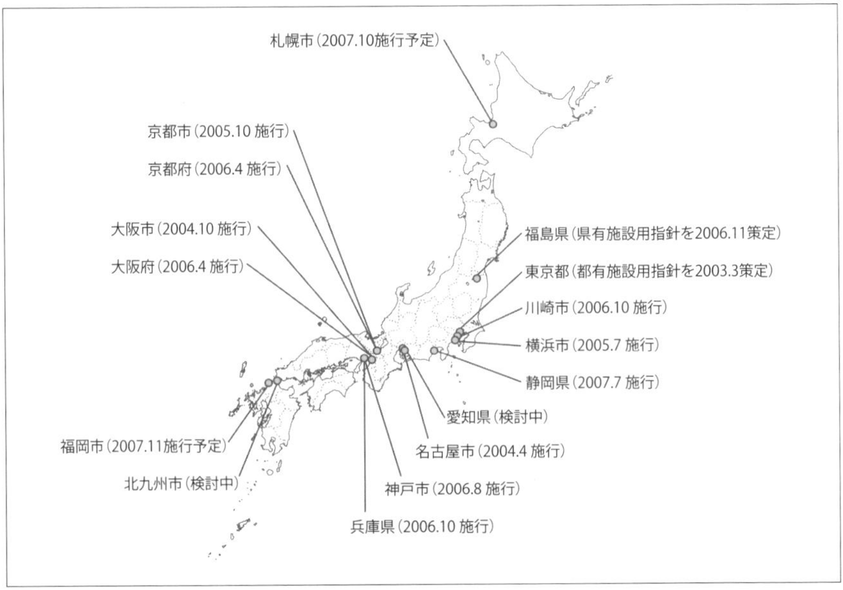

市（2005.4）京都市（2005.10）、京都府（2006.4）、大阪府（2006.4）、神戸市（2006.8）、川崎市（2006.10）、兵庫県（2006.10）、静岡県（2007.7）、札幌市（2007.10 施行予定）、福岡市（2007.11 施行予定）をはじめ多くの自治体で活用され、さらに全国の自治体に広まりつつあります。

また、地方公共団体の新築・改修事業にも CASBEE が使われはじめています。東京都財務局建築保全部は、2005 年 3 月に、地球温暖化防止に向けた都有施設環境配慮整備指針を定め、CASBEE を利用した都庁舎、都立高校、都立病院を中心とした都有施設環境・コスト評価システムを開発・活用しています。福島県でも 2006 年 11 月に、環境共生建築計画・設計指針が定められ、CASBEE が活用され始めたところです。CASBEE が公共施設発注にも大きな変革をもたらすことになると期待されます。

さらに、『CASBEE–すまい（戸建）』の試行版が 2006 年 7 月に公表されたこともあり、京都府がいち早く、「京都府住宅環境性能評価研究会」を設置し、愛知県も「あいち環境住まい・建築物整備検討委員会」を 2007 年 6 月に設置して、戸建住宅を対象とした制度の検討が始まったところです。

図5–7 自治体ウェッブサイト上での CASBEE 情報開示建物件数と実績の予測

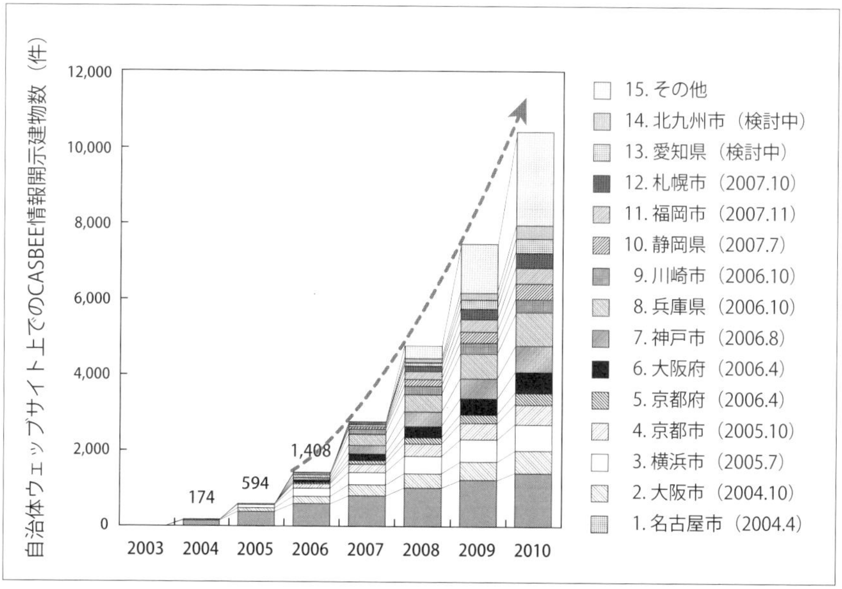

CASBEE評価認証制度と評価員登録制度

1） CASBEE評価認証制度とは

CASBEEは、設計者等の環境配慮設計のための自己評価ツールとして、また、建築行政での活用や建築物の資産評価等に利用可能な環境ラベリングツールとして利用されることを目的に開発されたものですが、CASBEEの評価結果を第三者に提供する場合にはその信頼性や透明性の確保が重要となります。評価認証制度はこれらの観点から設けられた制度で、「CASBEE」による評価結果の的確性を確認することにより、その適正な運用と普及を図ることを目的としています。

また、横浜市でも2006年4月から評価認証制度をスタートしました。CASBEE評価認証を行う機関は徐々に増えるものと期待されます。さらに、今後、『CASBEE–すまい（戸建）』に基づく、評価認証制度もスタートする予定です。

図5–8　IBEC による CASBEE 評価認証フロー

申請資料作成	◯ CASBEE評価員による資料作成
↓	
申請受理	◯ 申請資料の確認、評価認証費用の納入
↓	
予備審査	◯ 審査部会によるCASBEE評価の書類審査
↓	
本審査	◯ 評価認証の適否決定 （必要に応じてヒアリングによる的確性確認）
↓	
評価認証書交付	
↓	
結果の公表	◯ ホームページ等による公表

図5–9　CASBEE 評価認証一覧のウェッブサイト

5 CASBEE評価認証制度と評価員登録制度

2） CASBEE評価員登録制度とは

CASBEEは可能な限り定量的な評価とすることを基本としていますが、定性的な評価項目も含まれています。そのため、CASBEE評価を行うに当たっては、建築物の総合的な環境性能評価に関する専門的な知識と技術が求められます。そこで、CASBEEの適正な評価と運用を図ることを目的として、CASBEE評価に関する専門技術者「CASBEE建築評価員」を養成しています。CASBEE建築評価員になるためには、「評価員養成講習」の受講と「評価員試験」および「登録」を受ける必要があります。

戸建住宅を対象とした『CASBEE–すまい（戸建）』の評価員制度の設立に伴い、本登録制度を改正し、戸建住宅を除く建築物を対象とする従来の評価員を「CASBEE建築評価員」とし、戸建住宅を対象とする評価員を「CASBEE戸建評価員」とすることとしました。現在、CASBEE評価員の方は、引き続き「CASBEE建築評価員」として資格が引き継がれます。（なお、「CASBEE戸建評価員」の講習と試験については、2007年秋頃に第1回が予定されています。）

図5-10 CASBEE 評価員登録のフロー

実施計画の公表	◯ ホームページ等による公表
↓	
受講・受験受付	◯ 受講票等の発行 （受講・受験料の納入、申請内容の確認）
↓	
講習実施	◯ 主要都市で開催 ◯「講習修了証」の発行
↓	
試験実施	◯ 主要都市で一斉試験
↓	
合否判定	◯「合格通知書」等発行
↓	
登録申請受付	◯ 登録要件の確認（登録料の納入）
↓	
登録証等交付	◯「CASBEE建築評価員登録証」等交付
↓	
登録者公表	◯ ホームページ等による公表

図5-11 CASBEE 評価員の登録件数の実績と予測

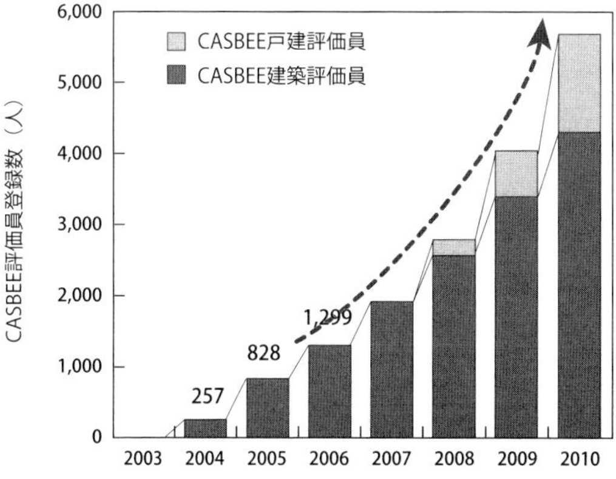

CASBEE–すまい(戸建)と住宅性能表示制度、環境共生住宅認定制度との関係

『CASBEE–すまい（戸建)』と深く関連する住宅の性能に関する評価制度・認定制度として、「住宅性能表示制度」と「環境共生住宅認定制度」があります。

住宅性能表示制度は「住宅の品質確保の促進等に関する法律」(以下、品確法)に基づき、温熱環境や構造の安定性、維持管理・更新への配慮、室内空気環境など、住宅の基本的な性能 10 分野を評価・表示する基準を定めるものです。この基準に従い、客観的に住宅の性能を評価し評価書を発行する第三者機関も用意されており、これらにより住宅の品質の確保を目指しています。

『CASBEE–すまい（戸建)』の評価基準を策定するにあたり、関連する分野については住宅性能表示制度に定めた基準を採用し、整合を図っています。その上で、ライフサイクル CO_2 に関する評価や地域環境への影響の評価等、より広範な環境品質、環境負荷低減性に関する評価項目を定め、住宅の総合的な環境効率を評価・表示する評価システムとなっています。

「環境共生住宅認定制度」とは、「地球環境の保全」「周辺環境との親和性」「居住環境の健康・快適性」の三つの目的に応じた取組みがバランスよくなされた住宅を、「環境共生住宅」として認定し、普及を目指す制度で、1998 年以来（財）建築・環境省エネルギー機構により運営されています。

『CASBEE–すまい（戸建)』と「環境共生住宅認定制度」は、ともに住宅の環境性能を評価・表示し、普及を図るという共通の目的を持ちますが、『CASBEE–すまい（戸建)』は日本の全戸建住宅を対象に住宅の環境性能に関わる多くの取組みを総合的に評価するシステムであり、極めて先進的、あるいは特徴的な取組みやそれを実施した住宅の特性を十分には表現できない面も持っています。

したがって、今後は「環境共生住宅認定制度」の認定基準に『CASBEE–すまい（戸建)』を明確に位置づけることで、一定の総合的な環境性能効率等を有

しながら、より特徴的な環境共生の取組みを行っている住宅を環境共生住宅として認定していくなど、『CASBEE–すまい（戸建）』と「環境共生住宅認定制度」との連携を図り、環境性能の高い住宅の一層の普及を目指します。

図5–12　『CASBEE–すまい（戸建）』と既存制度における評価対象範囲の整理

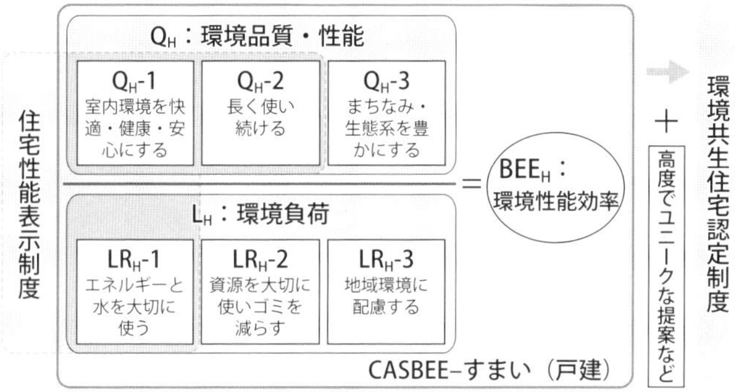

表5–3　CASBEE–すまい（戸建）と既存制度との関係

	CASBEE–すまい（戸建）	住宅性能表示制度	環境共生住宅認定
概要	① 地球温暖化等の環境問題（社会的課題）への対応の観点から、 ② すまいの環境品質・性能（Q）と環境負荷の低減性（LR）について、 ③ 分野ごとの評価結果をレーダーチャート等で表示するとともに、環境性能効率（BEE）を算出して、5段階のランキングにより総合評価	① 住宅の品質確保の促進、購入者等の利益の保護の観点から、 ② 住宅の性能（構造の安定・火災時の安全等を対象、建物外の環境負荷に関する評価項目は含まない）について、 ③ 特別の標章を表示した住宅性能評価書等において、等級や数値等により、性能項目ごとに戸別評価	① 地球環境を保全するという観点から、 ②「地球環境の保全」「周辺環境との親和性」「居住環境の健康・快適性」について、 ③ バランスよく取組まれた住宅およびその地域環境を、必須要件と提案類型の2段階で総合評価
趣旨等	・環境性能の高さを消費者を含む社会に対してアピールする際のメルクマール ・環境に配慮した住宅の普及等を図るため、総合的環境性能に着目した行政による規制誘導、金融上の優遇措置等を講ずる際の評価指標	・施工時及び完成時の現場検査を含む第三者機関の評価を通じた住宅の性能に関する信頼性の確保 ・契約前の個別性能ごとの相互比較による購入者等の選択の目安 ・住宅の質の向上等を図るため、特定の個別性能に着目した行政による規制誘導、金融・保険上の優遇措置等を講ずる際の評価指標	・環境共生住宅の基準の明確化と普及を目的とする ・基本要件を満たし、より高度な環境への取組みや、特色ある取組みを実施している住宅を認定する
評価方法	・評価項目ごとに、5段階評価（レベル3が一般的水準）し、評価結果を重み係数を用いて統合 ・Q（環境品質・性能）とLR（環境負荷低減性）を用いて、BEE（環境性能効率）を算出し、5段階（S, A, B^+, B^-, C）でラベリング	・性能表示事項ごとの評価結果を、等級（等級1が建築基準法レベル）や数値で表現 ・設計図書等の評価（設計住宅性能評価）と、施工時及び完成時の現場検査による評価（建設住宅性能評価）による2段階の評価	・「省エネルギー」「資源の高度有効利用」「地域適合・環境親和」「健康快適・安全安心」の各類型について必須要件を満たした上で、より高度でユニークと判断される「提案」を2類型以上にわたって実施する住宅を認定 ・「提案」については、自由に発想した技術や設計の工夫を求めており、限定的な基準は設けていない
	・自己評価が原則だが、信頼性・透明性の向上を図るため、CASBEE評価員制度（講習→試験→登録）を創設予定	・性能に関する信頼性を確保できるよう、評価を行う法定の第三者機関が準備されているが、自己評価も可能	・公正中立な第三者機関（環境共生住宅認定委員会）が評価し、建築・環境省エネルギー機構が認定

CASBEEを活用した支援制度

容積率緩和の条件としてCASBEEを活用したのは大阪市が最初です。大阪市建築物総合環境評価制度（CASBEE大阪）の指導要綱（2004.5制定、同年10月施行）の中で、B+ランク以上であることを、容積率緩和等を行う総合設計制度の適用条件としました。その後、横浜市、名古屋市などは、Aランク、Sランクなどでの容積率緩和を行っています。

また、補助金適用へのCASBEE活用事例としては、Aランク以上で採択順位が上位になる大阪市優良環境住宅整備事業（2005年7月）や、名古屋市都心共同住宅供給事業（2005年11月）などがあります。

図5-13　大阪市優良環境住宅整備事業（2005年7月）

さらに、民間銀行が CASBEE の第三者認証を条件として建築主に対して低利融資を行う制度（2005 年 4 月）や、川崎市建築物環境配慮制度（2006 年 10 月施行）と連携して、分譲マンション購入者の住宅ローン金利を CASBEE の評価ランクに応じて店頭表示金利より 0.8%～ 1.2%優遇する事例など、いろいろな場面での CABSEE の活用による市場変革が進展しつつあります。

『CASBEE–すまい（戸建）』を活用した支援制度についても、今後さまざまなものがつくられ、実施に移されることと期待されています。

図5–14 川崎市の CASBEE 制度と連携した分譲マンション購入者向け低金利ローン

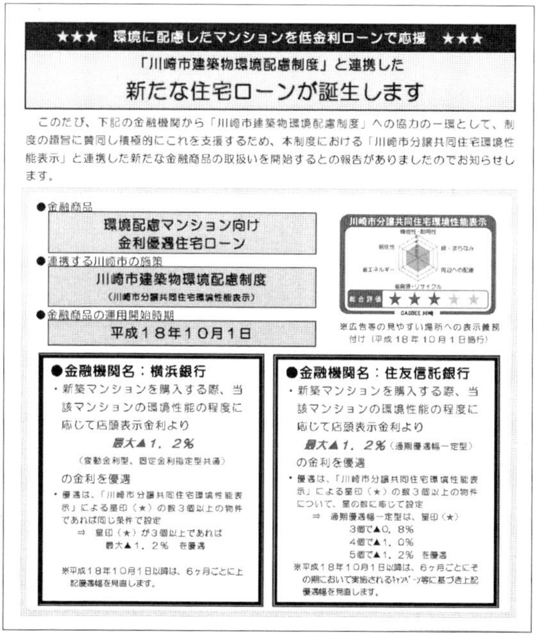

★★★ 環境に配慮したマンションを低金利ローンで応援 ★★★

「川崎市建築物環境配慮制度」と連携した

新たな住宅ローンが誕生します

このたび、下記の金融機関から「川崎市建築物環境配慮制度」への協力の一環として、制度の趣旨に賛同し積極的にこれを支援するため、本制度における「川崎市分譲共同住宅環境性能表示」と連携した新たな金融商品の取扱いを開始するとの報告がありましたのでお知らせします。

●金融商品

環境配慮マンション向け
金利優遇住宅ローン

●連携する川崎市の施策

川崎市建築物環境配慮制度
（川崎市分譲共同住宅環境性能表示）

●金融商品の運用開始時期

平成１８年１０月１日

※広告等の見やすい場所への表示義務付け（平成 18 年 10 月 1 日施行）

●金融機関名：横浜銀行

・新築マンションを購入する際、当該マンションの環境性能の程度に応じて店頭表示金利より

最大▲1．2%

（変動金利型、固定金利指定型共通）

の金利を優遇

・優遇は、「川崎市分譲共同住宅環境性能表示」による星印（★）の数３個以上の物件であれば同じ条件で設定

⇒ 星印（★）が３個以上であれば 最大▲１．２％ を優遇

※平成１８年１０月１日以降は、６ヶ月ごとに上記優遇幅を見直します。

●金融機関名：住友信託銀行

・新築マンションを購入する際、当該マンションの環境性能の程度に応じて店頭表示金利より

最大▲1．2%（通期優遇幅一定型）

の金利を優遇

・優遇は、「川崎市分譲共同住宅環境性能表示」による星印（★）の数３個以上の物件について、星の数に応じて設定

⇒ 通期優遇幅一定型は、星印（★）
３個で▲０．８％
４個で▲１．０％
５個で▲１．２％ を優遇

※平成１８年１０月１日以降は、６ヶ月ごとにその期において実施されるｷｬﾝﾍﾟｰﾝ等に基づき上記優遇幅を見直します。

資料編

1. 用語解説

あ

【アクティブ】

ある目的の達成に向けて機能するように機器類を有機的に組み合わせた装置。その作動には一般的にはエネルギーが必要となる[1]（⇔パッシブ）　→ p.169

【温熱環境】

人の温熱感覚に影響を及ぼす環境。すなわち、気温、湿度、気流、放射の状態によってつくられる環境[1]　→ p.140

か

【化学汚染物質】

生物や環境にとって有害な性質、例えば発がん性や生物に奇形、生殖機能の異常などを引き起こす化学物質。環境中に排出され、汚染された空気を吸ったり、食物を食べることによって人や野生生物などの体内にとりこまれた場合、いろいろな障害、場合によっては取り返しのつかない被害が発生する可能性がある[2]　→ p.59

【化学物質過敏症】

微量の化学物質に反応し、非アレルギー性の過敏状態の発現により、精神・身体症状を示すとされるもの。最初にある程度の量の化学物質に暴露されるか、あるいは低濃度の化学物質に長期間反復暴露されて、一旦過敏状態になると、その後極めて微量の同系統の化学物質に対しても過敏症状をきたす場合がある。ただし、化学物質との因果関係や発症関連については未解明な部分が多い[3]　→ p.70

【化学物質等安全データシート　MSDS（Material Safety Data Sheet）】

化学物質およびそれらを含有する製品（以下、「化学物質等」という）の物理、化学的性状、危険有害性、取扱上の注意などについての情報を記載した化学物質等安全データシートのこと[4]　→ p.172

【ガスエンジン式コージェネレーション】

都市ガスや LP ガスなどを燃料として発電機（エンジン）をまわし電気を発生させるもので、同時にエンジンからの排熱を回収し利用するシステム。一般に、発電効率は 25 ～ 30%、排

熱効率は 50 ～ 55%に達し、総合効率としては約 80%とされる[5] → p.116

【仮想閉空間】

建築物の環境性能評価に際しては、環境容量を決定できる閉鎖系の概念が欠かせないため、CASBEEにおいて定義した空間概念。建築敷地の境界、最高高さおよび基礎底盤下面を境界（仮想境界と呼ぶ）とし、これらによって区切られた閉空間[6] → p.196

【環境共生住宅】

1990 年に当時の建設省の主唱で創設された産・官・学共同の研究会によって、住宅を巡るさまざまな［環境問題］に対処するために生み出された住宅とその居住環境に関する思想と手法の体系。その定義は、「地球環境を保全するという観点から、エネルギー・資源・廃棄物などの面で十分な配慮がなされ、また、周辺の自然環境と親密に美しく調和し、住み手が主体的に交わりながら、健康で快適に生活できるように工夫された住宅およびその地域環境」とされる[6] → p.42

【環境共生住宅認定制度】

環境共生住宅の理念と技術を一般に浸透させ、普及を図るために創設された。省エネルギー性能、耐久性、立地環境への配慮、バリアフリー、室内空気質の 5 項目にわたって課せられた基本条件をすべてクリアしたうえで、省エネルギー、資源の高度有効利用、地域適合・環境親和、健康快適・安全・安心の 4 項目の提案類型の内、2 つ以上ついて、高度でユニークな工夫や提案がなされている住宅・団地が環境共生住宅として認定される。事業主体は財団法人建築環境・省エネルギー機構（IBEC）[7] → p.216

【環境効率】

環境効率とは、環境、経済両面での効率性を追求するための概念。可能な限り資源・エネルギーの使用を効率化することにより、環境影響を最小化しつつ生産価値を最大化するという考え方。経済活動（GDP、製品・サービスの価値など）の単位当たりの環境負荷、もしくは環境負荷の単位当たりの経済活動で表される[8] → p.14，194，198

【官庁営繕グリーンプログラム】

官庁施設における総合的な環境対策の推進と公共建築分野における先導的な役割の遂行を目的として、官庁営繕行政における環境対策として取り組むべき施策などについて総点検を行い、2004 年 7 月に策定した官庁施設における環境負荷低減プログラム[9] → p.207

【揮発性有機化合物　VOC（Volatile Organic Compounds）】

揮発性を有し大気中でガス状となる有機化合物の総称。代表的な物質としては、トルエン、キシレン、酢酸エチル、メタノール。塗料、印刷インキ、接着剤、洗浄剤などに使用されており、約 200 種類の物質がある[10]。

　また、総揮発性有機化合物（TVOC）とは、揮発性有機化合物の総和のこと。VOC 汚染を全体として低減させ、快適な室内環境を実現するための補完的指標の 1 つ[11]　→ p.160，172

【グリーン庁舎】

計画から、建設、運用、廃棄に至るまでの、ライフサイクルをとおして環境負荷の低減に配慮し、わが国の建築分野における環境保全対策の模範となる官庁施設のこと[12]　→ p.207

【クロルピリホス】

主にシロアリ駆除剤として使われ、住宅では土台や柱などの木の部分に吹き付けたり、床下に散布するという方法で用いられてきた化学物質。シックハウス症候群の原因物質の一つと疑われ、2002 年 7 月の建築基準法の改正によって、クロルピリホスを添加した建材の使用は禁止されている[13]　→ p.71

【コージェネレーションシステム】

熱電併給システム、あるいは熱供給発電とも呼ばれ、一つのエネルギー源から、電気と熱の両方を同時に発生させるシステム。エネルギーの利用効率が高く、70 ～ 80%に達する。一般に、ガスエンジン、ガスタービン、ディーゼルエンジンなどの原動機で発電を行い、その際に発生する排熱を冷暖房や給湯に利用することができる[14]　→ p.116

【コミッショニング】

性能検証過程。それぞれのシステムに対して、システムが設計主旨に合致した性能を発揮するように、設計・施工ならびに機能試験が行われ、運転保守が可能な状態であることを検証する過程のこと[6]　→ p.202

さ

【市場メカニズム】

市場メカニズムとは、需給の不均衡を価格の変動を通じて自動的に調整する、市場の仕組みのこと。ある品物が市場で人気があり、よく売れて品薄となりその価格が上昇すると、買い手からの需要は減る一方で、売り手側にとっては取引が有利になるのでその品物の生産や出荷を増やす。その結果、買い手が減り、売り手が増えることから、品物の不足が解消され今度は逆に価格が下落の方向に向かう。逆に、ある品物が不人気の場合には、その品物の価格が下落し、売り手は減り、買い手が増えるという逆の現象が起きて結果的には品物のだぶつきが解消されることになり、品物の過不足がうまく解決される。このように価格が複雑な資源配分の機能を果たすことが「市場メカニズム」の機能である[15]　→ p.206

【次世代省エネルギー基準】

平成 11 年 3 月に改正告示された「住宅に係るエネルギーの使用の合理化に関する建築主の判断と基準」及び「同設計及び施工の指針」のこと。この基準は、昭和 55 年に初めて定められ、平成 4 年の改正後、環境問題の深刻化にともない、住宅の居住段階で排出する CO_2（二酸化炭素）を低減させるために、平成 11 年に改正、さらに強化された。その後、平成 13 年と平成 15 年に改正されている。断熱性・気密性などに厳しい基準を設けており、この基準をクリアすることで、新省エネルギー基準（平成 4 年改正）よりも約 20% CO_2 排出量を削減できるものとしている。従来の断熱・気密性能の基準の他、「計画換気」「通風性」「防露」などにも基準が設けられ、エネルギー消費削減に加えて住む人の健康にも配慮された基準となっている → p.62

【自然エネルギー】

新エネルギーのうち、風力、太陽光、バイオマス、小水力、波力、潮力など自然由来で環境負荷が小さく再生可能なエネルギーの総称。自然エネルギーによる発電の普及には、電力会社による電力の全量買い取りが必要という観点から、これを義務付ける自然エネルギー促進法もすでに制度・施行済である。最も有望とされているのは風力発電で、デンマークなど欧州では 1,000kw 級の風車があり、国内でも同規模の風車が建設されているほか、ベース電力として風力を、ピーク時には太陽光を用いる手法も提案されている。また、バイオマスは発電と熱供給に資するコージェネレーションシステムとして注目されている [16] → p.108

【自然建材】

自然建材は天然建材と似た言葉であるが、天然建材が天然の素材をほとんどそのまま使用するのに対して（皮、粘土、木など）、自然建材では人工的な加工が多少加わっている建材も含むものとする。例えば紙、コルク床、リノリウムなどである [17] → p.59

【シックハウス】

いわゆるシックハウス症候群を引き起こす原因を有する住宅のこと。シックハウス症候群は医学的に確立した単一の疾患ではなく、居住に由来するさまざまな健康障害の総称を意味する用語。主な発症関連因子としてホルムアルデヒドなど化学物質の他、カビやダニなども上げられている [18] → p.59

【持続可能な森林】

1992 年、リオデジャネイロで開催された地球サミットにおいて提唱された。森林は地球温暖化抑制や生態系保全、土壌や水源の保護などに対して、地域レベルから地球レベルまで多様な役割を果たしている。現在および将来にわたり相応の生態学的、経済的、社会的機能を果たしていくための生物多様性、生産能力、再生能力、生命力を維持し、他の生態系に対してダメージを与えないような方法と節度を持って管理、利用される森林のことを「持続可能

な森林経営（管理）」と呼ぶ[6)]　→ p.126

【住宅性能表示制度】

「住宅の品質確保の促進等に関する法律（品確法）」に基づき、計画や施工後の段階で、住まいの性能を表示できる制度。建てる前から住宅の性能が評価され、表示されるため、耐久性を重視したり、遮音性にこだわるなどライフスタイルや希望、予算に合わせた家づくりが実現できる　→ p.80

【住宅の品質確保の促進等に関する法律（品確法）】

日本住宅性能表示制度や、住宅の基本構造部分に欠陥があった場合、新築後 10 年間は無料補修を請負業者、販売業者に義務付けなどを内容とし、欠陥住宅をめぐるトラブルの防止や早期解決をねらい、1999 年に成立した　→ p.216

【循環型社会】

環境への負荷を減らすため、自然界から採取する資源をできるだけ少なくし、それを有効に使うことによって、廃棄されるものを最小限に抑える社会のこと。従来の「大量生産・大量消費・大量廃棄型社会」に代わる、今後目指すべき社会像として、政府は 2000 年に「循環型社会形成推進基本法」を制定。その基本的な方向性を定めるとともに、「リデュース（ごみを出さない）」、「リユース（再使用する）」、「リサイクル（再生利用する）」の 3R を循環型社会の実践的な行動指針とした　→ p.44

【省エネトップランナー制度】

自動車や家電製品といったエネルギー消費機器のうち省エネ法で指定する特定機器の省エネルギー基準を、目標年度までに各々の機器において、現在商品化されている製品のうち最も優れている機器の性能以上にすることを、これらの製品を製造または輸入する事業者に対して義務付けているもの。省エネ法に基づき、未達成の事業者などには勧告や公表、命令、罰金などの措置が取られる。2006 年度は 21 機器が対象となっており、これまでルームエアコンで 68%、冷蔵庫で 55% の省エネを達成するなどの効果が上っている。07 年度内に、ルーターや業務用エアコン、白熱灯を含めた照明器具などについても基準を設定する予定[19)]　→ p.114

【省エネナビ】

現在のエネルギーの消費量を金額で知らせるとともに、利用者自身が決めた省エネ目標を超えると知らせ、利用者自身がどのように省エネをするのか判断させる機器のこと[20)]　→ p.123

【自立循環型住宅】

気候や敷地特性などの住宅の立地条件および住まい方に応じて極力自然エネルギーを活用したうえで、建物と設備機器の設計や選択に注意を払うことによって、居住性や利便性の水準を向上させつつも、居住時のエネルギー消費量（二酸化炭素排出量）を 2000 年頃の標準的な住宅と比較して 50%まで削減可能で、2010 年時点までに十分実用化できる住宅のこと [21]
→ p.108

【新省エネルギー基準】

昭和 55 年に制定された旧省エネルギー基準の内容を一段と強化する目的で、平成 4 年に改正された、住宅新省エネルギー基準の略記。この改正では、断熱に加えて、寒冷地では「気密」が、温暖地では「夏期の日射遮蔽」が、基準として採用された。新省エネルギー基準は判断基準と設計施工指針で構成され、判断基準は住宅全体の省エネルギー性能に関する基準値等を定めており、また設計施工指針は判断基準を満たすための具体的な各部位の断熱性能等を定めた。平成 11 年 3 月に次世代省エネルギー基準に改正された [14] → p.62

【制振】

地震や強風時に発生する建物の揺れに対し、主構造内に各種の制振部材・ダンパーを組み込んでエネルギー吸収を図る構造 [22] → p.85

【ゼロエミッション】

1994 年に国連大学が提唱した、人為的活動から発生する排出を限りなくゼロにすることを目指した理念、手法である。自然界に存在する持続可能な生態系に倣い、異業種にまたがって無駄なく資源が循環される産業集団を基礎とする、環境と調和した持続可能な社会経済システムの構築を目指す。狭義の意味としては、一般的に「ゼロエミッション＝廃棄物ゼロ」を指す場合が多い [23] → p.176

【総合設計制度】

「建築基準法第 59 条の 2」に基づき、健全な市街地の形成を目的として、一定規模以上の敷地に一定割合以上の空地などを有する良好な建築計画に対して、特定行政庁が容積率、道路・隣地斜線制限及び絶対高さ制限を緩和する制度 → p.218

た

【耐震等級】

日本住宅性能表示制度の評価項目の 10 分野の一つ、地震などに対する強さ（構造の安定）に関する指標で、地震などが起きた時の倒壊のしにくさや損傷の受けにくさを評価する。等級が高いほど地震などに対して強いことを意味する。等級 1 でも、建築基準法を満たす住宅なので、大地震が起きても倒れてしまうことはほとんどないと考えられる。このほかにも、強風や大雪に対する強さに関する評価指標として、耐風等級や耐積雪等級がある [24] → p.84

【太陽光発電】
太陽電池を使った発電のこと。太陽光発電システムは、太陽の光を電気（直流）に変える太陽電池と、その電気を直流から交流に変えるインバータなどで構成される。現在、日本で多く利用されている住宅用の太陽光発電システムでは、発電した電気は室内で使用し、電気が不足する夜間や雨天時には配電線から電気の供給を受けている。電気が余った時には電力会社からの配電線に戻し、電力は電力会社が買い取っている[25]　→ p.110，118

【ダイレクトゲイン】
太陽エネルギーを利用したパッシブなヒーティングシステムの手法の一つ。直接、日射を室内に導入して暖房効果を得るとともに、熱容量の大きな床や壁に蓄熱させ夜間や曇天時に放熱させて暖房を行う方式[1]　→ p.169

な

【燃料電池】
「水素」と「酸素」を化学反応させて、直接「電気」を発生する装置。理論的に発電の効率が高く、二酸化炭素（CO_2）を発生しない反応によって発電することに加え、コジェネレーションとして利用することで総合効率を高めることができるなどの特徴をもつ。一方、システムとしての発電効率の向上やコストの低減などが普及の課題となっている[26]　→ p.44

【日本住宅性能表示基準】
日本住宅性能表示制度における性能表示のための共通ルールとして、国土交通大臣が定めた表示すべき事項、表示の方法を内容とする基準のこと　→ p.62

は

【パッシブ】
特別な機械装置を用いずに、建物自体の性能によって熱の流れを自然に制御し、暖かさ、涼しさの効果を得ること（⇔アクティブ）　→ p.162，169

【パッシブソーラー】
太陽エネルギーを、機械設備によらずさまざまな建築的な工夫によって室内の温熱環境の調節に活用するシステム。地域性が強く反映される[14]（⇔アクティブソーラーシステム）
→ p.109

【バリアフリー】

生活環境において、障害者や高齢者が暮らしやすいように、様々な障壁（バリア）がない状態。高齢化社会を迎え、床の段差解消、手摺の設置、便所と寝室の近接など、住宅デザインのバリアフリー化が進んでいる。さらに最近では、すべての人たちにとって安全で快適な環境の実現をめざす「ユニバーサルデザイン」という新しい概念も確立されている[14] → p.94

【ビオトープ】

多様な生物の安定した生息環境のこと。敷地内に食物連鎖のような自然の生態系の仕組みが育まれる空間づくりを行い、多種多様な生物が棲む安定した生息環境を創出する。生物が好む孔や空隙の多い多孔質な材料や空間構成に、開放水面や水辺、そして郷土種を主体とした多様な植栽を組み合わせることで、そこにさまざまな生き物が徐々に棲みつく[14]
→ p.42，102

【ホルムアルデヒド】

建材に使用される有害化学物質の1つで、主に合成樹脂や接着剤に含まれている。刺激臭のある無色の気体で水によく溶け、37%のホルムアルデヒドとメタノール9～13%を含む水溶液がホルマリンで防菌・防虫剤として広く使われている。吸引時の身体症状は人によってかなり差があるが、ある基準を慢性的に吸入していると、アレルギー誘引物質ともなり発ガン性物質になるとされている。日本では居住室内の指針値は0.08ppmである[14] → p.71

ま

【免震】

免震構造はアイソレータという部材で建物と地盤を絶縁し、建物が地震力を受けた場合にゆっくりと動くようにし建物への影響を低減する構造。しかし、アイソレータだけを用いた場合、地震を受けた後もなかなか止まらなかったり、建物と地盤のズレ（層間変形）が大きくなりすぎて、アイソレータの許容変形を超えたりすることもあるため、それらの変形を抑えるための減衰力をダンパーによって確保することが一般的である[27] → p.85

ら

【ライフサイクル CO_2（$LCCO_2$）】

建築の建設から運用・改修・廃棄に至る全ライフサイクルの各過程における二酸化炭素（CO_2）の排出量の総計。その建築が環境に与える負荷の総量を示す1つの指標とされている[14]
→ p.36，200

【緑化（被）率】
樹林地、農地、草原、公園緑地など、地表面を覆う緑地の一定区域に占める平面的な割合。一定の算定方法に基づき住宅市街地の緑化や現存緑地の量を把握する際の指標であり、都市緑化の目標基準などに用いられる[14)] → p.100，171

英文

B

【BEE】
Building Euvironmental Efficiency の略。Q（建築物の環境品質・性能）と L（建築物の環境負荷）の評価結果の比率として算出される「建築物の環境性能効率」のこと。CASBEE では、Q と L の値はそれぞれ Q 分野の総合得点 SQ および LR 分野の総合得点 SLR から導かれる。まず分子の Q は建築物の環境品質・性能の得点 SQ（1 点～ 5 点）を Q のスケールである 0 ～ 100 の数値に変換するため、Q ＝ 25 ×（SQ － 1）と定義する。一方、分母の L は、環境負荷低減性の得点 SLR（1 点～ 5 点）をやはり環境負荷の L のスケールである 0 ～ 100 の数値に変換するため、L ＝ 25 ×（5 － SLR）と定義する。そして、BEE ＝ Q / L として、環境性能効率 BEE を求めることができる → p.16，144，194

【BEE_{HI}】
都市化に伴う気候変化の中で、①「都市部の気温上昇」と、これに伴なう②「屋外空間における温熱快適性の悪化」を促進する要因をヒートアイランド負荷と考え、仮想境界の内側の温熱環境の質（Q_{HI}）と、仮想境界外部へのヒートアイランド負荷（L_{HI}）を用いて次式により評価されるヒートアイランド緩和に関する数値

$$BEE_{HI} = Q_{HI} / L_{HI}$$

（Q_{HI}：仮想閉空間内の暑熱環境の緩和効果、L_{HI}：仮想閉空間外へのヒートアイランド負荷）[6)]
→ p.204

【BREEM】
The Building Research Establishment Environmental Assessment Method の略。英国建築研究所 BRE が世界に先駆けて 1990 年に発表した建築物の環境性能評価システム[6)]
→ p.24，196

C

【CASBEE 評価員制度】

CASBEE は可能な限り定量的な評価とすることを基本としているが、定性的な評価項目も含まれる。そのため、CASBEE 評価を行うにあたっては、建築物の総合的な環境性能評価に関する専門的な知識と技術が求められる。そこで、CASBEE 評価に関する専門技術者「CASBEE 建築評価員」を養成し、CASBEE の適正な評価と運用を図ることを目的とするのが CASBEE 建築評価員である。CASBEE 建築評価員になるためには、「評価員養成講習」の受講と「評価員試験」および「登録」を受ける必要がある[19] → p.19，214

【COP：成績係数（Coefficient of Performance）】

エネルギー消費効率を表しており、「消費電力 1kW あたりで、どのくらいの能力を引き出せるか」を数値にしたもの。数値が大きいほど省エネ性能が優れている[28] → p.172

【CP マーク】

防犯＝ Crime Prevention の頭文字をシンボル化したマーク。平成 16 年 5 月の官民合同会議で「防犯性能の高い建物部品」の普及を促進するため、「共通呼称（防犯建物部品）」とともに制定された。「防犯性能の高い建物部品目録」に掲載・公表された建物部品のみを「防犯建物部品」と呼び、「CP マーク」の使用が認められる。目録登載の建物部品が「防犯性能の高い建物部品」であることを示すために、当該製品に貼付したり、カタログなどに表示するとともに、製品パンフレットなどの広報資料に使用し、「防犯性能の高い建物部品」の普及を促進する[29] → p.74

E

【ESCO 事業】

Energy Service Company 事業の略。省エネルギーに関する専門的な技術をもつ団体や企業が、省エネルギー対策を企業などに提案、実施して、その結果を評価しながら省エネルギーとエネルギーコストの低減を実現するビジネス。省エネルギー診断に基づく改修計画の立案、設計、施工、管理、改修後の省エネ効果の保証などの包括的なサービスを提供する[7] → p.202

F

【FSC 森林認証制度】

FSC 森林認証制度は、環境保全の点から見て適切で、社会的な利益にかない、経済的にも継続可能な森林管理を推進することを目的として、国際的な森林認証を行なう第三者機関のひとつである FSC（Forest Stewardship Council、森林管理協議会）が実施する制度。森林の管理や伐採が、環境や地域社会に配慮して行なわれているかどうかを、信頼できるシステムで評価し、それが行なわれている森林を認証する。また、その森林から生産された木材や木材製品（紙製品を含む）に、独自のロゴマークを付け、市場に流通させている[30] → p.175

G

【GB Tool】

カナダ天然資源省が中心となり世界各国の研究者が参加して開催された 3 回の GBC（グリーンビルディングチャレンジ）の過程で開発された建築物の総合環境性能評価システム。1998 年に初版が発表されて以来、国際的に利用可能なツールとして精力的な研究開発が続けられており、世界各国に自国の評価ツールを開発するきっかけを与えた。2006年に［SB（サスティナブル・ビルディング）Tool］と改称された[6] → p.197

【GOBAS】

環境をメインテーマのひとつに掲げた 2008 年北京オリンピック施設の環境対策を推進するために開発され、2003 年 8 月に公表された中国における建築物の環境性能評価システムで、CASBEE の考え方や手法が取り入れられた[6] → p.24

I

【ISO14001】

組織の環境マネジメントに関する国際規格。組織が自ら定めた環境マネジメントシステムにより、その活動や製品・サービスによってもたらされる環境影響や環境リスクを低減し、発生を予防するための行動を継続的に改善できるか否かをチェックする[6] → p.130

L

【LEED】

Leadership in Energy and Environmental Design の略。米国グリーンビルディング協議会（USGBC）によって開発された環境性能評価システム。1999 年に初版が発表され、その後北米を中心に急速に普及が進んだ。評価は訓練を受けた専門家による自己評価と第三者による評価結果の審査からなり、その結果によって 4 段階に建物が格付けされる[6] → p.24，196

Q

【Q と LR】

CASBEE では、仮想閉空間の内と外に関わる 2 つの要因として、敷地外に及ぼす環境負荷と敷地内でのアメニティの向上を同時に考慮し、建築物における総合的な環境性能評価の仕組みを構築している。これら 2 つの要因のうち、前者を評価する評価分野を Q（Quality：建築物の環境品質・性能）、後者の評価分野を LR（Load Reduction：環境負荷低減）と呼ぶ[6)]

→ p.32

R

【3R】

3R とは、リデュース（廃棄物の抑制）、リユース（再使用）、リサイクル（再資源化・再生利用）のことで、建築物の廃棄物問題を解決するための基本的な考え方であり、そのための技術も開発されている。CASBEE では、建築物の①構造体、②屋根、③外装材、④内装材、⑤主要設備機器に分けて、3R の可能性を評価する[6)] → p.125

【参考文献リスト】

1) (社) 日本建築学会編：建築学用語辞典，岩波書店，1993

2) 環境省　http://www.env.go.jp/

3) 厚生労働省：「快適で健康的な住宅に関する検討会議報告書」(平成 11 年 1 月)，厚生省：厚生科学研究「化学物質過敏症に関する研究（主任研究者石川哲）(平成 8 年度)，「室内空気質健康影響研究会報告書：～シックハウス症候群に関する医学的知見の整理～」(平成 16 年 2 月)

4) 化学物質排出把握管理促進法

5) 日本 LP ガス協会　http://www.j-lpgas.gr.jp（一部加筆）

6) JSBC 編，村上周三他著：CASBEE 入門－建築物を環境性能で格付けする－，日経 BP 社，2004

7) 日本建築学会編：シリーズ地球環境建築－入門編「地球環境建築のすすめ」

8) 環境省：環境白書

9) 国土交通省　http://www.mlit.go.jp

10) 経済産業省：VOC 排出抑制の手引き

11) 厚生労働省：シックハウス（室内空気汚染）問題に関する検討会中間報告書（第 1 回～第 3 回のまとめ）

12) 国土交通省：環境配慮型官庁施設計画指針（平成 10 年 3 月 30 日）

13) 環境省：化学物質ファクトシート 2005 年度版

14) 建設省住宅局住宅生産課監修：環境共生住宅 A-Z，ビオシティ

15) 外国為替 FX 用語集　http://www.2bsk.com/fx/6a-rlink10.html

16) 環境 goo　http://eco.goo.ne.jp/

17) (社) 日本建築家協会　http://www.jia.or.jp/

18) 厚生労働省：「室内空気質健康影響研究会報告書：～シックハウス症候群に関する医学的知見の整理～」(平成 16 年 2 月）をもとに作成

19) 経済産業省：2006 年度エネルギー白書

20) 省エネルギーセンター　http://www.eccj.or.jp/

21) (財) 建築環境・省エネルギー機構　http://www.ibec.or.jp/

22) 特許庁　http://www.jpo.go.jp/

23) 国連大学ゼロエミッションフォーラムより作成

24) 住宅性能評価機関等連絡協議会より作成　http://www.hyouka.gr.jp/

25) NEF　http://neareast.org/main/default.aspx

26) (独) 新エネルギー・産業技術総合開発機構（NEDO）　http://www.nedo.go.jp/ より作成

27) (社) 日本免震構造協会　http://www.jssi.or.jp/

28) 九州電力　http://www1.kyuden.co.jp/life_saving_summer_summer5

29) 住まい防犯 110 番　http://www.npa.go.jp

30) WWF ジャパン　http://www.wwf.or.jp/activity/forest/sus-use/fsc/index.htm

2.CASBEE の研究開発組織の概要

CASBEE の研究開発は、政府支援のもとに産・官・学共同プロジェクトとして立ち上げられ、新たに組織された JSBC（日本サステナブル・ビルディング・コンソーシアム）および傘下の小委員会＋WG（ワーキンググループ）がその主体的な運営にあたっています（下図参照）。事務局は財団法人建築環境・省エネルギー機構内に設置されています。

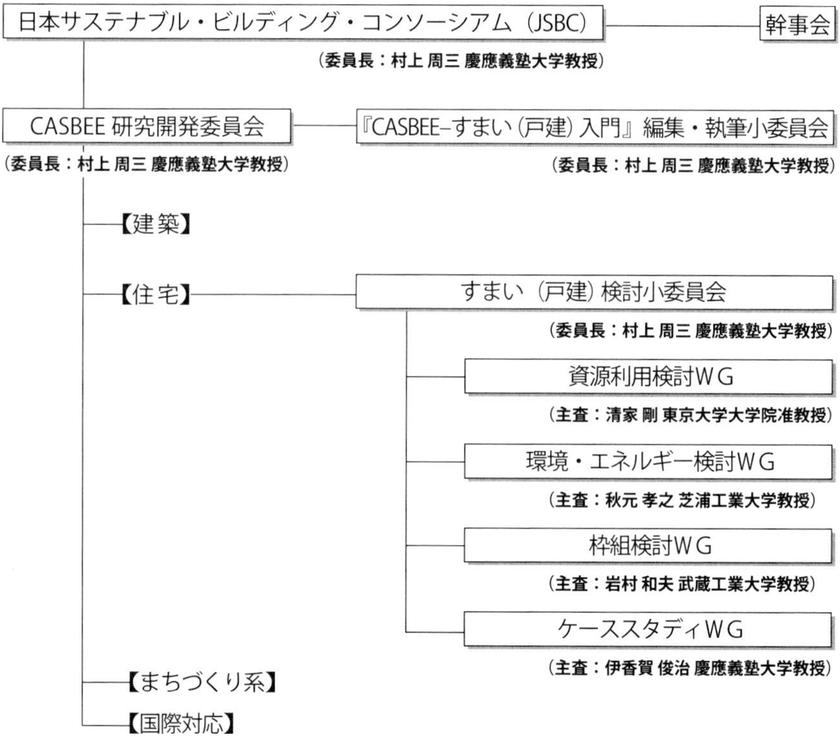

3.『CASBEE–すまい（戸建）入門』編集・執筆委員会

委員長	村上 周三	慶應義塾大学教授
委　員	石井 秀明	国土交通省住宅局住宅生産課長補佐
委　員	秋元 孝之	芝浦工業大学教授
委　員	伊香賀 俊治	慶應義塾大学教授
委　員	岩村 和夫	武蔵工業大学教授
委　員	清家 剛	東京大学大学院准教授
委　員	近田 智也	積水ハウス㈱温暖化防止研究所課長
委　員	南 雄三	㈲南雄三事務所
委　員	三井所 清史	㈱岩村アトリエ
委　員	橋戸 幹彦	㈱建築技術代表取締役

【序章】………村上 周三★
【1章】………南 雄三★　岩村 和夫☆　清家 剛☆
【2章】………南 雄三★　岩村 和夫☆　清家 剛☆　秋元 孝之☆
【3章】………近田 智也★　伊香賀 俊治☆
【4章】………岩村 和夫★　伊香賀 俊治☆　三井所 清史☆
【5章】………伊香賀 俊治★　岩村 和夫☆
【資料編】……岩村 和夫★　伊香賀 俊治☆　三井所 清史☆
★……執筆者　☆……執筆協力者

［**事務局**］
財団法人建築環境・省エネルギー機構
　由本 達雄
　牛坂 泰則

CASBEE™ すまい[戸建]入門

発行 ……………………………2007年10月1日

編者 ……………………………日本サステナブル・ビルディング・コンソーシアム（JSBC）

著者 ……………………………村上周三、秋元孝之、伊香賀俊治、岩村和夫、清家 剛、
近田智也、南 雄三

発行者 …………………………橋戸幹彦

発行所 …………………………株式会社建築技術
〒101-0061 東京都千代田区三崎町3-10-4 千代田ビル
TEL 03-3222-5951
FAX 03-3222-5957
http://www.k-gijutsu.co.jp
振替口座 00100-7-72417

カバーデザイン ………………岩村和夫

本文デザイン＋DTP組版 …赤崎正一＋KAZAMA DESIGN Co.,Ltd（風間由香・落合玲子）

印刷・製本 ……………………田中製本印刷株式会社

落丁・乱丁本はお取り替えいたします。
ISBN987-4-7677-0118-9 C3052